平凡社新書
1031

フレディ・マーキュリー解体新書

米原範彦
YONEHARA NORIHIKO

HEIBONSHA

はじめに

それは悩ましい魂である。奔放な官能である。そして、それは繊妙な薄刃である。混沌の渦巻きであり、淫靡な神聖であり、王族・紳士的な猥雑である。異教の悦楽の女王であり、異端の音楽の高唱である。歌を愛し、歌に愛された歌心の化身である。愛を愛し、愛に愛され、超越的存在に祝福されし者である。イギリスのロックバンド「クイーン」のリードヴォーカル、フレディ・マーキュリー（1946〜1991）は筆舌に尽くしがたい、ロック史上、逸格のミュージシャンであった。「歌聖」と言ってもいい。個性を煌めかせるロックミュージシャンは、むろんフレディ一人というわけではない。しかし、彼の個性が飛び抜けて異彩を放っていることは疑う余地もない。

本書では、フレディという、あらゆる面から見て歴史上、卓越しているとみられるロックヴォーカリスト像を描き、何がどう凄いのかを主に私見と直観に頼って詳述する。気取って言えば、フレディの「凄さ」の解体新書を綴るということだ。言葉を尽くして表現してみたい。

そして最も伝えたいのが、死の運命に際し、フレディが選んだ生き方のすさまじさから、人智を超えるような苦難に直面した場合、人はいかに生き抜くべきかという人生哲学なのである。

むろん、フレディは、我々一般人とは異なる、天才的で特殊なロックスターではある。しかし、それら特殊要素を捨象して注意深く彼の人生模様に目を凝らす時、一人の人間として、死に対して敢然と立ち向かい、己の天命であるロックミュージックに身を投じて、一直線に文字通り粉骨砕身して果てる、という生き方が、多くの人々に何かを語りかけてくるはずだ。生きることとは、喜び以上に、不安、苦悩、心の澱《おり》、絶望、悔恨、憎悪など負の遺産が嵩高《かさだか》に積み上げられていくことでもあるからだ。一見、すべてが贅沢なパーティーずくめとみなされがちなロックスターであっても、人知れず苦悩に苛まれ続ける面もあるだろう。

もう一つ伝えたいことがある。日本のリスナーにフレディの魅力を縷々《るる》述べることで、クイーンたちの時代、つまりロックの黄金期である1970年代や、世界市場で見た場合の産業としての欧米ロック・ポップスの黄金期である80年代の洋楽曲にも耳を傾けてほしいのである。

章立てでは、映画「ボヘミアン・ラプソディ」をきっかけにファンになった読者にも読みやすいように、映画の話題から入る。映画でも描かれたフレディの人生を振り返り、足跡をたどりながら、その背景に思いを寄せる。

そして総論として音楽面で全方位的にすさまじいことに触れる。フレディはロックヴォーカリストであったが、そもそもロックヴォーカリストとはどんなシンガーのことを言うのか。私見を交え、我流の発声法による高音でのし上がる存在と規定して、フレディが正統であったことを指摘する。その一方で、出自・外見からしても生き方の面でもロックの異端児であった点にも言及する。

さらに、凄さの中身となる全方位的な卓絶性、つまり声質、歌い回し、作詞・作曲家、パフォーマー、存在としての卓絶性の各論に踏み込んで、稀代のロックヴォーカリストが我々に突き付けたメッセージをあぶりだしたいと思う。

甚だ言い訳がましくて申し訳ないが、最初にいくつか断っておかねばならない。

第一にまず、これは一つの試みであって正答ではない。一種のヒューリスティックな試論に過ぎない。それぞれの人たちの中にフレディの像は形作られていて、彼に対するクオリアも明瞭で、それらはそれぞれ絶対的なものであるだろう。

第二に、例証として引き合いに出す作品が前期に偏る可能性が高いという点である。私自身、1982年発表の『ホット・スペース』の時代以降、デヴィッド・ボウイとの共作「アンダー・プレッシャー」や肉がうだるような曲「ボディ・ランゲージ」は別物だったが、正直に言ってクイーンから気持ちが離れそうになったこともある。しかし『ザ・ワークス』やライヴ・エイドで引き戻され、91年の『イニュエンドウ』で再び魂を握り返され、95年の『メイド・イン・ヘヴン』で哀惜の念を強めた。そのせいもあって、どうしても例示が74年の『クイーンII』から80年の『ザ・ゲーム』辺りに集まってしまう点はご容赦いただきたい。

第三に、フレディの一体何がどう凄いのか、については、当時の恐るべきライバルたちとの比較で語る方が分かりやすいと思うので、70年代ロック繚乱の一端を紹介する体裁もとることになる。

第四に、しばしば、フレディやクイーンから離れた話題に飛ぶこともあるが、読者にもそれらの話題とフレディを比較し、フレディを見る際の考え方として吟味してほしいがための饒舌と受け止めていただければと思う。

第五に、冒頭、いきなり大仰な表現が続出して、げんなりした読者も多いかもしれない。あなたが描こうとしているものは、そんな大げさなものなのか、と。ただ、筆者は、芸術性を強く感じさせる対象を描く時、否応なくこうした表現に陥ってしまいがちなのである。ひとえに筆者の気質によるもので、対象把握の点で拙劣な見識のなせる業と考えていただきたいと思う。

それにしても、2018年の映画「ボヘミアン・ラプソディ」は今思い返しても、感動の余韻が迫ってくる映画だ。映画の専門家・評論家は作品としての完成度や深みに問題がある、と言うかもしれない。実際、例えば「風と共に去りぬ」や「ウエスト・サイド物語」「ゴッドファーザー」などに比べてどうかと言われれば、作品自体の質や重みは劣るかもしれない。

しかし、この映画は、真っ暗な映画館でフィルムが回り、それを受け身で観るスタイルではなく、大枠で、観客同士の交流を促す参加型の映画だったと言っても過言ではないだろう。古くからのファンは自分たちの青春や曲が流れた時々の自身を振り返りつつ目の前の感動に浸り、若いファンは死が近づく世界的なヴォーカリストが家族のような仲間に支えられ、仲間と一緒に音楽を作ってゆくというストーリーに対する感激をその青春に刻みつけた。世代を超えた感動の交流があった。応援上映はペンライトを手にした映画の観客が、クイーンの音源を使ったライヴ・エイドの場面で一緒に声を上げた。「ウィ・ウィル・ロック・ユー」では足踏みやクラップが館内に響いた。

日本ではこれまで3回のクイーン・ブームが起きたとされる。1回目は1975年4月17日（これを記念し、現在では4月17日は「クイーンの日」になっている）に初来日した時。2回目は2004年に人気ドラマで「ボーン・トゥ・ラヴ・ユー」が使用された時。そして3回目が今回2018年の映画を起爆剤とするブームだ。3回目は少なくとも2020年1月にクイーン＋アダム・ランバートが来日する時まで続いた。その余熱は、クイーンが1973年に『戦慄の王女』でデビューして50周年の今年、2023年に至るまで残っているようでもある。

それに応じて、ファン層も5種類に分かれるのだろう。①1970年代から一貫してファンという層、②70年代当初にファンになるものの80年代からは遠ざかった層、③80年代からの層、

④2004年のドラマ以降にファンになった層、⑤2018年の映画からファンになった層。
④と⑤は親の世代がファンだったという人も少なくないだろう。いずれにせよ、70代から10代まで幅広い年代に及ぶ国民的な人気があるバンドということだ。ビートルズやローリング・ストーンズよりも広いかもしれない。レコード会社の担当者は「ビートルズとクイーンはドル箱です」と話していた。きっかけさえあれば、確実にセールスに反映する二大バンドの一翼を担っているらしい。

人気の秘密は何なのだろうか。中でもフレディが人々を引き付ける理由は何なのか。

ある人は、少女漫画中の王子様、美少年たちへの憧れが、日本の女性たちをクイーンに飛びつかせたという。つまり外見に惹かれ、熱狂につながったというわけだ。

『クイーンII』『シアー・ハート・アタック』のジャケット写真を手掛けた写真家ミック・ロックらも指摘するように、金髪の美少年風でまさに格好いいロックミュージシャンの代名詞のようなドラムのロジャー・テイラー、長身・細身・長髪で欧州貴族のムードがあるギターのブライアン・メイ、寡黙で上品そうなベースのジョン・ディーコンという3人に、スタイルはいいものの、どこか場違いで紛れ込んでしまったオリエントの王族といった風情のフレディ。日本で多くの人がヴォーカルはロジャーだろうと思っていたふしがあったともいう。3人の美青年のお蔭で、フレディの異物感は希釈されたに違いない。

初来日以前、すでに前年74年11月16日にはイギリスの「オフィシャル・シングルズ・チャート」で「キラー・クイーン」が2位に上昇する大ヒットに。来日直前の75年4月12日には、アメリカのビルボード誌の「トップ40」で26位までアップしていた（5月17日に12位まで上がるスマッシュヒット）。英米では人気が出始めてはいた。

日本では「ミュージック・ライフ」誌が74年ごろからクイーンを一押しの勢いで紹介。これが女性読者の目にとまり、日に日にふつふつとファンの熱が高騰してきていたのだ。来日時にはそれは沸点に達していた。クイーンにしてみれば、英米でのヒットは1、2曲はあるものの、駆け出しのバンドいう意識も強かったであろうに、ビートルズに世界が熱狂したような、アンバランスとも見える圧倒的な歓迎ぶりに仰天したようである。おそらく、イギリスでもまだ、このような大騒動が起きるバンドではなく、モット・ザ・フープルの74年アメリカツアーのオープニングアクトも十分果たせず、アメリカではさらにまだまだという段階だったのだろう。

だが、これによってクイーンは日本びいきとなり、相思相愛の基盤が築かれ、彼らのその後の驀進《ばくしん》の自信、心の拠り所となったのだ。「ミュージック・ライフ」誌と日本の女性ファンたちがクイーンを世界で名だたるバンドに押し上げるのに一役買った側面は否めないのである。入口が外見だったとしても、日本の女性ファンのパソーには敬服する。ただ、クイーンには日本も含め世界中を虜にするだけの音楽性があったわけで、楽曲の秀逸さがなく、外見の長所だけなら日本のファンも付いていかなかったかもしれない。

フレディについて言えば、日本の伝統文化への深甚な憧憬もあり、これが日本びいきを加速させたと言える。九谷焼や伊万里焼を蒐集し、英ケンジントンに取得した邸宅に日本庭園を造ったほどだった。庭の池には錦鯉を放したそうだが、それが水質か貯水のトラブルで壊滅しているのを残念そうな表情で見つめるフレディの写真も残っている。

２００６年に刊行されたフレディ本人の語録集『FREDDIE MERCURY A LIFE, IN HIS OWN WORDS』（以下『A LIFE』と省略する。翻訳本は『フレディ・マーキュリー 自らが語るその人生』新井崇嗣訳、２０２０年刊。以後、特段の引用元が示されていない場合、フレディの発言はこれらの書に依拠する）で、彼は「日本を回るのは毎回楽しかったなあ、特にあのゲイシャガールたちと一緒だと――それとボーイズとも。すべてが最高だった。ライフスタイルも、人も、芸術《アート》も。素晴らしい！ 明日にでも戻りたいよ」と述べている。後述するが、「ゲイシャ」は「キラー・クイーン」の歌詞に登場し、スペインの「スーパーディーヴァ」モンセラート・カバリエと共演した曲「ラ・ジャポネーズ」の歌詞は半分近くが日本語という入れ込みようだった。映画でも日本（あるいは東洋）趣味がちりばめられていた。

一方、別の人気の理由として、今回の映画によるブームからの分析だが、家族のような仲間の結束が日本人の琴線に触れた、というものがある。ほかにも親しみやすい曲の旋律、歌詞の内容が胸に迫ったり面白く思ったりするところ、日本の歌謡曲や演歌に通じるこぶしがあるところ、などさまざまな人気の理由が挙がる。

目を引くルックス、驚愕するようなパフォーマンスの姿、心に沁み込んでくる楽曲、メンバー間の温かい仲間意識、しかも日本を大切にする心などが一体となって、我々をいや応なく引きつけ、人気の理由を構成するのであろう。

2004年3月、筆者は朝日新聞夕刊にフレディに関する記事を書いた。この時、東京周辺の300人にクイーンの魅力を聞いた。回答は「繊細華麗なメロディーライン」「妖しいまでの高い声」「ゴージャスなパフォーマンス」「分厚いコーラス」「ナルシスティックな歌詞」という5つの選択肢から選んでもらうものだった。

選択肢の内容自体、筆者が作ったものなので音楽性に傾いたマニアックな印象があるが、結果は「繊細華麗なメロディーライン」が40％以上を占め、「妖しいまでの高い声」「分厚いコーラス」と続いた。筆者は我が意を得たり、とガッツポーズ。今となってはやや誘導尋問のようで申し訳なかったという気持ちもあるし、大体母数の少なさから何か言おうというのは乱暴ではあるかもしれないが、それでも、パフォーマンスよりも、クイーンらしい音楽要素に魅力を感じる傾向が強かったわけだ。

人気を支える主幹は、やはり類まれな音楽性で、その中核がフレディ・マーキュリーだったことが浮かび上がってこないだろうか。フレディの凄さが世界のクイーンを成立させるために不可欠の要素であり、フレディにとってクイーンは、その凄さを存続させるために代替不可能な存在だったのである。一定の良好な、あるいは奇妙だが憎めないルックスとただならぬ歌声を備えたフレディらメンバーによる優れた音楽性は、家族のような紐帯《ちゅうたい》に守られて持続的に開花したのである。

現在（2023年）の欧米ポップスのヒットチャートをながめると相変わらずヒップホップ、ラップ勢が殷賑《いんしん》を極めている。ビヨンセ、レディ・ガガの人気もやや沈静化し、テイラー・スウィフト、アデル、ジャスティン・ビーバー、ハリー・スタイルズ、エド・シーランらが人気を保っている。ビリー・アイリッシュという新たな才能の出現はうれしいが、ロックファンには総じて寂しい状況だ。アークティック・モンキーズやグレタ・ヴァン・フリートら聴くべきバンドは確かにいる。ポール・マッカートニーもローリング・ストーンズも活動はしている。現在のクイーンとともに活動するアダム・ランバートも優れたヴォーカリストだ。しかし、ロックバンドという形での躍進があまり目立たない。現代を象徴するロックバンドもロックヴォーカリストも見当たらない。

1970、80年代のヒットチャートは様相が全く異なり、良質なポップスやソウルとともにロックが花形だった。クイーンの「ボヘミアン・ラプソディ」「愛にすべてを」「伝説のチャンピオン」「愛という名の欲望」「地獄へ道づれ」も、リリース当時、アメリカやイギリスのチャートを賑わせた。そう、あのころはロックが目覚ましかった。

とはいえ、現代の不作を嘆いてばかりいる必要もない。若者も含め我々には、70年代、80年代のロックが閉ざされているわけではないからだ。現代に制作された音楽でなくても、時代を超えて訴えかけてくる膨大な楽曲を自由に聴くことができる。２０２０年代に生きている人が心惹かれるならば、今生きている曲なのだから、「昔の曲」という言い方で分類するのは適切ではない。録音技術が低かった時期の曲は多少、古さを感じさせるが、クイーンについては、筆者自身、「昔の曲」と思ったことがない。

では、どうしたら、特に若者がこの時代のロックに振り向くのだろうか。「70年代の曲は良かった」と言うだけでは、鼻白むだけだろう。年長者からの押しつけは、得てして反発を招くものだ。結局、偶然の出会いや、両親、尊敬する少し上の先輩の薦めから、覚醒することになるのかもしれない。ささやかながら、そこに希望の芽がある。

もう20年以上前の２００１年、英プログレッシヴ・ロックの雄、ピンク・フロイドのベスト盤的なアルバム『エコーズ～啓示』が発表された際、東京・日比谷でこのアルバムを流し、ステージには赤や青のライトだけが行き交うショーがあった。演奏者は誰もいない。ピンクやブルーのライトが交錯して、そこにピンク・フロイドの「クレイジー・ダイアモンド」の浮遊感豊かな有機的なサウンドが流れた。まだシド・バレットが牽引していた時代のピンク・フロイドがサイケデリックバンドだったことを思い出させてくれた。

その時、40、50代の男性に交じって、若い女性2人が興味深そうにフロイドのサウンドを聴いていたので、ファンになったきっかけを聞くと、「先輩がいいというから聴いてみたら、本当に凄くて、すっかりはまりました」という趣旨の答えが返って来た。ただ、これがほかのプログレッシヴ・ロックにも広げて聴いていくことを保証するかは未知数だったが、ほっと気分が明るんだものだ。彼女たちは今でもピンク・フロイドのファンであり続けているのだろうか。

今回の映画「ボヘミアン・ラプソディ」は幸いなことに、新しい若年のクイーン・ファンの数を躍進させた。しかも「70年代は良かった」といいがちなファンを煙たがって退けるのではなく、まさに手をとりあって共有できるマインドでいるようである。ここまでくればもう一息だ。映画からクイーンの曲を愛聴し、クイーンから例えば、レッド・ツェッペリンやヴァン・ヘイレンらへと、クイーンを中心に70、80年代に流れていたロック、ポップスへの扉が、若年層にも開かれるだろうと信じている。その援護射撃として、筆者のような50代、60代のロックファンたちが、思い思いにロックを語ることが大切だ。押し付けにならないような形での橋渡し役ができるはずなのである。

そして、特に70年代のロックは慎重に耳を澄ませば、「消費だけの音楽」とは断言しにくい何かがあることに気付くだろう。たとえ砂上の楼閣のようであろうとも、1曲が20分を優に超えてしまうプログレッシヴ・ロックやクラウト・ロックの壮大な曲の塊や、ギザギザの刃物で肉を断つような破壊的なギターサウンドのうねり、限界を超えて絞り出されるヴォーカリストの雄たけびなどが渦巻いており、確実に聴く者の心に爪痕を残すのである。

それらは、アンダーグラウンドシーンの実験を経てようやく表通りににじみ出してきた、前衛性の閃光をどこかに含んだ音楽であり、クイーンのライバルでもあり、クイーンと切磋琢磨した音楽でもあるのだ。ハード・ロック、プログレッシヴ・ロック、グラム・ロック、パンク・ロック、前衛ロック……。粗削りの魅力に満ちた個性の列伝が刻印されている。並みいる超人的ヴォーカリストが押し合いへし合いしている。そんな中、ひときわ抜きんでて立ち現れてくるのが、煌めきを放ち続けたフレディ・マーキュリーという「歌聖」のエキゾチックな麗姿なのである。

※本書に登場する曲名（「」で表記）、アルバム名（『』で表記）は基本的に邦題に依拠した。ミュージシャン名は日本で多く使われている表記にのっとった。

フレディ・マーキュリー解体新書●目次

はじめに……………3

第1章　映画「ボヘミアン・ラプソディ」……………21
驚異的な動員となった映画／「ライヴ・エイド」の感動／10回見てもいい映画
ラミ・マレック「最高の敬意を抱く人」／アカデミー主演男優賞

第2章　人生狂騒曲——熱く哀しい空間……………45
フレディが育った地・ザンジバル／フレディの生い立ち／インドの英国式寄宿学校へ
フレディ、イギリスへ／クイーン、そしてフレディ・マーキュリー誕生——1973年の状況
初期の名盤『クイーンⅡ』、そして「ボヘミアン・ラプソディ」へ
クイーンの第2ステージ、アメリカ市場／カオスの時代へ／フレディの私生活
アメリカ市場を失う／苦境の日々／起死回生だった「ライヴ・エイド」／フレディ、その晩年
フレディの死／フレディ・マーキュリーと日本

第3章　チャンピオンのチャンピオン——「凄さ」の概要……………91
不世出のヴォーカリストはどこが凄いのか／偉大なる先達、東郷かおる子
フレディの多種多様な曲たち／クイーンという「大きな箱」／声の「ディノス」な凄さ

第4章　高音のゲーム——フレディを取り巻くきら星たち……………113

ロックヴォーカリストとはなにか／卓絶したロックヴォーカリスト／フレディのヴォーカルの本領
ロックヴォーカリストの社会的な位置／芸のマジック／ヴォーカリストの音域
ロックヴォーカリストたちの高音合戦／ロバート・プラント／ジョン・アンダーソン
多士済々のロックヴォーカリストたち／ロジャー・テイラーとブライアン・メイの声
ポップスのライバルたち／フレディの声の高さ／後年に高音域を円滑化させたフレディ

第5章 仮声帯の戦慄——「凄さ」の解体新書① 声そのもの……147
フレディの声質／七色の歌声／非整数次倍音と仮声帯の働き
フレディの声域／「祝福された声」

第6章 変幻自在の魔術師——「凄さ」の解体新書② ヴォーカリスト……169
フレディの魔術的フレージング／百色の妖声／フレディが生み出すテクスチュア
フレージングの至妙技／フレディが意識したライバル、ロバート・プラント／アレサ・フランクリン
モンセラート・カバリエ／ライザ・ミネリ、ジョン・レノン
デヴィッド・ボウイ、マイケル・ジャクソン、その他のヴォーカリストたち

第7章 心を破裂させる調べ——「凄さ」の解体新書③ 作詞・作曲家……209
作詞・作曲家としてのフレディ——特徴と美旋律の源／フレディの曲を味わう

第8章　輝けるマーチ――「凄さ」の解体新書④パフォーマー……233

最高次元のコール&レスポンス／1970年代前中期／1970年代後期／1980年代以降
自分を笑いものにするのが大好き／悲劇と喜劇／ピアノのスキル／哀しみに裏打ちされた喜劇
ライヴ・エイドのその後／45歳の死は早かったのか／「不在の在」によるパフォーマンス

第9章　ショウ・マスト・ゴー・オン――「凄さ」の解体新書⑤存在……255

身近なひとが見たフレディ／ロックの正統とは
「ロックは死んだ」のか？――商業主義、管理体制　ロックからダンスへ
クイーンとピストルズの邂逅／ルックスの特筆すべき個性――ロックの異端
政治意識の薄さ／音楽的頂点への到達／ニーチェの「深い淵」、そこに据えられた「闇の目」
快楽主義者　理性の目覚め／死を前にしての音楽への挺身――正統と異端の止揚

おわりに……302

参考文献・参考資料……311

年表……315

第1章　映画「ボヘミアン・ラプソディ」

フレディ・マーキュリーの凄さ、本質に迫るための入口として、コアなファンにとっても、新しいファンにとっても、相応しい話題は何だろう。いきなり本題に入るのは、1970年代からの熱心なファンならともかく、新しくファンになった層には、少し不親切なことになってしまうかもしれない。まずは全世界に感動の大波を広げた映画「ボヘミアン・ラプソディ」から始めるのが順当なようである。

驚異的な動員となった映画

映画「ボヘミアン・ラプソディ」は2018年10月24日にイギリスで、11月2日にアメリカで公開された。日本公開は2018年11月9日。瞬く間に世界中で大きなヒットを記録した。世界歴代興行収入のデータによると、2023年4月現在で約9億1080万ドルで、歴代68位。興行通信社の「歴代興収ベスト100」のデータによると、日本だけでも約135億円のメガヒットになった。当時、歴代1位だった「千と千尋の神隠し」(約317億円、2021年に劇場版「鬼滅の刃 無限列車編」に抜かれた)などには及ばないものの、「美女と野獣」や「スター・ウォーズ エピソード1 ファントム・メナス」「ジュラシック・パーク」などを抜き去り、歴代19位(2023年4月現在)になった。

日本での興奮ぶりを示す証拠の1つとして、人口差はさておき、クイーンの本国イギリスの興行収入を上回り、アメリカに次いで2位になったとされる現象が挙げられるだろう。

公開に先立つ18年10月26日夜、筆者は東京での試写会に赴いた。これまでも映画館のスクリーンを使ってのクイーンのDVD「ライヴ・アット・ウェンブリー・スタジアム」爆音上映に頻繁に接してきただけに、クイーンの曲が映画音楽の形であっても流れるなら聴きたい、と思っていた。公開の1、2年前からだろうか、俳優交代の話題など映画の宣伝はちょっとした動きも含め逐一ティザー風にネットニュースに流れてきていた。小刻みに情報を出して世界の関心を引きつけ、徐々に盛り上げようというマーケティング手法だったのだろう。筆者は「でも、どうやってフレディ・マーキュリーを演じられるのか。演じられる俳優などいないのではないか」という斜に構えたスタンス。まして、そっくりさん大会の様相であれば、お笑い型の噴飯ものになるかもしれない、との嫌な予感もあった。

しかし、2時間余りはあっという間だった。終わりの方では「不覚にも」深く感動していた。斜に構えて閉ざされた心が、映画後半の幾つもの感動シーンであっけなくこじ開けられた。

1985年、ミュンヘンでメンバーたちと袂《たもと》を分かち、ソロアルバムを制作するフレディのもとにフレディの永遠の恋人・友人メアリー・オースティンが訪れる。雨が降りしきっている。ここから最後の場面に至るまで、あらゆるところに涙腺の引き金があって、怒濤のような感動をもたらすのである。時系列が間違っていようが、各場面がフィクションであろうが、そんなことはどうでもよい。そこに批判を向ける人やそこで心が離れてしまう人は、核心を見つめる力の貧困を知るべきだろう。そもそもドキュメンタリー映画ではないのだ。

そして、筆者自身がしらけることなく、最後には感動の渦に巻き込まれていたのはなぜだったのかを点検した。

それは、1980年のロンドン、往年の名優マレーネ・ディートリヒの写真の前で、短髪、口ひげを蓄えた変わり切ったフレディが振り向くシーン以降、フレディの「物真似お笑い性」を感じさせなかった点に帰因する。主演のラミ・マレックの演技の説得力、なかんずく、そのつぶらな双眸の、少年のように透明な純粋さがものを言った。それは、天国を見透かすような恐ろしいまでの渦状の透明感で、吸い込まれそうな魅惑すらある。その先にあるのは邪悪な煉獄ではなく、浄化された可憐な天空にほかならない。

フレディはデビュー前から、全身からオリエンタルな妖しさを燻《いぶ》り出していた。映画でも、誇張はされているが、周囲に抜きん出た異相の持ち主として描かれている。時は60年代後半のスウィンギング・ロンドンの波が漂うころ。ショップ「BIBA（ビバ）」が斬新なファッションの拠点となり、さらには流行のスタイル名ともなって、抹香で薫じられたグスタフ・クリムトの絵画のような、オリエンタルでサイケデリックな異香を振り撒いていた。

フレディは、その申し子の一人のような出で立ちで、架空の王国や妖精、悪魔、はたまたマリー・アントワネットのことを、古典詩の抒情も織り紡ぎながら、恍惚とさせるファルセットを交えて歌っていた。髪は長く、振り乱す髪の間から、突き出た歯が奇妙にのぞき、手足は細く長く、反り返る脚線美をナルシシスティックに誇り、すでに胸毛の露出は異様だったが、胸板も薄く、アンバランスながら、「アラビアン・ナイト」に登場するかのような異国趣味・高踏的・悲劇的な人物のイメージが強かったのである。ひらひらの袖を持つ衣裳も、フレディがステージを動くたびにあやかに揺れ動いた。

それが、80年代に入るころには、髪を短くし、髭を生やし、分かりやすいマッチョなゲイスタイルに変貌するとともに、楽曲もロマン主義の古典詩の世界から離れていった。アメリカ流に簡明で喜劇的なイメージに豹変したのである。以来、フレディといえば、黄色いジャケットに白のズボン、あるいは短パンで上半身は裸、口ひげ姿の、動きもヘンテコな面白い「クラウン（道化）」のようだと認識されていった。

そういえば、86年の「ライヴ・アット・ウェンブリー・スタジアム」のDVDで見ることができるが、「ハマー・トゥ・フォール」でブライアンのギターソロが流れる中、フレディはステージ上で腕立て伏せをしていたりして……。愛すべきキャラクターではあるが、「フレディって、あのマッチョを気取った髭のコミカルな人」というような見方が支配的だったのではなかったか。ただそれは悲劇と隣り合わせの喜劇性であり、他人が真似れば単なるお笑いに転じてしまうものだ。しかし、マレックが演じる80年代のフレディは、決して物真似お笑い的ではなかったのだ。

晩年に近づくにつれ、ミュージックビデオでも明らかなように、フレディの面貌は、病に侵されて痩せこけ、痛々しく激変してくる。それでもクラウンのように振る舞うフレディの姿は、なおさら哀切で、ここに悲劇→喜劇→悲劇の構図が描けるのである。マレックの演技は、この喜劇の部分で、安直なお笑いの目線を掃討して、純粋さや人間としての可愛らしさの表出として再現し、見事に後年の悲劇につなげたわけだ。マレックの目は、フレディの人生を一本貫通していた「純粋さの轟音」を奏でるかのようだった。

クイーンの楽曲がロックの枠を超え、世界中の老若男女を引きつけるアンセムであり、その多くがマスターピースであることは、当時ヒットし、その後も人気を集め続ける点からも自明の理である。フレディの人生が波乱に満ち、劇的であったこともすでに知られており、定説でもあった。これらを貫く彼の「純粋さの轟音」は、各種インタビュー映像などでも疑いなく鳴り響いていた。しかし、それらは断片に留まりがちで、一定のストーリーで束ね、生身の俳優の演技によって一元的に、視覚的に提示されたことはなかったと思う。筆者にとっては、これが映画「ボヘミアン・ラプソディ」の最大の意義だったように思われる。

「ライヴ・エイド」の感動

「純粋さの轟音」を高めていく映画後半のたたみかける場面を見ていこう。

1985年、ミュンヘンでレコーディングをするフレディを、メアリーが豪雨の中、来訪し、メンバーのもとに帰るよう諭す。「私やバンドの皆はあなたのファミリーよ」「戻って家に」と。フレディは、悪評高い愛人兼マネジャーのポール・プレンターを解雇し、「母船に戻りたい」

と、クイーンのマネジャー、ジム・ビーチに電話をする。フレディは気安いユーモアを交えてジムを「マイアミ・ビーチ」と呼んでいたが、真心から感謝を伝え、「ジム」と呼びかけている。

4人が久しぶりに顔を合わせ、和解をし、フレディは「ライヴ・エイド」出演のオファーを受けよう、と促す。ジムが出演者の名を挙げていく。デヴィッド・ボウイ、ミック・ジャガー、ポール・マッカートニー、レッド・ツェッペリン、エルトン・ジョン……そしてボブ・ディラン。彼らの名が読み上げられるだけで、映画を見ている方は気分が高揚し、目頭が熱くなるのを感じた。ポピュラー・ロック史上、極めて重要なライヴなのだということが伝わってきた。

フレディの家。エイズ患者の悲惨なニュースがテレビで流れ、それを見たフレディが放心したように自宅ベッドに仰向けに寝る。翌朝を迎え、病院に検査の結果を聞きに行く。HIV感染を知らされ、伏し目になってゆくフレディ。「リヴ・フォーエヴァー」が流れている。死期が近づいたらしい患者の青年が、帰りがけのフレディに向かってどんよりした声で「エーオ」と呼びかける。フレディも顔を斜めに向けて「エオ」と返すのだった。

「ハマー・トゥ・フォール」のリハーサル場面。他のメンバー3人とジムを前にフレディはエイズ罹患《りかん》の事実を知らせる（この時期は実際には早過ぎて事実に反するが、それはあまり問題ではない）。そして、病気を理由に同情してほしくない、悲劇の主人公でいるつもりはない、残された時間、音楽を作りたい、と切望する。「俺が誰であるかは俺が決める。俺はパフォーマーだ。人々が求めるものを与える。最高の天国を。それがフレディ・ファッキング・マーキュリーだ」と言い放つ。「最高の天国を」で正面を映していた画面が横顔に切り替わり、フレディは人さし指を天上に向ける。マレックの声はかすれ気味だ。観客に最高の天国を与えることで、思い残すことなく自ら天国に向かえるという仄めかしなのか。死を悟りながら、残された時間を音楽のために真摯に生きる人間の半ば神々しい姿になっている名場面だ。

「ライヴ・エイド」の日に、フレディが愛する人ジム・ハットンとともに実家を訪れる場面。両親と妹のカシミラが振る舞うお茶やお菓子もそこそこに、フレディは「もう行かないと」と立ち上がる。カシミラが「ライヴ・エイドね」と言う。アフリカの飢餓で苦しむ子供たちを救うためのライヴで、入場料はとらない、とフレディが説明し、「『善き思い、善き言葉、善き行い』。父さんの教えと一緒だね」と言うと、父のボミ・バルサラが感極まって我が子を無言で抱きしめる。映画の前半で、教えを説く父親にフレディは「それを守って何かいいことがあった?」と言って、夜のライヴハウスに出かけていくシーンがある。その呼応が父と息子のわだかまりが解けたことを印象づける。

フレディの母親ジャー・バルサラは、フレディの死後も、ミュージカル「ウィ・ウィル・ロック・ユー」上演などの際に表に出てきたが、父親のボミ・バルサラについては、あまり言及されてこなかった。それだけに、フィクションであっても、父子和解の場面は感動的なのだ。

「ライヴ・エイド」は「哀愁のマンデイ」で知られるブームタウン・ラッツのリーダー、ボブ・ゲルドフの発案で1985年7月13日に実現した。「1億人の飢餓を救う」という呼びかけで、アフリカの難民救済を目的とした「20世紀最大のチャリティーコンサート」だ。主に英米の2会場で開かれた。

イギリス側の会場となったのは「ウェンブリー・スタジアム」。クイーンのほかスティング、フィル・コリンズ、U2、デヴィッド・ボウイ、ザ・フー、エルトン・ジョン、ポール・マッカートニーらが出演。最後半、夜更けてから、フレディとブライアンが2人で再登場し、「悲しい世界」を披露した。まさにアフリカとおぼしき飢餓の国の民を憂え、権力者に冷ややかな目を向ける曲であるが、本人たちは「たまたまぴったりする曲があった」と話していた。

出演に関連して、クイーンへのインタビュー映像が残っているが、出演の動機を尋ねられたフレディがブライアンに「君が答えろよ」と振る場面などが印象的だ。振られたブライアンは、突然のことにやや表情をこわばらせて答える。この時、クイーンはもしかすると、絆に不安な要素があったのかもしれない。

アメリカ会場はフィラデルフィアの「JFKスタジアム」。こちらにはジューダス・プリースト、ビーチ・ボーイズ、トム・ペティ&ザ・ハートブレイカーズ、ニール・ヤング、エリック・クラプトン、レッド・ツェッペリン、デュラン・デュラン、ダリル・ホール&ジョン・オーツ、ミック・ジャガー、ボブ・ディランらが出演した。

これらすべてのミュージシャンの中で、クイーンのライヴは最も優れ、充実していたと評された。実際の彼らのステージをＤＶＤで見ても納得がいくだろう。

「ライヴ・エイド」で手ごたえを得たクイーンはそのままの勢いで１９８６年『カインド・オブ・マジック』をレコーディング。アルバムを引っさげての「マジック・ツアー」も順調で、欧州26公演で２００万人以上を集め、ＤＶＤにもなったウェンブリー・スタジアムのライヴでもクイーンの健在ぶりを示した。解散危機説は吹っ飛んだ。86年8月9日、ロンドン北部に位置するネブワース・パークでのライヴが、フレディを擁するクイーンのラストライヴとなったが、そこまで勢いは止まらなかった。「ライヴ・エイド」でのクイーンのステージは、彼らを不死鳥のように蘇らせたのである。

映画では、壁に貼られたポスターなども含め本物そっくりのセットを作って当時の会場を再現したそうである。マレックの演じるフレディも実際の映像と比べても、歩き方、足の上げ方、身の折り方、腕の上げ方、ピアノの弾き方……ほぼ同様の動きを表現している。寸分違わぬわけではない。だが、脊髄反射に近い自発的な動きとなるまで訓練したのだろう。まさにフレディが乗り移った感じがある。

さて映画の内容に戻ろう。

立ち寄った実家からの出がけに、フレディは言う。「ステージからキスを送るよ」。実際のライヴ映像でもフレディは「ボヘミアン・ラプソディ」をピアノで弾き歌いする中で、キスをしている。会場の聴衆に向けてのキスだったのだろうが、映画では、直後に、母親が父親の方を見て〝あの子、約束通り、キスしているわ〟というような姿が映し出される。

会場中が自分たちの歌のように一緒に歌うのを聴いて、ステージの袖にいるメアリー、ジム・ハットンらが感激する姿が映る。「レディオ・ガ・ガ」になると、街中のパブ客たちもテレビを見ながら、手拍子をして加わってくる。「エーオ」。フレディが観客に向かって声を上げると、観客も「エーオ」と返す。このフレディが会場を一挙に掌握する場面では、画面いっぱいに、マレックのあの透明な渦巻きを宿した目が大映しになる。「エ〜〜〜オ」と長めに声を上げるフレディに応える7万人以上の観衆を上から撮影。ここはCGというが、人波が起きているかのようにグラデーションが生じる。そうした様子に、胸にこみ上げてくるものをかみしめるメアリーの表情が映し出される。フレディが最後に「オーライト」と言うと、会場内の肩車をしてもらっている女の子が手を突き出して「オールライト」と応じる場面が出る。ステージと観衆との見事なコール&レスポンス。映画の観客は、会場の観衆と一体化してライヴにぐいぐい引き込まれるのを感じるだろう。すぐさまそらさず「ハマー・トゥ・フォール」。会場は縦乗り状態に。寄付金を受け付ける事務局の電話が鳴り響き、目標額に到達する。この後、実際には演奏され、またフルバージョンの映画「ボヘミアン・ラプソディ」には収録されているという「愛という名の欲望」「ウィ・ウィル・ロック・ユー」は省略され、「伝説のチャンピオン」に移る。フレディのピアノ演奏に厳粛な面持ちになるメアリー。〝私が思ったとおり、この人は凄い人だったわ〟。こんなメアリーの心の声が聞こえてきそうな場面だ。後半の「We

映画『ボヘミアン・ラプソディ』（2018年）は世界中で大ヒットした

are the champions, my friends」という歌詞のところで、メアリーの顔が画角を占める。彼女は、フレディにとっての永遠の友人なのだ。それに深く、深くうなずくような彼女の目。最後は隣に立つ恋人をやや無視して、ハットンに寄り添うメアリー。メアリーがハットンをフレディの恋人として受け入れ、ファミリーの1人として歓迎した瞬間なのだろうか。「of the world」と歌いおさめたフレディが右手で投げキスをする。ブライアン、ロジャー、ジョンの後奏が続く中、息子を見直し、感動しているような母親の顔が大映しになる。涙を拭う観衆たち。感動をかみしめ、クイーンの偉大さに納得してうなずく観客。さめやらぬどよめき。フレディが「So long goodbye, we love you」と言って終わる。映画ではこの後、フレディがメンバーの方に振り向く画面で「ドント・ストップ・ミー・ナウ」がアカペラで流れ出す。と、一瞬暗転、フレディの死などその後の経緯を文字と写真などで伝え、しばらくすると、ビデオクリップの実物映像が流れる。演じた俳優たちは、だいたい4人に似ている。しかし、やはり本人映像の重みゆえに、筆者はしんみりと見入った。ブライアンがソロ演奏時にちょっと横を見て、にこっとする場面があり、何とも言えない４人の親密さを物語っている。感動的な友情の交歓がある。

10回見てもいい映画

映画が完成するまでには紆余曲折があった。しかし、映画は、あふれんばかりの愛情、友情の中で、劣等意識、疎外感、葛藤、孤独に苦悩しながらも、輝かしい歌を、麗しい声や力強い声で歌い、ついには自己のアイデンティティーをパフォーマーであることに見出して、短い人生を駆け抜けた一人の誇り高きシンガーの姿を描き切っているのだ。つまり、フレディ・マーキュリーの核心に迫っているのだ。だから、感動をもたらすのである。

結局、筆者はこの映画を試写以外に、映画館で10回見た。11月から２０１９年1月にかけ、ほとんどが東京・六本木のＴＯＨＯシネマズの深夜の回だった。毎回、感動した。ついには「20世紀フォックス」のテーマが流れるところで、テーマ曲を奏でるブライアンの華麗なギター音を聴くだけで、目頭が熱くなった。直後の「ヘイヘイヘイヘイ、ヘーイ」というフレディの声。これだけでクイーンの呼吸に同化させられる気分になった。

引き込まれて見るせいか、試写に続き、もう１回見た時には、ほとんどのシーンやセリフのやりとりが記憶されていた。こうしたクイーン・ファンのリピーターは少なからずいたのではなかったか。国際線の航空機の中でも見たが、やはり大スクリーンのもたらす感動には遠く及ばなかった。「何？　2桁どまり？　3桁はいかなかったのか」などとからかう知人もいたが、公開中の映画を複数回見にいく経験は、高校をさぼって行った池田満寿夫監督「エーゲ海に捧ぐ」（1979年）や、寺山修司監督「上海異人娼館　チャイナ・ドール」（1981年）、ジュゼッペ・トルナトーレ監督「ニュー・シネマ・パラダイス」（1988年）くらいしかなく、「10回」は初めてだった。一方で、初回の感動を永らく大切にするスタンスから、あえて2回以上見なかった映画も数多いが、今回は何よりも、映画館の観客と感激を分かち合いたい気持ちが極めて強かったのである。

何回目だったたか、六本木で深夜に見た時、前方の席に20代くらいのカップルがいた。男性の方は、〝この映画、本当に面白いのかよ〟というような「今夜もクラブで息巻きます」風の、あまり好感のもてないオレサマ系の男性だった。女性の方もロングヘアのイケイケ系の女性だった。2人は上映前にスナック菓子をぽりぽりやって、なんだかうるさい、嫌な気配がしていたのだが、映画が終わって館内が明るくなった時、男がボロ泣きしているのだ。「俺、泣いちゃったよ。何これ、感動しちゃったよ」と。「うん、うん、そうだよね」とやはり目元をハンカチで拭う女性。言うもおろかだが、この上なく清々しい気分になった。

「ライヴ・エイド」では各出演者の持ち時間が約20分だった。クイーンも条件は同じだったが、短縮・抜粋した曲も含め、ほかの出演者より多めの6曲、「エーオ」も1曲とすると7曲を演奏した。クイーンのステージは「ライヴ・エイド」内の話に限らず、ロック史上、最高のライヴパフォーマンスだったと言われる。曲数の多さゆえの密度の高さが一要因だったと言えるだろう。加えて、当初不調と言われたフレディの声の調子が極めて良かったのだ。「伝説のチャンピオン」の「we'll keep on fighting」の「fighting」の音は「ハイC」つまり、上の「ド」（C5）の音。このフレーズは3回出てきて、録音音源ではうち2回が「ハイC」、そのうち1回を地声で出しているが、コンサートでフレディはこの音を地声ではほとんど出さない。ところが、「ライヴ・エイド」ではそれに挑み、成功している。

何曲も歌った後に、この音を出すのは、朗々と歌い上げるヴォーカリストの場合、かなり難しい。好調だったためで、他の曲でもすべての表現が伸びやかなのである。さらに、ブライアンのギターがいつにもまして高揚して前のめりであり、破綻寸前の勢いで音を鳴らしている。ひずみも縦横に効かせて、ロジャーのドラムの激しさとジョンの確かなベースラインの上で暴れている。これがロックの正統性を示している。全く隙がない乾坤一擲《けんこんいってき》のステージだ。

会場中が自分たちの応援歌のように、各曲を一緒に歌う姿、手を振り上げる姿、左右に揺れる姿、聴衆の歌声自体も、ステージをさらに盛り上げた。フレディは最後に「We love you」と締めくくった。「I」ではない。「We」である。ワンマンバンドであれば、口をつくのは「I」で、各人が「I love you」と言うのかもしれない。筆者は、映画で繰り返されたセリフ「We are family」との相関を思わずにはいられなかった。

映画で扱った「ライヴ・エイド」の場面がより感動的なのは、マレックの好演はもちろんだが、母親やメアリー、観客たちの姿をインサートしていった手法にもよるだろう。これは映画

「ロッキー2」の手法にも通じる。テレビで試合を見る妻エイドリアンに、ロッキーは勝利を報告する。すると、家のテレビ前のエイドリアンが大映しになって、「愛している」と涙ながらに喜ぶ。この手法が感動の方程式のように生かされていると言えまいか。

「スター・ウォーズ」に共通する手法もある。折に触れて挟み込まれるユーモアである。1977年公開の「エピソード4」の時代からそうなのだが、最新の「エピソード8」でもユーモアの挿入は見られる。年を重ねたレイア姫が、伝説となったルーク・スカイウォーカーの到来を期待して、ファースト・オーダーの攻撃に耐えきれず待ちかねていたところに、ようやくルークが出現。顔を見合わせた双子の2人。口火を切ろうとするルークを制してレイアが「何が言いたいか分かるわ」と言葉をかけ、すかさず「私、髪形を変えたのよ」。絶体絶命のピンチの状況下でのジョークは映画の世界の緊張を一旦といて、次の感動へとつなげる効果がある。

映画「ボヘミアン・ラプソディ」でも、孤立したフレディがクイーンとして再始動するために他の3人と話し合う場面。緊迫の空気感の中、ジム・ビーチが言う。「飲み物でも武器でも、必要なものがあれば言ってくれ」。フレディがエイズ罹患をメンバーに伝える場面で、メンバーが涙を流して告白を聞き、「フレディ、君は伝説だ」と言うと、フレディは「みんなが伝説だ」と一旦応じ、「でも、俺は間違いないな」と加えてメンバーを笑わせる。フレディが「ウェンブリーの屋根に穴をあけるぞ」と言うと、1拍おいて、涙顔のジョンが「でも、ウェンブリーには屋根はないよ」と言って、ここでも和やかなムードになる。そして最後にフレディは

「泣いてもいいよ、リトルガールたち」と言って、3人を抱き寄せるのである。

日本や東アジアを思わせる場面もいくつかある。フレディが自宅で着ていたガウンのようなものは長襦袢《じゅばん》か着物のようである。現代でもそうらしいが、日本の着物の古着は、ヨーロッパなどで部屋着として使うファンも少なくないという。日本びいきだったフレディが着ているのはごく自然である。実際のステージで着物を荒々しくまとい、実に様になっている写真も残っている。

さらに、クイーンが世界に活動を広げていく場面で、映画の画面を半分に分けてクイーンの演奏場面と各国各地のファンたちの熱狂ぶりの場面が映されるが、ここに日本の女性たちらしき映像が出てくる。乱痴気パーティーの後、後片付けをするジム・ハットンと初めて会う場面で、ジムの後ろに掲げられた絵は日本テイストである。

まだある。メアリーがミュンヘンを訪れる場面。メアリーを追ってフレディは夜の雨中にかけだそうとするが、その時出入口らしき場所に掲げてあったのは、「金閣舎利殿　御守護」と書かれた御朱印札だった。最も驚き、謎めいている掲示の仕方であった。

ラミ・マレック「最高の敬意を抱く人」

2018年11月8日、日本での映画公開の前日、プロモーションのために来日した主演のラミ・マレックに、筆者は朝日新聞記者としてインタビューする機会を得た。あの透明度の高い湖のような目に接し、誠実に語るマレックを見て、演じた俳優が彼だったことを、フレディは喜んでいるに違いない、と実感した。

マレックにとって、フレディ・マーキュリーという存在の意味は、映画の前後で何か変化があったのだろうかと問うと、こんな答えが返ってきた。

「極めて変わりました。多くの人に愛されたフレディを称える気持ちは前からもちろんありましたが、映画の後では、私の中で最高の敬意を抱く人になった。多くの人にはロックの神様、アイコンで、確かにステージではこの地球上の人間とは思えない人です。ただ、今回の役作りで、リサーチして発見したのは、人間的なフレディのことでした。偉大なステージのペルソナの裏側にある人間フレディがいかに葛藤したか、いかにそれを克服していったのかを理解しようとしたのです。フレディは手のひらで多くの聴衆をつかむことが出来た人ですが、フレディ自身が誰かの手のひらに包んでほしいと願っていた。やさしく包んでくれる人が必要だったのです」

まさに「Somebody to Love（愛にすべてを）」の世界だ。愛する人は誰かを求めつつも、愛してくれる誰かをより強く求めたのかもしれない。インタビューの時には、映画はすでに英米で封切られ、好調な滑り出しを見せていた。映画が支持される理由を聞いた。

「この映画は、クイーンの音楽と同じで、ひとつのカテゴリーに収まらないと思う。いろんな見方もできるし、ジャンルを超越している。本当の意味での家族とは何か、自分を理解していくとはどういうことか、自分らしさを祝福すること、自分の伝統をリスペクトしつつも自分の魂に従えば、伝統と対立する時もあるが、いずれ伝統や文化は自分の一部として戻ってくること。そして本当の自分自身を祝い、それを多くの人と分かち合うこと。テーマはいろいろとあるのです」

映画でフレディは自信と不安の間で揺れ続ける。それは革命に伴う移民の子であり、ゲイであったことも無関係ではない。マレック自身もエジプト系のアメリカ人、コプト教徒とも言われる。テレビドラマ「ミスター・ロボット」で主人公を演じ、2006年からの人気シリーズ映画「ナイト ミュージアム」では若きエジプト王アクメンラー役を演じてきた。「エジプト」は彼の中でつきまとった。

「フレディは、自分のアイデンティティーは何かと非常に苦しんだのでしょう。ステージでは多くの人を楽しませる天国から送られてきた素晴らしい存在ですが、実生活では自分は何なのか。外国の地でアイデンティティーを求めて葛藤する存在であり、セクシュアリティでも自分は何なのかを探し求め、もがいた人だった。両親はホモセクシャルを認めない宗教的に敬虔《けいけん》な人でしたが、彼は父親から受け入れられることを求めていたと思う。最後には個人の生活で本当の愛を見つけたことで、やっと平安を得られたのではないでしょうか」と、マレックは十全な理解を示した。

役作りについてもいかにこだわったのかを熱弁した。マレックは、フレディのライヴ映像やインタビュー映像について、手に入るものをすべてそろえ、繰り返し見た。ムーブメントコーチをつけて、フレディが子供時代から取り組んできたり関心を持ったりしたスポーツなどの動きを研究した。

「動きを真似るのではなくて、なぜそういう動きになるのかを知りたかった」。例えば、ボクシング。フレディが何万人もの聴衆に向かって右のこぶしを振る動きは、ボクシングに通じる動きだ。ビデオクリップで英王立ロイヤル・バレエ団のメンバーとともにバレエダンサーに扮したこともあった。「そうしたエレガントな動きは、バレエからくるものでしょう。フレディが敬愛していたライザ・ミネリのアメリカの古いミュージカル映画も見た。彼がインスピレーションを得てきたオリジナル作品になるべく接した。彼がインスピレーションを受けたものをできるだけ身内に入れ込み、沁み込ませて、映画撮影時に私がステージに立った時、瞬間的に、自発的に動けるよう心がけました」

「ボヘミアン・ラプソディ」をレコーディングする場面で「それいいね」という表情と上半身の動きは、フレディがさもしたであろう動きだった。「ライヴ・エイド」のパフォーマンスの再現は、映画の演出もあってタイミングなど異なるところはあるが、おおむねよどみなく、本人映像と比較しても遜色ない。むしろ、動きがずれながらも全体が本人映像を彷彿させるところに、マレックによって自発的な動きにまで刷り込んだ成果が現れている。

メイクの話になると、マレックは、質問をする前に自ら熱心に語り出した。「外見的に言うと、フレディは大きな歯を持っていた。スタッフが歯を作ってくれて、それを使っていた。歌いにくいし、しゃべりにくいのですが、しょっちゅう入れていたせいで、今では、入れ歯をしていないと、自分が裸になっているような気持ちになるんです」

話は、鼻の形をどうしたかにも及んだ。「私の鼻は先が丸くなっているのですが、フレディの鼻はとんがっています。幅は同じくらいなのですが、真っ直ぐになるように、人工的に鼻を作りました。すると目の形も変わってくるように見えるのです。ヘアメイクも毎回、2時間はかけました。メイク、コスチュームのフィッティングに、そうですね、100時間はかけましたが、これらは、私にとっては一種のリハーサルでした。フレディならどう動くのか、と考え、待っているすべての時間を浪費せず、準備にあてたのです」

マレックにとっては一世一代の役との自覚が芽生えていったのだろう。そして、彼が俳優として得たことは何だったのか。

「解放感です」ときっぱりと答えたのが、心地よかった。「周囲の人の目を気にしなくなった。自分自身であることを、自分でよく理解するようになり、ありがたいと思うようになったのです。自分の欠点も前よりも受け入れられるようになった。出会う人すべてに共感できるようになった。それは意識するとしないとにかかわらず、フレディという存在が発する革命的なメッセージだと思う。他の人の生き方に準じなくていいのです。他の人のやり方に自分を見いださなくていいんです。自分の中で最も自分らしい自分でいること。相手の場合、最もその人らしいことを受け入れること。すべてを排除せず、すべてを含めること、合意することをフレディ、そしてクイーンから学びました」

インタビュー時間は通訳を入れて約20分間。ハイライトの内容は2018年11月16日の朝日新聞夕刊に書いたが、マレックの話、その人物像の一端は、新聞のスペースでは伝えきれず、ここに取材ノートから起こして紹介した。

マレックは誰よりもフレディに向き合った。核心をつかんだ。フレディのことを、相変わらずエキセントリックな髭マッチョと見て噴き出し、揶揄する人がいるにしても、マレックの透明な目は、「物真似お笑い性」が浮薄に、無責任に膨張するのを見事に抑制して、最終盤に至るころには、感動の滂沱《ぼうだ》の涙を流させるだけのパワーを持っていたのであろう。全身全霊を込めたマレックの演技に負うところは大きい。

マレックはその後、新型コロナウイルス感染症のパンデミックで、公開が遅れに遅れたダニエル・クレイグ主演の映画「007 ノー・タイム・トゥ・ダイ」（主題歌はビリー・アイリッシュ）でボンドに立ちふさがる悪役に抜擢されたことを知り、わがことのように喜んだのを覚えている。2023年、フランスのハイブランド「カルティエ」の時計「タンク フランセーズ」が新モデルに生まれ変わるのを機に、キャンペーンムービーが制作されたが、その中で、マレックはフランスの大女優カトリーヌ・ドヌーヴと共演した。快挙である。

ちなみに、公開当時、こういうこともあった。11月8日にマレックにインタビューし、9日の公開日を少し過ぎたころ、映画の広報宣伝チームから「掲載はいつでしょうか。すでに公開していますから、なるべく早くお願いします」と早速催促された。映画に対する不安があったのだろう。

しかし、公開直後の土日の入場者数は予想をはるかに上回る勢いを示した。その上で掲載日が決まった旨を連絡したところ、広報宣伝チームは「あのー、思いのほか好調で、私たちも驚いています。ですから無理に掲載を早めていただかなくても……」という反応で拍子抜けしてしまった。文化・芸能関連のインタビューを多数してきた経験から言って、こうした反応は滅多にないことだった。ヒット作になることは間違いない、という確信から来る反応だった。後日になってからだが、報道陣に大ヒット記念のお菓子すら振る舞われたのだ。

アカデミー主演男優賞

2019年2月、米国アカデミー賞の授賞式では「クイーン＋アダム・ランバート」がオープニングライヴを披露した。「ウィ・ウィル・ロック・ユー」「伝説のチャンピオン」。会場のレディ・ガガもジェニファー・ロペスも、ラミ・マレックも乗りまくる。世界的に大ヒットした映画に対する理屈抜きの賛美と、クイーンの名曲に対し、フレディ・マーキュリーという存在に対しての文句なしの尊敬の念が会場を隈《くま》無《な》く包んでいた。「伝説のチャンピオン」の最後には、背面に王様然とした在りし日のフレディのライヴ映像が流れ、会場は一層、興奮のボルテージを上げた。

授賞式で、マレックは、アカデミー主演男優賞を受けた。そのスピーチも会場に感動の輪を広げた。

名前が呼ばれた時に、マレックは、メアリー役でプライベートでも彼の恋人になっていた俳優ルーシー・ボイントンと2回キスをしたのだが、マレックの顎の辺りに口紅がついてしまったらしく、それを拭うボイントンの表情が幸福そうだった。

マレックは「凄く小さな関わり方だったかもしれないが、凄く大きな伝説に関わることができ、光栄です」と語った。「小さいころのぼくが、もし、将来こんなことがあるんだよ、と言われたら、クリクリの髪の毛で目を大きくしてびっくりしたでしょうね。苦戦をしている人、自分の声を見いだそうとしている人、ゲイで移民で、人生をずっと自分らしく生きた人の映画になっていると思います。それを今晩、みなさんと祝うことができているということは、このようなストーリーをみんなが求めているということの証しだと思います。私はエジプトからの移民の子です。エジプト系アメリカ人です。私自身のストーリーが今描かれています。それを光栄に思うのです。みなさんに心から感謝します……この瞬間を生涯ずっと大切にします……ルーシー・ボイントン。この映画の中心です。私の心を奪いました。ありがとう」。彼が最後に、目を潤ませているボイントンに向かって言った言葉は「You captured my heart」。あるいは「You've captured my heart」だった。「テイク・マイ・ブレス・アウェイ」の歌詞「You've captured my love, stolen my heart, changed my life」になぞらえているかのような一言。彼はすでにフレディと同化していたのかもしれない。

第2章　人生狂騒曲

——熱く哀しい空間

フレディが育った地・ザンジバル

フレディ・マーキュリーの半生は、映画でもアウトラインが描かれていたが、ここで、改めて人生を振り返ってみよう。

フレディは1946年9月5日、アフリカ東海岸、インド洋上のザンジバル諸島（地域名はザンジバル）の中心・ウングジャ島の西海岸部にある旧市街地ストーンタウンで生まれた。当時、ザンジバルはイギリスの保護国（1890〜1963年。現在はタンザニア連合共和国）だった。ウングジャ島は白いサンゴ礁が群生する青い海に囲まれている。ストーンタウンには周辺の白サンゴなども使った石造りの街並みが広がっているという。

この地は多様な文化の波を受け、暗澹《あんたん》たる歴史にも彩られている。10世紀のころからアラブ商人が住み着き、アフリカ東海岸の現地語とアラビア語が融合したスワヒリ語文化圏を生んだ。ザンジバル発の音楽「タアラブ」も、現地の音楽がアラブ音楽の影響を受けて成立したものだ。アフリカ東海岸部のインド洋を通じて行われたインド方面との海洋交易は、1世紀後半に成立していたことが古代ギリシャ語の『エリュトゥラー海案内記』にも触れられている。ポルトガル人のヴァスコ・ダ・ガマが15世紀末になって、インド航路を発見したことで始まった交易ルートとばかりは言えないようだ。ただ、ヴァスコ・ダ・ガマたちは、ザンジバルを航路の上陸拠点に選定、同時にこの地はポルトガルの入植を受けた。

1830年代にイスラム教のオマーン帝国に支配された。オマーンは現在でこそ小国だが、ホルムズ海峡に南接する重要な国だ。ホルムズ海峡はオマーン湾とペルシャ湾に挟まれ、中東地域産出の原油を搬出する際の海上交通の要衝である。一国の領土を陸地ベースで見ていくと、なかなか考えが至らないのだが、当時のオマーンは、いずれも現在の中東の本土をはじめ、アフリカ東沿岸部一帯、アラビア半島のアラブ首長国連邦のほか、イエメン、サウジアラビアの一部、さらにイラン、パキスタンの一部にも覇権を及ぼした海上帝国を築いていた。ザンジバルにスルタン（国王、皇帝）の王宮を構え、ザンジバル港をインド洋貿易の要と位置づけた。スルタンは、主にイスラム化したオスマン帝国の君主として知られる呼称だ。

一方、ザンジバルでは悪しき売買、奴隷貿易も盛んだった。奴隷貿易は7世紀ごろからアラブ人が始めたとも言われるが、オマーン支配の時代にはアラビア半島やアメリカのプランテーションに奴隷を送り込むため、インド洋の航路を駆使して進展し、アフリカ大陸から集められた奴隷の市場が設置された。結果として、一説によると、1000万人以上とも言われる人を送り出した。奴隷貿易の一大拠点だったわけだ。この非人道的な取引はイギリスの働きかけで1873年に禁止され、市場跡地にはアングリカン大聖堂が建造された。今でも奴隷を収容した劣悪な部屋などを地下で見ることができる。奴隷の旧売り場は46m×26mの空間。地面から1mくらい掘削された槽内で鎖につながれた奴隷5人の石像がモニュメントとして残っている。

また象牙、金、香辛料などの輸出拠点にもなった。主な貿易相手は、イギリス領インドだったという。ザンジバルの建造物の扉は、フレディの両親の故郷でもあるインド・グジャラート地方の製造技術を用いたといわれる。19世紀後半には、多くのインド人がザンジバルに移住したことも判明している。

アフリカの他国同様、列強諸国の帝国主義に荒らされ、19世紀末にはイギリスの保護国になるが、混乱はその後も続く。

このように、ザンジバルはアフリカ、アラブ、スワヒリ、ポルトガル、イスラムのオマーン、イギリスなど多種多様な文化の浸透を受け、文化の坩堝《るつぼ》となった。

日本とも浅からぬ繋がりがある。

19世紀半ばごろから、日本から海路で東アジア、東南アジア、南アジア、そこからインド洋上の島々、果てはアフリカ大陸に放たれた日本人娼婦たちがいた。日本人娼婦はシンガポールを拠点とし、香港、タイ、インド、パキスタン、マダガスカル、ダルエスサラームなどの港町に送られた。明治時代に入ると「娘子軍《じょうし》」などとも表記された、いわゆる「からゆきさん」である。富国強兵をスローガンに帝国主義にひた走る近代日本の斥候隊、外貨獲得の先蹤隊《せんしょう》とでもみなされたのであろうか。中にはスパイ活動に従事した者もいたという。あるいは村岡伊平治のような女衒《ぜげん》が跋扈《ばっこ》して売り買いされる娼婦、醜業婦の悲惨さという本質をあいまいにするためのネーミングだったのか。長崎県・島原半島や熊本県と鹿児島県にまたがる天草諸島の貧困にあえぐ漁村や農村の女性たちが多かったが、1890年代には、からゆきさんはザンジバル・ストーンタウンにたどり着いた。1900年代には南アフリカのケープタウン（喜望峰）まで達したという。アフリカの港町で生活したからゆきさんの人数は少ない。日本人探訪家の報告によると、1カ所につき3人から10人程度だったという。

先にも述べたように、ザンジバル～イギリス領インドの航路は確立しており、日本（横浜）～シンガポール～インド（ボンベイ＝現在の金融都市・ムンバイ）の航路も開かれたので、そのルートが日本の少女たちをザンジバルに運んだのである。このあたりは白石顕二著『ザンジバルの娘子軍』に詳しい。

からゆきさんが春を鬻《ひさ》ぐ商いは1930年代には廃れたが、フレディが少年時代を送ったストーンタウンには、その言い伝えもあったろうし、からゆきさんたちの住まわった家もあった。かつてのからゆきさんの1人、「おまきさん」も存命中だった。羽田空港で大歓迎される初来日以前に作った「キラー・クイーン」には「ゲイシャ・マイナー」が出てくる。東京を中心とする「芸者」および京阪を中心とする「芸妓」と、花魁《おいらん》を含む遊女・女郎・娼妓・娼婦は決してイコール関係ではない。芸を売る者と春を売る者はすなわちイコールとは言えない。ただ、我々が欧米諸国の文化を一緒くたに考えてしまうところがあるように、欧米では日本も中国、韓国の文化も同様に見てしまう感覚があるのも致し方ないことで、それからすれば、芸者と娼婦の違いにも無頓着なのかもしれない。その話題はともかく、「Ｍａｋｉ」と「Ｍｉｎａｈ」（マイナーあるいはミナーか）はどことなく綴りが似ている気もするのである。「キラー・クイーン」を作るフレディの念頭に「おまきさん」がちらついていたと考えるのは楽しい想像だ。

ストーンタウンは2000年、ユネスコの世界文化遺産に登録された。フレディの生家「マーキュリー・ハウス」や、隣に2019年11月にオープンした「フレディ・マーキュリー博物館」は観光スポットにもなっている。

ザンジバル、ストーンタウンの歴史の記述が長くなったが、何か気づかないだろうか。フレディが少年時代を過ごした故郷がどんな歴史の荒波にもまれてきたのか。それをつまびらかにすることで、フレディの曲の謎を解明することにつながらないか。結論は出ないにしても、イスラム文化の波の遠鳴りはフレディの耳にこだましていたはずで、例えば「ボヘミアン・ラプソディ」のオペラティック・パートで「ビスミッラ」と唱えた背景が探れないだろうか。そして意味不分明な歌詞が中近東風の旋律で歌われる奇曲中の奇曲「ムスターファ」がなぜできたのかという問いにも一つの解釈、見立ての素が提供されるような気もするのだ。

フレディの生い立ち

生い立ちに戻ろう。

フレディの出生名はファルーク・バルサラ。出生名については、日本では一時期、「フレデリック・バルサラ」などと紹介されていた時期もあるが、フレディへの関心が高まるとともに、より正確になっていったのだろう。

ところで「ファルーク・バルサラ」は、日本人にとっては、欧米世界に普及する氏名の響きに近しくない。以下の表現のしかたは文化として高く評価すべきであるという意味合いだが、香が焚き染められ、息苦しいほどの麝香《じゃこう》のにおいで満たされる中、過剰な装飾の衣裳に身を包み、占星術、タロットカードの類を繰り出す予言者の名に通じるようでもある。フレディが生み出した楽曲、歌い方の妖しさの淵源を垣間見る気分になるではないか。「ファルーク」に、異国の芳香が揺らぎ、煙の立ち込める感覚、中近東トルコの閨房の寝具のように、どこか薔薇の香も含み、柔らかでくぐもった響きがあり、「バルサラ」に宿命的で蠱惑《こわく》的な大奸婦の堂々たる響きを感じるのは筆者だけかもしれないが、どちらにしても濃密な異国情緒を醸し出すのに十分だ。内気で繊細で、しかし、性に貪欲で背徳的で奔放な「ファルーク・バルサラ」の素顔は、「フレディ・マーキュリー」という仮面の響きを備えることで、欧米世界ですっくと立ち上がってゆくのである。

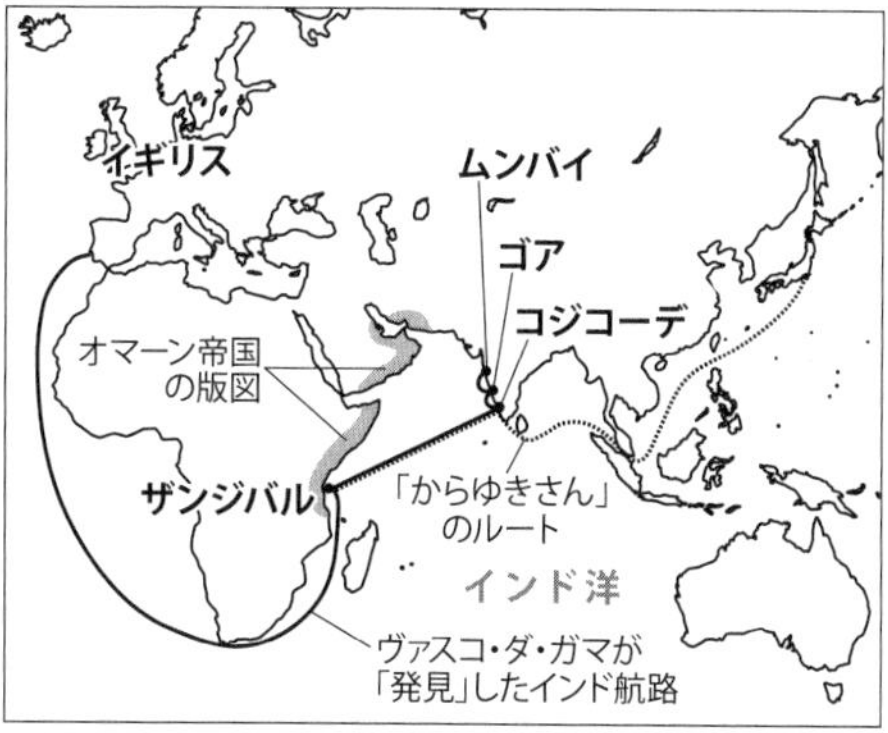

ザンジバル、インド、日本からの「からゆきさん」ルートの位置関係

父親はボミ（1908〜2003）、母親はジャー

（1922～2016）で、インド出身の敬虔なゾロアスター教徒だった。妹にカシミラ（1952～、現カシミラ・クック）がいる。

少し詳しく見ると、つまり、インドのグジャラート州のパールシー教（ゾロアスター教を意味する。またパールシーはインドでペルシャ人を指す）の信者。ゾロアスター教は世界最古の一神教とも言われ、古代ペルシャを象徴する宗教だ。地理的に見ると、古代ペルシャは現在の主にイランに位置し、高度な文明を有する王国だった。ダレイオス1世、クセルクセス1世の統治したアケメネス朝ペルシャは古代ギリシャ世界を脅かした。

ゾロアスター教は紀元前6～紀元前4世紀のアケメネス朝ペルシャの時代には、多くの信者を擁していた。紀元前330年ごろ、アケメネス朝ペルシャは、アレクサンドロス大王の東征によって滅ぼされるが、制圧の揺り返しで東方の思想や文化が西側の古代ギリシャ世界に流入し、バビロン（現在のイラクに位置した）の爛熟・退廃文化もまた西に流れ込み、世にも麗しい東西融合的なヘレニズム文化が誕生する。ゾロアスター教は、その後も旧古代ペルシャの地に延命するが、ヘレニズム文化にもゾロアスター教は確実に浸潤したわけだ。

ゾロアスター教は、開祖ゾロアスターがアフラ・マズダー神を信奉するところから、そう呼ばれる。善悪二元論を説き、聖典は「アヴェスター」。善なる光としての「火」を尊び、拝火教の異名も。善と悪の戦いの後、善が勝利することを教説する。フレディの作詞・作曲した「ボヘミアン・ラプソディ」などには、高音と低音が交互に出てくるパートがあり、二項対立・善悪二元論的な戦いも織り込まれる。アルバム『クイーンII』の「サイドホワイト」と「サイドブラック」の二元構成も故なしとはしない。善の勝利を説くゾロアスター教に対して、フレディの曲は、初期は悪の勝利が歌われているかのようだった。だが、晩年に近づくにつれ、善が強調される4人の共作曲を祈るように歌っていたようにも思われる。

信者には「善思・善語・善行」の三徳が義務付けられる。第1章でも言及したが、映画「ボヘミアン・ラプソディ」でも前半と後半でフレディと父親の会話の中で三徳が語られていた。3世紀に生まれたササン朝ペルシャでは国教になり、その衰亡時にイスラム教に追われ、現イランにいたゾロアスター教徒たちはインドのグジャラート地域に逃げ込んだ。現在のインドでもパールシー教は根強く、少数派ながら社会の上層階級にあり、インド二大財閥の1つである「タタ」もパールシー教の財閥。グジャラート地域を故郷とする者は、自分たちを誇り高き古代ペルシャ人の末裔《まつえい》と自覚する傾向にあるとも言われる。

ちなみに、19世紀のドイツの思想家フリードリヒ・ニーチェの著『ツァラトゥストラはかく語りき』の「ツァラトゥストラ」は、ゾロアスターをドイツ語読みしたものだ。後にリヒャルト・シュトラウスが同名の交響詩を作曲し、その曲が1968年のスタンリー・キューブリック監督の映画「2001年宇宙の旅」に使われた。

私見ではあるが、モーツァルトのジングシュピール「魔笛」に登場するザラストロは、このゾロアスターのように思われてならない。「魔笛」でも、善悪二元論が明確である。ただ、必ずしもゾロアスター教に沿っているわけではなく、最後は古代エジプト神話のイシス・オシリス伝説、ミトラ教的な太陽神を称えて終わる。ミトラ教は、現在のインドやイラン周辺で信仰されていた太陽神ミトラスが古代ローマに入って信者を集めたが、キリスト教に押されて消えていったと言われる。しかも「魔笛」は秘密友愛結社フリーメイソンの秘儀を暗示している側面も否定しきれないから、古代エジプト神話、古代ペルシャのゾロアスター教、古代ローマのミトラ教という「非キリスト教」的なものが、謎めいたフリーメイソンの衣をかぶって集合したというような世界が展開されているのかもしれない。いずれにせよ、キリスト教以前という古代性がまつわる。

インドの英国式寄宿学校へ

信仰心のあつい父のボミはイギリス政府高等法院の出納係だった。フレディは生家は中流家庭と言っていたが、幼少期は「おじがダルエスサラームの海の近くにビラを持っていて、そこでは召使いが朝起こしてくれた」というような恵まれた生活環境だった。後年、「よく勘違いされるが、あくまで中流家庭だった。でも、上流の家庭の人間のように振る舞おうと心掛けたし、今でもそうだ」などと述懐している。それが心持ちの点で、極めてプライドを重んじ、美意識を隅々まで張り巡らせる王族主義の挙措を身につけさせることになったのだろう。そうでなければ「キラー・クイーン」のような曲は書けない。

幼少期を主にザンジバルで過ごした。1955年2月、8歳で、インドのムンバイから約300km離れた郊外パンチガニにある全寮制の英国国教会式寄宿学校「セント・ピーターズ・ボーイズ・スクール」に入る。同校は現存し、完全な英国式教育で、ケンブリッジ大学の試験に向けた教育を行っているという。奥の過剰歯4本による出っ歯のせいですぐについたあだ名が「バッキー」。笑う時は、手で口元を隠していたともいう。

内気で周囲からの孤立も経験するが、バンド活動やボクシングに熱中する。家族の影響でオペラにも私淑しつつ、ピアノを弾きながら狂騒的に歌うリトル・リチャード（1932〜2020）や、ゆったりと歌うファッツ・ドミノ（1928〜2017）のロックンロール、R&Bにも惹かれていたそうだ。一度曲を聴くとピアノで再現できることに親族が気付き、ピアノを習うようになった。70年代、特に自作曲を歌う時のフレディには、ピアノの弾き歌いが多く見られたが、彼らの影響が大きいのだろう。もちろんエルヴィス・プレスリー（1935〜77）、クリフ・リチャード（1940〜）の影響も受けた。1958年、他の生徒とともにバンド「ザ・ヘクティクス」を結成し、名前も「フレディ」に改名。華やかなパフォーマンスを見せていたという。このころ、インドの貧困のすさまじさを肌身で感じ取ったらしい。

その後、フレディは一旦ザンジバルに戻った。1963年12月、ザンジバルはイギリス連邦の一員として、スルタンによるザンジバル王国として独立。しかし、64年1月、現地アフリカ人が武装蜂起し、革命が起きた。スルタンは廃位させられ、多数のアラブ人やインド人らアジア系の民族が殺害されたことから、危険を感じた一家はザンジバルを離れて亡命。インドではなく、英国イングランドの旧ミドルセックス州に移住した。インドかイギリスか。運命の分かれ道に際し、フレディは決定的な選択をしたのである。

フレディがイギリスに移住するまで、最も多感な10代後半までの生活環境は今見てきた通りだが、寄宿学校の生活は別として、ここに欧米のにおいはほとんどしないと言っていいのではないか。想像してみてほしい。文化が混沌として奴隷市場で栄えた街を。奴隷を搭載した「ダウ船」という木造帆船が出航する港は、同時に西日に照らされた海岸の、ため息の出るほどの光景をも兼ね備えていた。暮れていく西日が海面に投げかける一条の黄金の輝ける道。一面オレンジ色のキャンバスに黒くくりぬかれた船の帆や労働を終える人物が、心地よい疲労をかみしめて波音に慰撫されていく。そんな街で生まれたフレディの幼年時代を。少年の目の奥には、語り草となっていた酸鼻を極める奴隷への非人道的行いや日本人の元娼婦たちのエキゾチックな姿が焼き付いていたのだろうか。ゾロアスター教やストーンタウンのスワヒリ文化、多様多態の建築、タアラブなどの音楽に取り巻かれていたであろう日々を。

インドの寄宿学校では、むろん育ちのいい少年たちが集まり、イギリス式の文物を学んだのだろうが、学校の周辺は貧困の巣窟であり、生命と死をめぐるインドの過剰があり、欧米世界が考える貧困とは桁違いの「貧困」が横たわっていたのではなかったか。ロンドンなどで生まれ育った都会っ子とはまるで違う風景を目にしてきたのだ。違う音を聴き、においを嗅いできたのだ。瞼や耳の奥処には何層にもわたって、アフリカ、アラブ、ポルトガル、インド、アジア、古代ペルシャの響きが堆積し、そのヴェールの向こうに、おぼろげにイギリスやロンドンの姿があったのかもしれない。生と死が隣り合わせになった残酷な、しかし、慄くくらいに美しい原風景や原体験は、後のフレディの楽想の中核に疑いもなくあったのだと思う。後年、メンバーが古えのロックンロールをジャムセッションで即興的に演奏している時、フレディは何語ともつかぬ言葉を発していたと、ブライアンが証言しているが、これは音に同化しているうちに、フレディの意識下に刷り込まれた少年時代の祖型の言葉が解放され、記憶のかなたから噴出してきた結果だったと思われるのである。

フレディ、イギリスへ

1964年、ロンドンに来たフレディは目にするもの、耳にするもの、すべてが新鮮だったに違いない。フレディにとって西洋は全くの異国なのである。しかも、これまで送ってきた生活にあって雲の上に位置してきた支配の頂点国イギリスである。ようやくそこに立っている高揚感もあっただろう。

この時、ロンドンは「スウィンギング・ロンドン」の時代前夜にあった。モデルのツイッギーが時代を代表するアイコンとなり、ファッションデザイナーのマリー・クワントによる露出の多い女性の衣裳が、ロンドンを色とりどりに染め上げていた。ファッションデザイナーのバーバラ・フラニッキが創業したブティック「ビバ」は、この時代を象徴するアイコニックなショップだ。ビートルズ、ローリング・ストーンズ、そしてクリームなどのバンドや彼らを支持する若者たちが、上流階級の大人たちが独占してきた社会の道徳に抗っていた時代だ。この空気を吸収するのに、フレディは溺れんばかりだったろう。ロンドン上空を制圧したナチスドイツに脅かされた第二次世界大戦を勝ち抜いた社会には、伝統思潮を転覆させるほどの若さの勢いが充満していた。これまでの旧習・伝統の破壊――フレディのような異国の徒にとって、この気運は、野心を実現させるのに好都合だったろう。

フレディは2年間かけてアイルワース・ポリテクニック・スクールで芸術の「Aレベル」を取得、66年、イーリング・カレッジ・オブ・アートに入学し、グラフィックデザインとイラストレーションを専攻した。

69年の卒業後、フレディはバンド活動、古着販売などを続け、70年ごろに永遠の恋人・友人となるメアリー・オースティン（1951〜）とも出会うが、音楽面ではぱっとしないまま時だけが経過。このころの彼のヒーローは、超絶のギターテクニックを持ち、短い生涯を駆け抜けたジミ・ヘンドリックス（1942〜70）だったと見えて、ジミを描いたデッサンも残っている。イーリング・カレッジの同窓生には「スマイル」のヴォーカルでもあったティム・スタッフェルがいた。フレディはティムと仲が良く、「スマイル」のライヴをしばしば聴いた。ブライアン・メイがギターを弾き、ロジャー・テイラーがドラムを叩いていたクイーンの前身とも言えるバンドだ。フレディは「スマイル」を気に入り、いろいろと助言をしていたが、友人がヴォーカルというバンドで歌うことはできない。自らがヴォーカルを務めるバンドを転々としていたところ、ティムが「スマイル」を脱退。それを機に、フレディはブライアン、ロジャーと行動をともにするようになる。

フレディによると、ブライアンたちはヴォーカリストのオーディションをしたが、「身近にいる僕には一度も声をかけなかった」らしい。思うに、フレディは、独自の音を持ち、豊かに歌い上げるブライアンのギター、激しくとがっているもののどこか品のいいロジャーのドラムが理屈抜きに好きだったのだろう。もっといえば、2人のサウンドに、自分の歌声を乗せた時をイメージし、理想の音楽を生み出せると確信していたのだろう。

クイーン、そしてフレディ・マーキュリー誕生——1973年の状況

1970年、後に世界に君臨するバンド「クイーン」が誕生する。フレディは20代前半。姓もマーキュリーに改名した。フレディ・マーキュリーの誕生だ。

「マーキュリー」はギリシャ神話のヘルメス、それと同一視されるローマ神話のメルクリウス（英語名はマーキュリー）に由来する。ギリシャ神話では、ゼウス神の伝令使と言い、液体、転換、創意工夫、ひねりなどに関する流れの神、両性具有の神、母子神でもあり、トリックスターの性格を持つともみられる。一般的にはギリシャ・ローマ神話で商人・旅人の神。マーキュ

リーは水星、水銀の英語名でもある。いずれにしても、流れや万物流転をつかさどる神である。絶妙の命名だった。

翌71年にはベースのジョン・ディーコンを迎え、鉄壁の4人がそろった。バンド名「クイーン」は、フレディによるネーミングだった。フレディはこういう言葉を残している。

「素晴らしく、強く、普遍的で、華々しく感じた。決して同性愛的とか不思議とかいう感覚ではなく、あくまで堂々としたという感覚を持っていた」

1973年7月、クイーンは『戦慄の王女』でデビューした。これに先立つトライデント・プロダクションズとの契約内容は出版、録音、マネージメントの個別契約、ギャラ、機材の提供も含まれるほどの好条件で、当時の新人バンドの常識とはかけ離れていたという。バンドが商品パッケージになって売り出される方式で、その点はある意味で恵まれてはいたが、当時のロック・ポップス界はクイーンが思うままに羽を広げられるほど生易しい状況ではなかった。

元ビートルズのポール・マッカートニーによるウイングスがシングル「マイ・ラヴ」をヒットさせ、アルバム『レッド・ローズ・スピードウェイ』をリリース。「007　死ぬのは奴らだ」も大ヒット。さらに名アルバム『バンド・オン・ザ・ラン』をリリースし、全米・全英で1位を記録する多作の年だった。

ピンク・フロイドがロングランで売れ続ける化け物アルバム『狂気』を出し、イエスが20分前後の大作4曲を集めた2枚組アルバム『海洋地形学の物語』を発表した。キング・クリムゾンは破壊的な変拍子サウンドが強烈な『太陽と戦慄』を、エマーソン・レイク・アンド・パーマーが『恐怖の頭脳改革』を世に問うた。ジェネシスも『月影の騎士』を出した。旧西ドイツ発クラウト・ロックのタンジェリン・ドリームも『アテム』を、フレンチ・プログレのマグマも彼らの中では有名な『呪われし地球人たちへ』を放った。

レッド・ツェッペリンが『聖なる館』で全米・全英1位に輝き、ディープ・パープルが『紫の肖像』を出す。ロキシー・ミュージックの名盤『フォー・ユア・プレジャー』が発売され、ローリング・ストーンズが『山羊の頭のスープ』でこれも全米・全英で1位に。ザ・フーのロック・オペラ・アルバム『四重人格』、ルー・リードの『ベルリン』もこの年にリリースされた。デヴィッド・ボウイは一旦確立した『ジギー・スターダスト』のペルソナを脱ぎ捨て、『アラジン・セイン』で新たなペルソナを探った。エルトン・ジョンも『黄昏のレンガ路』などで快進撃を続けた。早世のロッカー、マーク・ボラン率いるT・レックスのシングル「20センチュリー・ボーイ」が全英3位をマークしたのも73年だった。

アメリカではビリー・ジョエルの『ピアノ・マン』、ブルース・スプリングスティーンのデビュー作『アズベリー・パークからの挨拶』、2作目『青春の叫び』が出された。スティーヴィー・ワンダーも『インナーヴィジョンズ』をリリースした。

ポップスのシングル曲で見ても、バーブラ・ストライサンドの「追憶」(74年にかけてヒット)、カーペンターズの「イエスタデイ・ワンス・モア」、ロバータ・フラックの「やさしく歌って」

など最良質な曲がヒットした豊作の年だった。

振り返れば、なんという年だったのだろう。プログレッシヴ・ロックの全盛期がいまだ続き、ハード・ロック、グラム・ロックが健在で、元ビートルズのメンバー、ローリング・ストーンズの精力的な活動が示された1年だった。これらのアルバム収録曲、シングル曲をすぐに想起できる読者は、どれだけの名盤・名曲が続出していたか、およその状況を把握できるであろう。

これら長く残っていく楽曲群の中でのクイーンのスタート。自分の先を行く世界の華々しいミュージシャンを全部引き受けて、その中でのし上がってゆく格闘が幕を開けたのだ。己に課するところは甚大で、自ら恃《たの》むところもすこぶる厚かったことだろう。

その上、クイーン、特にフレディには焦りもあった。1971年にデビューしても良かったのに、レコード会社との契約のごたごたで、約2年間、宙ぶらりんの状態が続いたのである。1973年のデビュー時、最年長のフレディはすでに26歳だった。20歳前後でデビューしてこそ、若いエネルギーが滾《たぎ》ったロックバンドの清新さがあるものだ。人それぞれとはいえ、ビートルズ解散時のポール・マッカートニーが28歳だったことを合わせて考えてみても、フレディは新人としては遅いスタートだった。

しかし、店晒しのような約2年間は、実は後年次々と名曲を生んでいく充電期間だったと筆者は考えている。クイーン、フレディは当時のポップス・ロック界の状況を見定めながら、楽曲のストックを増やしていったのだろう。

デビュー作『戦慄の王女』では、ブライアンとフレディが相互別方向にある感覚が伝わってくる。早くも豪華でハードなギターサウンドを聴かせるブライアン主導の「炎のロックンロール」などに、奇想が踊り狂い、妖精たちの翼が幻想的にひらめくような「マイ・フェアリー・キング」、楽想が飛翔して神に許しを請いながら内なる葛藤を繰り広げ、後年の「ボヘミアン・ラプソディ」の萌芽がすでにみられる「ライアー」といったフレディ主導の曲が対置される。

ブライアン、ロジャーはがっちり一致している。彼らの作る曲は有節形式で、ギターのソロが途中に入る。ディープ・パープルらのハード・ロック型と言ってもいい。しかし、フレディの曲は、通作形式である。イエスらのプログレッシヴ・ロック型と言えるかもしれないが、それ以上に異国趣味にかたどられ、シアトリカルである。ブライアンとロジャーが技術とスタイルをデビュー時から確立しているのに対し、フレディは多種多様の声を聴かせるが、楽曲の質感もまだ芽吹いたばかりの裸形の感すらある。両陣営の融合は未成熟で、ブライアンの曲ではフレディはなじみ切れていないし、フレディの曲でのブライアンはお客さんなのである。ジョンは黙していずれにも追従している感じが強い。全員が一致して向かうべき目標に進撃しようという気概が薄い。クイーンはまだ完全に孵化《ふか》していないのだ。

初期の名盤『クイーンⅡ』、そして「ボヘミアン・ラプソディ」へ

しかし、１９７４年の『クイーンⅡ』では飛躍的な成長がみられる。白黒２サイドに分かれ、

方向性の対立軸がかえって麗しいぎりぎりの均衡を保つところに、美感がある。各人の世界観を謳いあげつつ特異性、多様性にあふれる各曲が引きも切らずに連続する点で、このアルバム、特にフレディによるサイドブラックのような逸品は滅多にお目にかかれない。

最後の「輝ける7つの海」で、クイーンの将来をフレディに委ねることについて、ブライアンもロジャーも、もちろんジョンも納得し、決意を固めたようにみえる。ここで音楽、ステージファッションを含めたバンドの方向性の主導権は、まずはフレディが握るのである。「輝ける7つの海」のどこを切っても濃縮されたサウンドを聴いてみてほしい。それぞれの楽器は、自らの音を割り込むように奏で、むしろフレディのヴォーカルを後ろへと押しのけるが、この隙がなく急速に終点まで向かう音楽の勢いは極めて強く、粗削りの部分も香ばしい。ギターは遅れまいと必死にファンファーレまで奏で、きらめくようなピアノの象徴的なリフに対抗する。

フレディは、各人が尊敬し合ってはいるが、「地球一面倒くさいバンドなんだよ」と語っていた。この曲、あるいはこのアルバムで、ブライアン・ロジャー側とフレディは融合の秘薬を編み出した。後年まで続いていく「歩み寄り・対話」による溝の解消だ。「ぶつかるからこそ、最終的に最高のものが摑める」とフレディが言っていたように、「歩み寄り・対話」は正反合という弁証法的発展を促したのだろう。

フレディの曲では、ブライアンのギターは、音色を慎重に選びながら歌を盛り立てるように奏でられ、あるいは絡みつきながら歌に緊張感を与える。「輝ける7つの海」「伝説のチャンピオン」「プレイ・ザ・ゲーム」などが好例だ。一方、ブライアンの曲では、フレディは有節形式の2、3番目で高めの音を入れて旋律を崩しながら変化をもたせる。重厚なギターソロは十分歌わせ、リフなどでは対話するように掛け声やセリフ調を交えて歌ってギターを引き立て、「アウッ」「オーイェイ」「ヘイ」などのジャブ・合の手も入れてじゃれる。「タイ・ユア・マザー・ダウン」「ドラゴン・アタック」などを聴くと自ずから分かるだろう。それぞれの曲は単調を逃れて、豊饒な一幕となるのである。

『クイーンⅡ』は、コアなクイーン・ファンが絶賛するコンセプトアルバムになった。ヘッドライナーとして初の英国ツアーも実施し、同じく74年に3枚目『シアー・ハート・アタック』も出し、スマッシュヒット「キラー・クイーン」が生まれる。バンドの個性をリスナーたちに刻印した曲である。

75年にはヘッドライナーとして初の米国ツアーを展開した。日本での初公演もこの年だった。そして11月、ロック史に残る傑作『オペラ座の夜』が発表される。約6分間という異例の長尺曲でスキャンダラスだった「ボヘミアン・ラプソディ」が収録された名盤である。当時のシングルの常識は、ラジオのローテーション上、取り上げやすいという理由でおおむね3分間以内。イエスの「ラウンドアバウト」も本来8分30秒くらいだが、短縮してアメリカでシングルカットし、全米13位まで上がった。フレディは振り返る。

「このままの形でヒットするはずだと言って、絶対に譲らなかったんだ……曲を切り刻むことだけは、これからも絶対にしない」。フレディの確信した通り、「ボヘミアン・ラプソディ」は全英チャートで9週間連続1位を記録した。

ここまでデビューからわずか2年。フレディは極めて短い時間で、頂点に駆け上っていった。70年代のクイーンを、コンセプトイメージの面でも楽曲の面でも引っ張っていったのはフレディであって、デビューまでの塩漬け期間約2年間は、フレディ自身が業界に振り回されることなく、純粋に内面と向き合い、楽想を育成した期間だったのだろう。「ボヘミアン・ラプソディ」はフレディ29歳の時に発表された作品だ。1999年、イギリスの音楽特別番組「ミュージック・オブ・ザ・ミレニアム」による企画「過去1000年でイギリス人が選んだ最も重要な曲」でジョン・レノンの「イマジン」を抑え、1位に輝いた。「イマジン」を発表した時、ジョンは31歳だった。

「ボヘミアン・ラプソディ」の後も才能の枯渇とは無縁だった。「愛にすべてを」「伝説のチャンピオン」「ドント・ストップ・ミー・ナウ」「バイシクル・レース」「愛という名の欲望」と80年に向け、豊かな実りを収穫するように佳曲やヒット曲を世に送り出せた大もとの土壌は、71～73年の雌伏の約2年間にあったのではないだろうか。なおフレディは「キラー・クイーン」と「ボヘミアン・ラプソディ」で続けざまに英国作曲家協会によるアイヴァー・ノヴェロ賞を受けている。

フレディは、しばしば、同じ方程式を繰り返すという退屈なことはしたくない、と発言してきた。毎回、新たな挑戦を続け、変化を恐れなかった。評論家筋からの批判は手も付けられないくらいだったが、ファンたちは、それにワクワクしながらついていったのだ。

「僕が作る曲は消耗品だと思っているよ」

フレディは、そんな風に自作曲をとらえていた。おそらくこれは謙遜でも卑下でもないだろう。だからこそ、唯一無二、模倣不可能な「ボヘミアン・ラプソディ」の後も、新たな刺激を求め、感情を動かして名曲を繰り出し続けられたのである。ロックの曲は、時代に爪を立てて、ヒットチャートを上がり、あっという間にランクダウンして消えていく。ヒットしない場合もある。はかない流行品かもしれない。しかし、時代に深く突き刺さった曲は、半永久的に人々の心に語りかけるのである。このことをフレディはよく分かっていたに違いない。筆者は、流行曲と新聞記事は似ていると考えてきた。新聞記事は、掲載時に何人かの目に触れ、評価されたり好悪の意見が噴き出したりするが、１日、いや半日経つと、次の紙面が配布され、朝刊は夕刊に、夕刊は翌日の朝刊に覆われて、あるいは、新聞紙自体が破棄されて記事は消えていく。しかし、強烈なインパクトを与えた記事であれば、半永久的に読者の記憶に残ってゆく。

クイーンの第２ステージ、アメリカ市場

『華麗なるレース』を発表した76年12月を区切りとして「第１ステージ」は終焉し、クイーンは次なる「第２ステージ」に向かっていく。

イギリスではパンク・ロックが気炎を吐く時代に入っていた。クイーンの革新性や奇抜性はあくまでポップス・ロック界内の話だったのに対し、パンク・ロックはその時代やファッションを自分の色に染めた。それに追い立てられた側面もあるが、77年、クイーンは多重録音の神秘を一旦引き出しにしまって、ライヴになじみやすい比較的シンプルなサウンドを集め、『世界に捧ぐ』をリリースした。アメリカ市場にシフトしたのである。後にスポーツアンセムにもなっていく「ウィ・ウィル・ロック・ユー」「伝説のチャンピオン」が収録されている。ライヴの観客とのコール&レスポンスの密度はかなり充実していく。大規模なツアー生活も続いた。フレディは76年ごろ、自分のセクシュアリティをメアリーに打ち明け、同棲に終止符を打ったという。2人はその後、古今東西極めて珍しい愛情と友情を深めていくのである。別れに際しては、2人とも身を引き裂かれるような思いだったろうが、次第に一緒に住むことなどそれほど重要ではなくなるのである。

アメリカ市場への挑戦は、78年の『ジャズ』、80年の『ザ・ゲーム』へと進展してゆく。これまでこだわり続けた「ノー・シンセサイザーズ」の表記がジャケットから消え、初めてシンセサイザーを導入したアルバム『ザ・ゲーム』は全英・全米とも初の1位を記録し、シングルカットされた「愛という名の欲望」「地獄へ道づれ」も全米1位を獲得。フレディはこのころから口ひげを蓄え、簡素な服装に代わり、マッチョなゲイ色を一気に濃くしていった。クイーンはスタジオにこもり、実験を続けて1曲を凝りに凝って仕上げていく姿勢から脱却しつつあった。

フレディには、自分を揶揄するだけの客観的視点があった。「自分を笑い飛ばすのが好きという性質」だったのだ。70年代の妖精・悪魔物語中の人物のようなエレガントな衣裳も、爪に黒いマニキュアを付けることも、短パン、口ひげで上半身裸の出で立ちも、極端なことは自覚していた。ほら、バカみたいで笑えるだろう、と、まさに露悪的に悪趣味すれすれを楽しんでいた。

カオスの時代へ

大きな果実を得る時、大きな損失も覚悟しなければならないのが人の世だ。絶頂に達したバンドの次の行き先は極めて重要だった。『ザ・ゲーム』の躍進、81年の初の南米ツアーの開催という具合に地球ごとクイーン・ファンにしてしまおうという勢いを示したが、それは「第2ステージ」が終わりを告げ、「第3ステージ」の幕開けを意味していた。フレディ、クイーンにとって初めて方向を見失いつつあったカオスの時代である。

現在までアメリカでのクイーン最大のヒット曲「地獄へ道づれ」は、フレディのブラックミュージックへの傾倒に拍車をかけ、82年のダンス・ファンクモードのアルバム『ホット・スペース』につながっていく。クイーンは次の段階「第3ステージ」に入っていた。全米最高位11位、全英25位とスマッシュヒットしたフレディの珍曲「ボディ・ランゲージ」のビデオクリップはかなり物議をかもした。ブライアンの「ラス・パラブラス・デ・アモール（愛の言葉）」は全英17位、アルバム発売に先行したデヴィッド・ボウイとの共作「アンダー・プレッシャー」は全英で81年11月21日に1位、全米では29位のスマッシュヒットとなるなど、アルバムは収録曲から見て決して駄作ではなかった。１９８０年に起きたジョン・レノン銃殺事件に、フレディは打撃を受けたが、ようやく事件に向き合って作った「ライフ・イズ・リアル（レノンに捧ぐ）」も収録されていた。しかし、とりわけイギリスの音楽業界では不評で、メンバーもフレディが手掛けたけばけばしいジャケットには辟易したという。フレディにも「僕ら史上屈指の危険《リスク》」という認識はあった。筆者もそうだが、従来のファンが距離を置きだしたのもこのアルバムからだ。

フレディの私生活

このころから、フレディの生活は一層乱脈を極めていったのではないかと推察される。男性の恋人とのアバンチュールは最愛の人・メアリーに自身がゲイであることを伝える前から、重ねられていたという。70年代末ごろから、派手な乱痴気騒ぎやニューヨークのゲイクラブへの出入りは始まっていたらしい。80年代に入ると、全米を制した高揚感のなせる業だったろうが、男女見境のない乱交時代にあったのではないか、と思われる。フレディは「ニューヨークに行ったら、僕はふしだらな女になりまくる。あそこは悪徳の街」と話していた。フレディの盛んなどというか、乱れたセックスライフは、多くの証言に裏打ちされているし、「僕の性衝動は巨大」「まさにセックスだけのために生きてきた。今も性欲はとっても強いよ」などと語っていた時期もある。

ザンジバル生まれの、本来ナイーブで脆い刃のような繊細な心は、露悪趣味や背倫も厭わないほど破天荒なステージのペルソナに侵食されてしまったのか。あるいは乱脈生活がステージのペルソナにも影響したのだろうか。もちろん1人の人間の中で、傷つきやすい心と強烈な性欲は同居するものである。夙《つと》にセント・ピーターズの男子校時代にその兆しはあった。大成功による生活環境の大変化が、少年時代からの欲望を解放し、拡幅していったのだろうか。「フレディ・マーキュリー」という仮面は彼の顔面の肉にめり込んで、少なくとも意識下ではファルーク・バルサラを完膚なきまでに駆逐してしまったのかもしれない。

ブロードキャスター・ジャーナリストのポール・ガンバッチーニは83年ごろ、ロンドン最大のゲイ・ミックス・ナイトクラブ「ヘヴン」でフレディに会った時のことを、イギリスのテレビ番組で、こう話している。

「ナイトクラブでフレディとそのパートナーに会った。そこでフレディに『新しい病気は大丈夫?』と聞いた。病名は知らなかった。派手な服を着たフレディは言った。『何も変わりないよ。みんなとやりたいようにやっているよ』。僕は彼を失う覚悟をした。平気な顔をしていても彼も知っていたはずだ。もう手遅れだとね」

最後にフレディをみとった恋人のジム・ハットン、豊満なドイツの女優で女友達のバーバラ・ヴァレンティンと巡り会ったのも83年ごろだったと言われる。性的逸楽は創作活動に少なからず影響するのだが、よく分かってないフレディのセックスライフには立ち入らないでおこう。

アメリカ市場を失う

バンド内部でもソロ活動が加速した。81年、ロジャーがいち早くソロアルバム『ファン・イン・スペース』を作る。82年の長期休業期間もあってブライアンのソロアルバムも発表され、83年にはジョンがソロユニットのシングルを出した。カーニバルのようなパーティーを謳歌していたフレディも焦燥感を募らせてか、ソロアルバムにとりかかるのである。

4人の結束にすき間風が入るのを感じつつ、4人それぞれが醸成した世界観を持ち寄って作られたのが84年の『ザ・ワークス』だった。同年、映画「メトロポリス」の主題歌として提供されたフレディの初ソロシングル「ラヴ・キルズ」も出た。全英チャートでは84年9月22日に、19位のクイーンの「ハマー・トゥ・フォール」と同時に27位でチャートイン。「ラヴ・キルズ」は27位→12位→最高位10位と推移。「ハマー・トゥ・フォール」は19位→最高位13位→19位と推移したので、2週目で抜いた格好だ。当時の上位にはスティーヴィー・ワンダー、カルチャー・クラブ、U2、デヴィッド・ボウイ、ジョージ・マイケルらが並んでいた。

映画「メトロポリス」は、もともと1927年公開のフリッツ・ラング監督によるドイツ表現主義の色彩の濃いSFサイレント作品で、これに新たに楽曲をつけて84年に公開された。フレディは「ラヴ・キルズ」を提供する代わりに、映画の映像使用を取り付けた。全英2位、全米16位のヒットとなったロジャーの「レディオ・ガ・ガ」に「メトロポリス」の一部映像が使われている。

アメリカでは第2次ブリティッシュ・インヴェイジョンも始まっていた。70年代末からのダイアー・ストレイツ、ポリス、80年代のヒューマン・リーグ、またニュー・ロマンティックのカルチャー・クラブやデュラン・デュラン、さらにはティアーズ・フォー・フィアーズらの興隆だった。「レディオ・ガ・ガ」にもその影響が聴こえる。当時、MTVが絶大な影響力を発揮していた。

メンバー全員が女装するジョンの「ブレイク・フリー（自由への旅立ち）」のビデオクリップは、アメリカでは拒絶反応の種だった。ロジャーは美少女然としているのだが、もうフレディは噴飯ものの、ありえない口ひげ付きでバストを強調したキャラ。イギリスの人気テレビ番組「コロネーション・ストリート」の登場人物気取りで「綺麗におめかし」したと言い、言ってみればイギリス流のジョークの世界なのである。イギリスでは全英3位のヒットとなるが、カトリック勢力も強く案外保守的なアメリカでは振るわずトップ40入りしなかった。ポリティカル・コレクトネスを逸していたわけだ。どんな時にもタブーやリスクを恐れずに表現する勇敢さを身上としてきたクイーンだったが、英米でともに注目を集めた「ボヘミアン・ラプソディ」とは異なり、アメリカで大黒星を喫してしまう。

しかも、笑い飛ばせるはずのジョークが深刻な問題を引き起こした。MTVから締め出されてしまったのだ。映画製作費並みの費用をかけたビデオクリップ（むしろ映像演出素材というべきか）「ボヘミアン・ラプソディ」がなければMTVはなかった、とすら言われていたにもかかわらずである。皮肉なことに曲のタイトル、「自由への旅立ち」は不自由への旅立ちになってしまった。自由の国アメリカへの旅は国外退去的な扱いになってしまったのである。アメリカでのクイーンの勢いは、ここにきて一層翳り、混迷の度合いを深めていく。全米ツアーも実施できなくなり、クイーンは極論すればアメリカ市場を失ったわけだ。

苦境の日々

さらに追い打ちをかける事態が起きる。84年、クイーンは南アフリカのサン・シティの公演に参加した。南アフリカは、フレディの故郷、ザンジバルの位置するアフリカ内の一国ではある。しかし、国際社会で非難し続けられたアパルトヘイト（人種隔離政策）を採用している国だ。その国でライヴをすることは、すなわちアパルトヘイトへの賛同を示したことになる。クイーンは英国音楽家組合からあわや除名処分を受けるところまで追い詰められた。国連はクイーンをブラックリストに載せたという。

85年1月、クイーンは、25万人の観客が集まった、南米ブラジルのリオ・デ・ジャネイロでの「ロック・イン・リオ」に出演した。ここでも騒動が起きた。あの女装姿のフレディが歌う「ブレイク・フリー」でブーイングを受け、ステージに缶などが投げつけられたのだ。真相は不明ながら、現地では、この曲が自由を求めるブラジルの労働者たちの応援歌になっていて、ふざけた格好で軽んじるのは許しがたいというのだが、フレディたちの埒外《らちがい》の話である。

アメリカからもイギリスからも白眼視され、いわば両翼を奪われ、ブラジルでもひどい仕打ちを受ける中、フレディはミュンヘンのスタジオで83年に着手したソロアルバム制作を続けた。フレディの初ソロアルバム『Mr.バッド・ガイ』は85年4月にリリースされる。バンドのフロントマン、ヴォーカリストのソロ活動は、バンド解散の危険信号とも言われていたため、クイーンはいよいよ解散かという憶測も流れ始めた。名曲を含んでいたにもかかわらず、不幸なことに、このアルバムは期待されたほどのセールスはマークしなかった。

85年5月には、最後となった日本ツアーがあった。当時英米やブラジルでのトラブルは、筆者も含め日本のファンにさほど悪い影響を及ぼしていなかったと記憶している。筆者自身、こうしたトラブル自体を知らず、英国で「またクイーンが何かやらかしたか」というゴシップ狙いの記事が横行していた事情に疎かったせいもある。79、81年ごろの興奮はすでに静まっていたし、『Mr.バッド・ガイ』をまだ買っていなかったほどだったが、やはり「クイーン来日」には心躍る響きがあった。

82年から85年半ばまではフレディ、クイーンにとって苦しい日々が続いた。しかし英米でどんなに非難されても、日本のファンだけはクイーンを今までと変わらぬ熱狂で迎えた。だからこそフレディは「いつも君だけは心の友」（「ラ・ジャポネーズ」より）と歌ったのだ。

起死回生だった「ライヴ・エイド」

空中分解寸前の状態だったクイーンに、千載一遇のチャンスが舞い込んだ。85年7月13日の「ライヴ・エイド」である。映画「ボヘミアン・ラプソディ」でもクライマックスに配置されたライヴだ。アフリカ難民の救済を呼び掛ける84年のイギリスの「ドゥ・ゼイ・ノウ・イッツ・クリスマス?」、85年のアメリカの「ウィ・アー・ザ・ワールド」がヒット。高まる救済の機運を踏まえて、ブームタウン・ラッツのボブ・ゲルドフらが企画したチャリティ・イベントである。フレディの故郷、アフリカ。ミュージシャンらの囂々《ごうごう》たる非難にさらされたライヴ出演の地、サン・シティと同じアフリカ。そんな因縁深いアフリカ救済のライヴは吉と出るか凶と出るか。結局、フレディたちはリスクをものともせずに出演した。

先述したが、クイーンのステージは、ライヴ・エイド出演者の中でも、クイーン自らのライヴの中でも群を抜いて素晴らしく、ロック史上最高のライヴとの称賛に浴した。実際、フレディの声の伸びやかさやブライアンの攻撃的なギター、ロジャー、ジョンの着実なドラムとベース。21分間のうちに6曲を詰め込み、「エーオ」も入れて7アクトで圧倒した。これほどすさまじくエネルギーが滾る「エーオ」を聴いたことがない。「エーオ」に続く「ハマー・トゥ・フォール」の躍動感。短縮バージョンゆえか、最後のドラムとヴォーカルの破綻すれすれの掛け合いは実にスリリングだ。そして「伝説のチャンピオン」のクリアな「ハイＣ（上の「ド」Ｃ５）」も発していた。フレディのステージアクションのビビッドでお茶目なことといったらない。

どのバンド、どのミュージシャンの演奏よりも強大に揚力を奔流させ、観客を巻き込み、多様性に富む芳醇でグラマラスなステージだった。圧倒されたのは７万人超の観衆、参加した全ミュージシャンだけではない。一説によると、80カ国以上に衛星生中継され、10億人以上の視聴者の目や耳を奪った。イギリス会場のウェンブリー・スタジアムでラストのポール・マッカートニーの前に、フレディの歌とブライアンのギターだけで奏でられた「悲しい世界」は、偶然とは言え、「ライヴ・エイド」のために作られた曲のようであり、「これが我々が創り出した世界なのか？」という歌詞が世界中に内省を促した。

後年、ネットの動画で見てクイーンのステージ同様に驚いたのが、出演者全員によるフィナーレの「ドゥ・ゼイ・ノウ・イッツ・クリスマス？」だった。歌い出しはデヴィッド・ボウイ。と、フレディが乗りに乗って、手拍子も軽やかにステージ上にいるではないか。ポール・マッカートニー、Ｕ２のボノと並んでいる。ポールが力強く歌いあげようと左のこぶしを挙げる。これがフレディを追い払うアッパーカットのようにも見え、マイクに顔を近づけていたフレディがパンチを逃れようとするかのごとくさっと顔を引っ込めて少し離れて歌う。ボクシングはお手のものだ。意気揚々としているから色めき立つこともなく、そのままわいわいと歌っている。「悲しい世界」のステージでクイーンの担当がポールのマイクを外してしまったらしく、ポールが歌う「レット・イット・ビー」の冒頭約1分50秒間、声がよく聴こえなかったのだ。ポールが左手を掲げたのは、その不快感の表れだったのか。

しかし、最後には、ポールと背中に互いに手を回し、笑顔をこぼしあっていた。マイクは握らない段取りだったかもしれないが、フレディがステージでマイクも握らないで歌っているシーンは空前絶後だろう。まるでバックコーラスである。ポールと並んでいるのも見たことがない。貴重な場面だ。

ライヴ・エイドは図らずもクイーンのためにあった好機だったと言っても過言ではあるまい。解散説は霧消し、アクチュアルなバンドとして再びエンジンがかかった。「第4ステージ」の幕開けだった。彼らにもその感触があったのだろう。ライヴ・エイドの勢いを保ちつつ制作した86年の『カインド・オブ・マジック』とその欧州ツアーによって本国イギリスでクイーンの復活が高らかに宣言されることになった。ウェンブリーの模様は2枚組のDVD「ライヴ・アット・ウェンブリー・スタジアム」で確認できる。

DVDでフレディが「最近、クイーンが解散するって噂があるって」と話し出す。見ている方は、解散宣言でもするのか、と一瞬どきりとする。少し気をもたせるように間をおいて、フレディは「そんなことはない。僕らは一生一緒さ」。沸く観衆。その語りを受け、ブライアンが大写しになる。その顔は、〝オーライ、そうだね〟と応えているかのようでもある。気まぐれなフレディだけに、この時、瞬間的に自分でもそう確信して、自分に言い聞かせ、観客に証人になってもらうために、語り出したのかもしれない。「瀕死の白鳥」ならぬ「瀕死の女王」が再び世界に君臨し始めたのである。

フレディ、その晩年

しかし、フレディはこの時、HIVに感染し、潜伏期間にあったのではないか。何らかの予兆的な自覚症状も少しずつ出ていたのだろうか。感染の有無を本人も知ろうとせず、メンバーにも告白していなかったが、ブライアンらは、フレディの変化を感じ取っていたかもしれない。86年のアルバム『カインド・オブ・マジック』を制作していた85年ごろから、「リヴ・フォーエヴァー」など意味深長な曲が出始める。ブライアンは曲を通じて暗にフレディにメッセージを送り、癒そうとしていたのだろうか。それを歌いながら、フレディは心の奥底に恐怖に震え上がる己を見出していたはずだ。

フレディはメッセージソングについてこんな風に打ち明けている。「深いメッセージを書く才能が自分にあるとも思えない……ジョン・レノンにはできるけど僕にはできない」「僕という人間には平和へのメッセージソングは書けそうにない気がする……僕の心には愛や感情《エモーション》がとても強く響く」と語り、せめてものメッセージソングらしいものとして「伝説のチャンピオン」と「生命の証」を挙げている。だが、フレディの85年のソロアルバム中に初出する「メイド・イン・ヘヴン」などは、運命の中からつぶやかれる感情がそのまま、運命に翻弄される人々への一種の諦念に通じるメッセージになっているとみられる。

フレディの命の砂時計は、どんどん砂を落としていく。クイーンとして最後となった86年の「マジック・ツアー」に前後し、多方面に活動の翼を広げる。挑み残しのないように、というはやる気持ちも隠見される。フレディ・マーキュリーとしてクイーン以外の曲を録音するようになる。ミュージカル「タイム」に関連する曲も録音した。87年にプラターズのカバーシングル「ザ・グレート・プリテンダー」をリリース、全英4位をマークした。彼が「スーパーディーヴァ」と激賞したスペインの名ソプラノ歌手モンセラート・カバリエとの共演も始まる。その成果として88年にアルバム『バルセロナ』を発表する。『ザ・ミラクル』のレコーディングにも着手する。

フレディがクイーンのメンバーにＨＩＶ感染の事実を伝えたのは、88年1月ごろだったと言われる。カバリエには、アルバム完成の後、92年のバルセロナ五輪の本番では歌えない、と打ち明けている。

「ザ・グレート・プリテンダー」のビデオクリップのフレディは、どこか顔がゆがみ、むくみが始まっているように見える。『バルセロナ』の発表時、ジュークボックスのような機械に立ったまま寄りかかってインタビューに答えるフレディの映像が残る。表情は光栄な感覚で満ちているが、すでに顔にはシャープさが喪失し、むくんでいるように見える。89年、『ザ・ミラクル』収録の「ブレイクスルー」のビデオクリップでは、顔の腫瘍《しゅよう》を隠すように髭を生やしている。

『ザ・ミラクル』では、まだまだパーティーは続く、というムードも打ち出しているが、アルバム同名曲では「僕たちみんなが待ち望んでいるのはこの世の平和、戦いの終結」、そして奇跡なのだ、と歌っている。この曲のメインライターはフレディだったといい、彼がこの世の平和を望むとは、どういう風の吹き回しだったのか。「インヴィジブル・マン」では、イエスの「ロンリー・ハート」やマイケル・ジャクソンの「バッド」「スムーズ・クリミナル」でも印象的なオーケストラル・ヒット（「ジャンッ」という音のサンプリング音源）らしきものを採用し、さらに前に進もうという気骨を示した。「素晴らしきロックン・ロール・ライフ」では、人生を振り返り、やり残したことはないか、いったい価値があったのか、と問いかけ、「それだけの価値は確かにあった」と締めくくる。今から思えばだが、フレディの人生の総括が始まっていたのだ。アルバムは全英1位に輝いた。

『ザ・ミラクル』のレコーディングが終わったのが89年2月。間髪を入れず89年3月から、次作のアルバム制作が始まったという。フレディは大の愛煙家で、インタビュー映像では、必ずと言っていいほどタバコを吸っている。「これは悪習慣で」と本人も自覚していたが、決して手放そうとはしなかった。ジム・ハットンの著書『フレディ・マーキュリーと私』によると、お気に入りの銘柄は「シルクカット」だったという。フレディが一度手を鳴らすと、飲み物が運ばれ、もう一度手を鳴らすと、タバコが渡されたという。クイーン研究家の石角隆行さんの著書『クイーン全曲ガイド』によると、89年10月には、その大好きなタバコをようやく手放す時が来たらしい。

90年2月、ブリット・アワードでクイーンは功労賞を受け、授賞式には4人が参加した。これがフレディが公の場に姿を現した最後となった。デビュー時も異質な風貌のフレディではあったが、この時は悲惨な痛ましい姿をしていて他のメンバーと全く違う人間に見える。前年のブリット・アワードの登壇時に比べても、顔は蒼白すぎて、全体が透明で消えてしまいそうな頼りなさだ。当然、ゴシップメディアやパパラッチは異変を感じ取り、世界に君臨した栄えあるロックの「女王」の衰弱を好餌として、嗅ぎまわり始めたのだろう。90年11月には英大衆紙ザ・サンが、容態は深刻化しているのか、という趣旨で憶測に近い記事を出した。

91年1月に発表されたアルバム同名のシングル「イニュエンドウ」が筆者の自宅のテレビから流れてきた時、目も耳もすっかりくぎ付けになった。「あのクイーンが帰ってきた。低迷の時代をくぐりぬけて戻ってきた」と思った。フレディの強く高い歌声に凄絶さと決意がこもっているのを感じた。いわゆるクイーンらしい曲をバージョンアップさせたようなシリアスで荘重なロックであった。しかも、これも自分好みのイエスのスティーヴ・ハウが得意のスパニッシュ・ギターで技巧的なフラメンコ調の間奏を弾いていた。「またクイーンにどっぷりとひたることができそうでうれしい」と思ったのを覚えている。

82年『ホット・スペース』以降、やや冷めた気持ちが、85年のライヴ・エイドで持ち直し、『バルセロナ』に感激するも、フレディはオペラやミュージカル路線に乗り換えてしまうのかと思っていたし、『カインド・オブ・マジック』『ザ・ミラクル』が傑作だと首肯できなかった筆者にとって「イニュエンドウ」は1回聴いただけでも優れていると知れる曲だった。完全にクイーンへの思いは再燃したのだった。しかし、それまでのフレディの憔悴ぶりとあまりにも次元の異なる声の力が、一種の断末魔の叫びのようにも聴こえた。

これを今「第5ステージ」のスタートとしてもいいだろう。しかし、「第5ステージ」は束の間に終わる予感に満ちていた。

収録曲「狂気への序曲」などのモノクロのビデオクリップのフレディは、げっそりと痩せて、何が起きたのかと目を疑わせた。いや、もうこの時は重病に罹患していることは明らかだった。往時の見る影もなく痛々しかった。極限の道化を装った誇張されたメークや動作と、衰退の極みという両極端が同居し、不気味な死の姿を揺曳させていた。死が陽気さを追い抜いていた。それだけに「ショウ・マスト・ゴー・オン」は凄かった。病に侵された細い体から絞り出された凄絶な歌声は、フレディの血肉をそぎ落として噴出した魂の叫びだった。こんなになってまでも、ショウは続けられなければならないと自らに鞭を打つ。天に届かないはずのない歌声だった。

フレディの死

フレディの最後に作った曲は、死後の95年に出されたアルバム『メイド・イン・ヘヴン』の「ウインターズ・テイル」、最後に録音した声は同作収録の「マザー・ラヴ」、最後のビデオクリップは『イニュエンドウ』収録の「輝ける日々」だった。曲・声・姿の最終章3部作である。「輝ける日々」の最後、憔悴して首も細くなった、猫柄のシャツ姿のフレディが、にやりとしたまま頷くように下を向き、すぐに顔をもたげて瞳を据えてつぶやく。「I still love you」。人懐こいような、諦念に包まれているような、切なげなような……。フレディは世界中のファンに別れを告げたのだ。

91年11月23日、フレディがＨＩＶに感染し、主治医とともに病気と闘っていくという声明が発表された。この感染の公表だけでなく、「病いと闘っていく」とするところがさすがフレディ・マーキュリーだ、と思わせた。しかし、次の日、91年11月24日、エイズによる免疫不全に伴う確実な気管支肺炎で死去。帰らぬ人となった。むろん周囲の知恵でそうしたのだろうが、死がもう確実なタイミングなのに敢えて「闘っていく」と宣言したことが、フレディの勇敢な姿をまざまざと想起させた。45歳。早い死だった。フレディは欧州のゾロアスター教徒の風習に則って火葬されたが、遺言で遺灰はメアリー・オースティンだけが知る場所に撒かれたという。

クイーンとフレディの1973年以降の18年間を見ると、73〜76年＝クイーンの上昇期とフレディの芸術性の頂点への到達、77〜81年＝米国を中心とするクイーンの世界市場の獲得、隆盛期、82〜85年＝クイーンとフレディの迷走混沌の低迷期とライヴ・エイドを起点とする復活、86〜91年にはフレディはライヴパフォーマーとして頂点を極め、ロックを超え、ジャンルも超え、純粋な音楽的至高の境地に達し、病いと闘いながら死を見つめ、クイーンのメンバーに支えられてロックヴォーカリストとしての人生を、生命を、燃焼し切ってゆく。この知的な4人は家族のような運命の仲間たちで、お互いを立てて尊重する謙虚さを持ち合わせ、音楽やビジネス面で決裂しそうになっても、それは斥力として働かず、各人の知性によってバンドの解散を回避してきたのだと思う。「なりたいのはスターじゃない、伝説だよ」。こうフレディが語った通り、死後、伝説化の道が始まり、それをクイーンとしてブライアンとロジャーが愛情を込めて慈しむように支え、今日に至っている。それは、クイーンをビートルズやローリング・ストーンズと同等の位にまで押し上げる結果をもたらした。ジョン・ディーコンは97年ごろから前線を退いた。ジョンはもともと、尊敬するミュージシャンにフレディの名を挙げていたような人だったから、フレディのいないクイーンはクイーンではないというもっともな理由から現役を引退したのだろう。モンセラート・カバリエと同じような行動である。ぶれない選択をしたわけで、ブライアンとロジャーがその行動を受け入れるところも、クイーンが相互に尊重し合ってきたことの証拠のようにも思われる。

ところで、筆者は91年4月に新聞社に入社した。入社から7カ月後、初任地の阪神支局（兵庫県西宮市）で警察担当として落ち着かない日々を送っていたある日、フレディの死に直面した。それは2つの意味で驚きだった。1つは早過ぎるロックスターの死。そしてもう1つは悲報を伝える記事の小ささ。あまりに急な感じが強かった。中学時代から私淑したロックヴォーカリストがこの世から消えてしまった。就職間際の忙しない中で聴こえてきた『イニュエンドウ』への期待は、あえなくついえた。自分の内側で何かが音を立てて崩れる感覚だった。にもかかわらず、あまりに小さな記事だったのだ。

国内外の政治、経済、社会的な事件、日本の日常生活に比べれば、フレディの死は、極微な出来事なのかもしれない。しかし、89年に指揮者のヘルベルト・フォン・カラヤンが亡くなった時の大騒ぎに比べ、ひっそりとした訃報記事だった。フレディは遥かにカラヤンを上回ると思っていたから、実に不満であったのをよく覚えている。

国会図書館の新聞データベースで、フレディの訃報を伝えるロンドンのザ・タイムズ紙、ザ・ニューヨーク・タイムズ紙、朝日新聞を比べてみた。11月25日付のタイムズは1面のサマリー欄に顔写真入りで死亡を伝え、3面のホームニュース欄にステージ上のフレディに寄ったアングルで、紙面の5分の1を占める大きさの横写真を配した。記事も含めると3分の1くらいになる。翌26日の死亡欄でもやはり大写しのステージ写真を配し、クイーンの誕生から、フレディのソロ活動、最期の時までを記述し、「70歳まで生きようなんて思わないね。それって退屈だろうから」という彼の言葉で締めくくっている。この「boring（退屈だ）」はフレディがよく使う単語だった。

ニューヨーク・タイムズは11月25日付の死亡欄で、ロンドン発のAP電として紙面の7分の1くらいを使って報じている。蝶ネクタイ姿のフレディの顔写真を掲載した。

それに対して朝日新聞はどうだったか。

11月25日付の夕刊社会面で、ロンドン発のロイター電を本記として掲載。そこに補足情報を書き加える程度。顔写真付き3段の見出しではあるが、ニューヨーク・タイムズの半分に達するかどうかというほどの分量だった。あまりに寂しいではないか。

２０２３年の今ならば、もっと大々的に報じていたはずだ。だが、ロックミュージックに対して、１９９０年代初めの一般紙が持っていた価値観は、今とは比べものにならないほど低かったのである。

１９９０年代初めごろはエイズが原因で亡くなる著名人が目立った。病気の理解が不十分だった時代に感染してしまったのだろう。フレディに先んじての83年には、デヴィッド・ボウイとの共演歴もあるドイツの異色パフォーマーでカウンターテナーのクラウス・ノミ（１９４４〜83）が39歳で亡くなった。92年には、映画「愛と哀しみのボレロ」でモーリス・ベジャールの振り付けでラヴェルの「ボレロ」を踊ったジョルジュ・ドン（１９４７〜92）が45歳で死没。93年にはフレディも傾倒していた麗しいバレエダンサー、ルドルフ・ヌレエフ（1938〜93）が54歳で逝った。フレディは「ロックンロール界のルドルフ・ヌレエフになりたい」ともらしていた。「ブレイク・フリー」のビデオクリップで、フレディはニジンスキーよろしく、「牧神の午後」の牧神に扮して、英王立ロイヤル・バレエ団と共演したことも思い出される。

フレディ・マーキュリーと日本

フレディの過酷な人生にあって、日本は一種の桃源郷だったのだろう。それは他のメンバーも同意見と思われる。

クイーンの来日公演は1975年、76年、79年、81年、82年、85年の6回。フレディは「マジック・ツアー」を終えた後の休暇中、86年9月に買い物などのためにお忍びで来日した。最後のツアーの垢を日本で洗い流したのだ。「ミュージック・ライフ」誌のインタビューに応じ、「《ライヴ・エイド》があの時あったのは、すごくラッキーなことだった。突然自分達を救ってくれた。あれがターニング・ポイントになったことは確かだね。クイーンの歴史の中の、特別な瞬間とでもいうのかな」（「ミュージック・ライフ」1986年12月号）などとゆったりした調子で語っている。

日本語を歌い込んだり、日本の文化にインスパイアされた欧米のバンド、ミュージシャンは少なからずいる。日本の前衛芸術家オノ・ヨーコと結婚したジョン・レノンには「Aisum asen（あいすません）」（73年）がある。日本への愛着の点でクイーンも共通するのだろう、フレディが「キラー・クイーン」（74年）で「ゲイシャ」を歌い込み、ブライアンが「手をとりあって」（76年）で本格的に日本語を採用した。他にもキング・クリムゾンの「Matte Kudasai（待ってください）」（81年）、クラフトワークの「DENTAKU（電卓）」（81年）、スティクスの「ミスター・ロボット」（83年）など案外あるものだ。「みんな最高、ありがと、か、か、か、かわいい」と日本語で始まるアヴリル・ラヴィーンの「ハローキティ」（2014年）をライヴで聴いたとき、どうにも「ハラキリ、ハラキリ」と聞こえてしょうがなかったこともある。

そして驚くべき曲はデヴィッド・ボウイの『スケアリー・モンスターズ』収録の「イッツ・ノー・ゲーム（パート1）」（80年）である。「シルエットや影がぁ〜革命を見ているぅ〜」。これはロンドン在住の広田三知さんの声。スパークスのアルバム『キモノ・マイ・ハウス』のジャケットに映る右側の女性だ。なんともいえぬ素晴らしい象徴詩的な内容で、発声にはややややさぐれて投げやりで感情を押し殺しながらのモノトーンの気分が満ちて、呪文のような、スローな政治的アジテーションの抑揚すら感じる。ボウイとクイーンは「アンダー・プレッシャー」を共作したが、土台には、日本文化の嗜好という共通点があって、それが良く作用したのかもしれない。ジョン・レノン、デヴィッド・ボウイ、クイーンをつなぐ鍵の1つは「日本」なのだ。

これら日本語の歌詞を採用した曲にも増して日本語に傾倒し、「英語の入った日本語曲」と言ってもいいくらいなのが、フレディによる「ラ・ジャポネーズ」（88年）だろう。フレディが愛したソプラノ、モンセラート・カバリエとの共演で、半分ほどが日本語だ。日本のことと思われるのだが、「素晴らしい朝が明ける、夜明けが呼びかける、夢のよう」「遠い国のあなたに魅せられて」「いつも君だけは心の友」「富士の雪、京都の雨、東京の夜」など日本人の心にぐっとくる訴えかけをしてくれるのである。フレディは、当時ロンドン在住だった音楽エグゼクティブプロデューサー宇都宮カズさんに、日本語の発音について電話で頻繁に問い合わせていたという。フレディの相変わらずの綺麗な発音も手伝って夢見心地にさせてくれる歌である。

80年、フレディはウエストロンドンのケンジントンにある20世紀初頭に建造された豪邸、ガーデン・ロッジ（約900坪）を購入する。庭師の高原竜太朗さんによると、86年6月から四阿《あずまや》の茶室や池、滝まで配する日本庭園の造園が始まったという（今の住人は永遠の恋人・友人メアリー・オースティンだ）。

日本は「フレディ・マーキュリー」の仮面をそっと脱いで寛げる国だったのかもしれない。

第3章　チャンピオンのチャンピオン

——「凄さ」の概要

不世出のヴォーカリストはどこが凄いのか

フレディ・マーキュリーは不世出のヴォーカリストである。稀代のロックヴォーカリストである。この評言には1ミリの疑いの余地もない。多くの人々がおぼろげにそう感じてもいるだろうし、反論する向きもそうは多くないだろう。この章では、フレディの「凄さ」とは何かを、総論として、具体的にひもといてみたい。

まずは結論めいたところから記す。フレディは、以下の点において、尋常ならざるほど特出して秀で、際立っているから「凄い」と感じる、ということになる。

①声そのもの
②ヴォーカリスト（歌い回し）
③作詞・作曲家
④パフォーマー
⑤存在（人生への立ち向かい方）

の5点である。

本来、1点でも秀抜であれば「凄い」という評価は得られるものである。それが5点とも傑出するケースはかなりレアであろう。「凄さ」の実例を引きながら、サマリーを瞥見してみよう。

フレディの歌声を漠然と聴き流している人がいるならば、まず「ボヘミアン・ラプソディ」を歌う声の艶を、荒みを、七変化ぶりをよく聴くべきだ。曲の転調や異様な構成に耳を傾けるべきだ。フレディの歌う姿を、その細く長い手脚の線や薄い胸板を、異香の煙をまとうようなまなざしを、大きくはみ出した口元の前歯を、よく見てほしい。

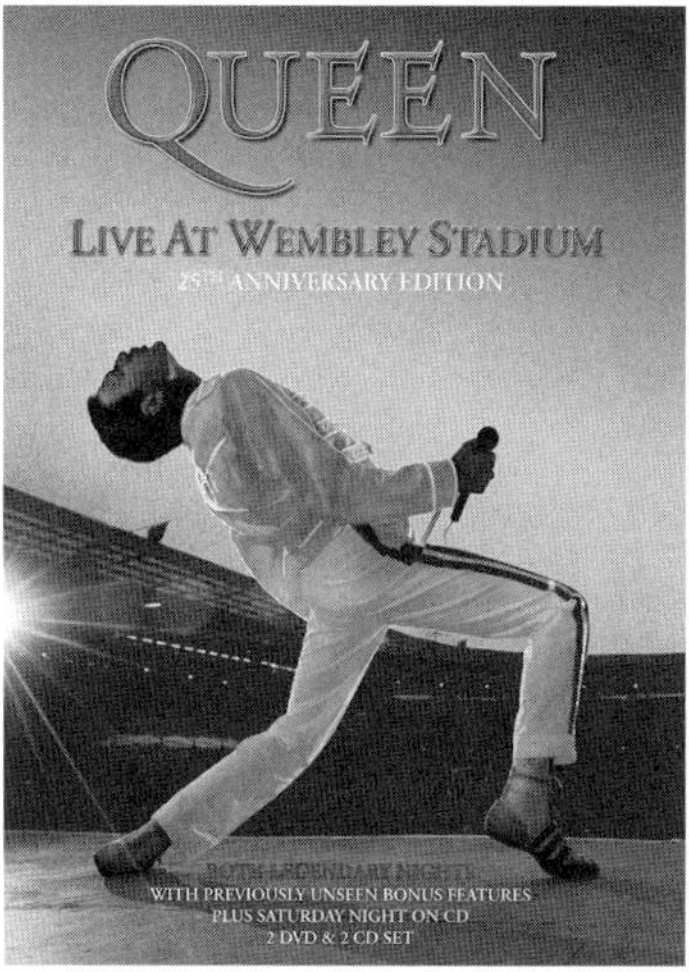

クイーンのライヴ『ライヴ・アット・ウェンブリー・スタジアム』のDVD。結果的にクイーンとしてのラスト・ツアーとなった「マジック・ツアー」（1986年）の映像

すべてがどこかしらいびつで、すべてがあり得ないようなハイレベルの次元で調和した尊貴な異形ではないか。見事なアイコンではないか。「フレディは凄い」「なんだかよく分からないが、なんだか凄いもの」と、多くの人が感じることだろう。「凄さ」の例はいくつもある。

「ボヘミアン・ラプソディ」冒頭のコーラスがフレディ1人の声の多重

録音であるとか、『華麗なるレース』の収録曲「テイク・マイ・ブレス・アウェイ」や『オペラ座の夜』収録の名曲「ラヴ・オブ・マイ・ライフ」で聴かせる、男声とも女声ともつかぬ潤みをとろめかせた歌唱とか、それらの特筆すべき曲を自ら作詞・作曲したとか、ロック、バラード、ソウル、ヴォードヴィル、ミュージカル風の歌など、どんなタイプの曲でも歌いこなすとか、ライヴ会場では、20万人以上もの観衆も軽々と掌握してしまうカリスマ性の持ち主であるとか……。

先にも触れたが、晩年、『イニュエンドウ』収録の最終曲「ショウ・マスト・ゴー・オン」で聴かせた絶唱は、あれは何だろう。聴いてはいけないものを聴いてしまったような、それゆえに何度も聴きたくなり、一種の禁忌を破ってしまった聴覚体験が、聴かない選択肢を追いやってしまうような、そんな「声の肌」をさらけ出している。

偉大なアーティストが残り少ない生命を削りに削って絞り出す叫びであり、その中にまさに魂の姿と、生命の神秘を垣間見せるような歌声だ。甘さ、辛さ、苦み、痛みといったような感触からは離れ、喜びや悲しみや怒りや憎しみとも無縁で、嫉妬、絶望、感謝、慈しみなどの感覚世界からもはみ出す。これらの感覚や感情をすべてはぎ取って、そのはぎ取る音とともに強靭な意志の骨が見えてくるというような歌声だ。凄みとはこのことを言う。

フレディの「凄さ」を示す事象は、まだまだある。フレディの死後、1992年、英国ウェンブリー・スタジアムで開かれた追悼コンサートだ。レッド・ツェッペリンのロバート・プラント、デヴィッド・ボウイ、エルトン・ジョン、ガンズ・アンド・ローゼズのアクセル・ローズ、ジョージ・マイケルら錚々たるメンバーが出演した。１人のロックヴォーカリストを追悼するために、これだけの面々が一堂に会したわけだ。

また、才気と歌声で、モンセラート・カバリエの心をわしづかみにし、88年には『バルセロナ』を発表した。92年夏、スペインで開催されたバルセロナ五輪の開会式で演奏されることを想定した録音だった。フレディはそれを待たず91年11月に他界してしまったが、永遠に果たされぬ約束は、カバリエの人生をも哀しく、しかし、豊かに彩ったことだろう。

「ボヘミアン・ラプソディ」はイギリス史上初の同一曲２回の１位になった。１９７５年の初発が９週間１位、死後の１９９１年12月から92年１月にかけ５週間１位を獲得。アメリカでも初発の９位に続き、死後のリリース時には２位を記録した。映画のヒットによって２０１８年11月17日付で全米33位にチャートインした。最近の傾向として、クリスマスシーズンには、マライア・キャリーの「恋人たちのクリスマス」、ワムの「ラスト・クリスマス」などのクリスマスソングが毎年のように何回もチャートインするが、「ボラプ（ボヘミアン・ラプソディ）」の43年を経ての３回目のチャート入りは未曽有と言ってもいいだろう。

偉大なる先達、東郷かおる子

２０１１年、クイーンの「ライヴ・アット・ウェンブリー・スタジアム」の爆音上映会が、東京・六本木にかつてあった映画館「シネマート六本木」で開催された。音楽評論家の東郷かおる子さんのお招きで上映前に東郷さんとミニトークショーをしたことがあった。東郷さんはよく知られるように自らのセンスに従って「ミュージック・ライフ」誌上で、いち早くクイーンを取り上げ、日本のファンを開拓。1975年の初来日時、大騒動になった熱烈歓迎ぶりのきっかけを作った中心人物と言っていいだろう。「世界のクイーン」誕生に貢献したとも言える。東郷さんは、今や日本における「クイーンの母」(ご本人は「姉ぐらいならいいけど」と強調されているが)のような存在になっている。

冒頭で東郷さんは「今日は、朝日新聞の米原さんをお呼びしました。みなさん、朝日新聞とクイーンっていう取り合わせ、少し意外でしょう」と筆者を紹介してくださったが、その紹介の仕方こそ意外であった。ふだんからクイーンやフレディで頭の中が埋まっているような筆者だったので、クエスチョンマークが頭の中を飛び回った。

東郷さんは聞き役に徹してくれたため、筆者はフレディやクイーンについての持論をまくしたてた。この考え方は、今でもほとんど変わっていないし、振り返ってみれば、当時は言語化できなかったものの、ラジオ番組「全米トップ40」と「ミュージック・ライフ」誌にどっぷり浸り始めた12、13歳(1976、77年)のころと何ら変わっていないのである。

それにしても、「これは人気が出る」という冴えた嗅覚で、有名になる前からクイーンの行く先々に乗り込んでインタビューをものにしてきた東郷さんのバイタリティには頭が下がる。

そこで集めたフレディをはじめとするメンバーたちの生の声は貴重である。

まして2000年ごろ、新聞社のポップス担当記者をしていた時、毎月の新譜（これも死語になりつつある）から注目の10枚を選んで紙面で紹介する「今月の10枚　ポピュラー・海外編」欄の選考委員の1人が東郷さんだったわけで、お世話になった方でもあった。2002年に文化欄に「フレディ没後から10年余り、いまだ輝きを失わず」という記事（没後10年のタイミングを逸していようがお構いなしに、とにかく書きたいというわがままモード全開の、いかにも間の抜けたタイミングだった）を書いたが、なぜ輝き続けるのか、その理由について識者コメントで締めようとした時、浮かんできた顔はやはり東郷さんだった。

今から思えば、多数のクイーン・インタビュー歴を有する先駆者で、経験を積んできた音楽評論家の前で、よくもいけしゃあしゃあと青臭い考えをぶちまけられたものだと、心なしか顔が赤くなってくる。ただ、ことフレディの話になると、気が妙に前のめりになって、トークショーの時も語るだけ語りたい気持ちが勝ってしまった。

フレディの多種多様な曲たち

その時のメモによると、①ヴォーカリスト　②作詞・作曲家　③ロッカーという3点からフレディの魅力を述べた。この章の冒頭で示した「凄さ」の各点との比較で言えば、主に「作詞・作曲家」に軸足を置いて話したことになる。

ヴォーカリストとして、特徴的なのは、ファルセット歌唱法、七色の声、芳醇な艶をなめしたような色気に潤んだ妖声であると指摘し、「美しい」という言葉を引き出させる、おそらく唯一のロックヴォーカリストである、と強調した。

最も多くの言葉を割いた作詞・作曲家としては、曲のタイプを5つに分けて矢継ぎ早に語った。

（1）奇妙奇天烈な曲
（2）美しい小曲
（3）ポピュラーな曲
（4）ショーのような曲
（5）クラシック曲とも言える芸術性の高い曲

という5つだ。

同じやり方は繰り返さず、常に違うこと、新たな試みをするのが、フレディのスタンスだったのだろうが、彩り豊かな作品群には、度肝を抜かれるテイストの曲も少なくない。トークショーでは、そんな曲名も列挙した。今、当時の発言内容を膨らませ、少し解説を加えて紹介してみよう。

（1）奇妙奇天烈な曲。ファーストアルバムには、そのミュージシャンの本質傾向が原初形態として顔を出しているものである。『戦慄の王女』収録の「マイ・フェアリー・キング」は実に驚愕すべき曲だ。魔法のランプに呪文混じりの息を吹きかけるような、あるいはそこに夢魔のステップがだぶってくるような歌い出し。旋律は、魔笛に酔いながらさまよう蛇のようにくねる。魔法使い的なフレディのひそやかな歌に、ブライアンのギターが音をせりあげて絡んでくる。ロジャーの金属高音ヴォイスがレーザー光線のように発され、フレディのピアノも抒情を奏でる。テンポは駆け出したり、手綱を引き締めて御されたりする。「ライアー」も抑制と促進のテンポ変化が急で、高音と低音の対照が効いている、単純なロックとは言えない一風変わった曲である。

『クイーンII』の奇曲はまず「フェアリー・フェラーの神技」。平面ではない鏡の場合、映る物象はどこかが歪んでいるが、その歪みも見る角度によって変わり続ける。眺め続けることで生じる悪酔い感覚すれすれの曲である。しかし、ドラッグ作用によるサイケデリックな感覚ではない。むしろ、妖精が、天から授かった無垢な心と表情で、ひたむきに使命を果たそうとするが、それが自然と邪悪をなして、思わずほくそ笑むような感覚と言うべきか。それがどこを切っても稠密に描きこまれている。「マーチ・オブ・ザ・ブラック・クイーン」は、フレディが初期に作った最も傑出した曲だ。ここに、後年花咲き続けるほとんどすべての要素があると言っていいだろう。「ボヘミアン・ラプソディ」の原型とも言える曲で、洗練流麗の点では「ボヘミアン」が圧倒的に勝るが、転々変奇の点においては「ブラック・クイーン」の前では「ボヘミアン」はかすむ。ただ、「ボヘミアン」が、クラシックに通じる芸術性、ロック性、ポピュラリティー、さらには幾分かの前衛性を備えた稀な奇曲であることには変わりはない。「ボヘミアン」と同じく長めの曲で、単純な繰り返しではない曲に「愛にすべてを」がある。欧米の評論家には「ボヘミアン」の二番煎じという意見もあるが、それは的を射ていない。この曲は、ソウルのぬくもり、ポピュラリティー、ゴスペル的躁状の重厚さを併せ持つ。日々の暮らしの中で押しつぶされそうな人間の究極の悲痛な訴えが一本通っている。「ボヘミアン」の「オペラティックパート」は、ダダイズムやウィリアム・バロウズ、デヴィッド・ボウイが好んだカットアップやフォールドインの技法に通じるようでもあるが、「愛にすべてを」はストレートな一種の祈禱歌である。

まだある。「バイシクル・レース」だ。「自転車に乗りたいな」というようなことを言っているだけの曲なのだが、わずか3分間のうちに、曲は自転車の警鈴のパーツも含めてめまぐるしく展開する。「ジョーズ」「スター・ウォーズ」「ピーターパン」「スーパーマン」「ウォーターゲート」と聴く者に多種多様の連想イメージを喚起させる単語を詰め込むところは、「キラー・クイーン」にも通じる。後半部には重厚なコーラスを従える点で、奇抜な曲と言えるだろう。

そしてフレディの曲の中で、解釈不能ともいえる奇曲中の奇曲は「ムスターファ」である。「イ〜ブラヒィ〜ム」と始まるこの曲は、一体なんのことかさっぱり分からないのである。ただフレディの伸びやかな歌声と、ブライアンの中近東風のギターメロディーが強烈で、アラブ・イスラム文化の香り高い珍品である。

（2）美しい小曲。小曲であっても、芸術性にあふれたバラードである。70年代のクイーンのアルバムには必ずと言っていいほど、1曲は収録されている。『クイーンII』の「ネヴァーモア」は、ロマン主義の詩世界を淡彩の絵具で描いたよう。『シアー・ハート・アタック』の「谷間のゆり」は、戦乱の時代に生きる古代王族の品格を備えた逸品の調べだ。敗走して流離した貴種は、谷間のゆりに問いかけるが、それは黙したまま、ひっそりとなまめかしい花弁を朝露に湿らせるだけなのだろう。

『オペラ座の夜』の「ラヴ・オブ・マイ・ライフ」は、永遠の愛の歌で、旋律も展開もほぼ完璧と言っていいだろう。『華麗なるレース』の「テイク・マイ・ブレス・アウェイ」も、血潮のため息のような曲であり、「ラヴ・オブ・マイ・ライフ」の明澄なはかなさに比べ、ダークで絶望的なほど献身的な情念が描かれる。懊悩の吐息はひとときも安らぎを知らずに胸をかきむしり、あらぬ妄想は心を暗い衝動へと駆り立て、殺意の閃きに一瞬の安堵を覚えるような、長い黒髪の女のルサンチマンと愁訴が情緒纏綿《てんめん》と巻き付いてくる。

『世界に捧ぐ』の「マイ・メランコリー・ブルース」は、1920年代か30年代のジャジーなムードの中に、カクテルを片手に憂悶にふける女のゴージャスゆえに寂寥の姿が見えてくるような曲だ。『ジャズ』の「ジェラシー」は、ブライアンによるシタール風の揺らぎのギターメロディーが流れる中、フレディの歌は嫉妬による狂乱前の自己憐憫が、寒気を催させる表情で笑い顔を偽っているような景色を見せる。ジョン・レノンの「ジェラス・ガイ」に触発された曲である。

（3）ポピュラーな曲。ヒット曲になったものが多い。英国で最初のヒット曲となった「輝ける7つの海」。架空の国のライ王が登場する古えの英雄物語が展開する。マリー・アントワネットや芸者が出てきて、高級娼婦らしき女性を歌う「キラー・クイーン」は、ポップな曲で、ブライアンのエコーを削り取ったマットなソロも秀逸な、ファンシーでエレガントな曲でもある。「伝説のチャンピオン」は、ロック・ポップス界のチャンピオンになるために戦い続けなくてはならない孤独と雄々しい横顔が浮かんでくる曲で、サッカー場では応援歌の定番として広がった。「プレイ・ザ・ゲーム」は大きなヒットにはならなかったが、ハイトーンは彩りを変えながらも伸びやかにすり上がってゆく。

エルヴィス・プレスリーを意識したようなロカビリー風の「愛という名の欲望」は、初の全米1位を記録した記念碑的な曲だ。構造はシンプルで、往年のロックンロール・ファンに歓迎された。「ドント・ストップ・ミー・ナウ」は伸びやかな高揚感とグルーヴ感に満ちた良曲で、とりわけ女性のファンに人気がある。

（4）ショーのような曲。これもたくさんある。2枚目のアルバムまでは妖精、魔物、ファンタジーの世界観が強かったが、3枚目になると、奇想の契機は、1920年代の歓楽街に活況を呈したヴォードヴィル、ミュージックホールのようなシアトリカルな契機に転じていく。『シアー・ハート・アタック』収録の「リロイ・ブラウン」が好例だ。『オペラ座の夜』になると、「うつろな日曜日」「シーサイド・ランデヴー」と連発される。これらのフレディの歌唱には、寸劇めいたエロキューションを伴う高度なアーティキュレーションが聴き取れる。歌い回しの妙は、聴衆の舌を巻かせる。

恋の喪失感に暮れる心情を描くような「ミリオネア・ワルツ」は、豪奢に粉黛《ふんたい》を施した億万長者の老貴婦人の嘆きのようにも聴こえる。「懐かしのラヴァー・ボーイ」も、歌詞に「（ルドルフ・）ヴァレンティノ」が登場し、ヴォードヴィルの恋愛寸劇の世界が優れた旋律と歌唱で描かれる。美しい小曲に分類してもいいかもしれない。「レット・ミー・エンターテイン・ユー」も、ショーの開始にぴったりで、「日本語でも歌います」という英語詞が出てくる。フレディのショーマンシップが表れている。

（5）クラシックとも言える芸術性の高い曲。これは何といっても、スペインのソプラノ歌手モンセラート・カバリエ（1933〜2018）とともに作ったアルバム『バルセロナ』（1988年）に収録されている曲の数々だ。カバリエはフレディにとって永遠のディーヴァだった。カバリエに初めて会った時に、彼女に捧げた「エクリサイズ・イン・フリー・ラヴ」は驚天動地の妖曲である。全編「ラー」や「ウー」などのヴォカリーズで、ほとんどをファルセットで聴かせる。これを聴いたカバリエは、感激して共作に積極的になった。「あなたはメゾソプラノが歌えるわ」とフレディに語ったという。フレディの曲と歌唱は、ついにクラシック、オペラ界のトップアーティストをも感動させたのである。

非欧米のザンジバル出身の歌手が、正規の声楽教育も受けていない一ロックヴォーカリストが、世界の至高の芸術で高評を得るディーヴァに認められたのである。東アフリカの島嶼部に生まれた少年が、ディーヴァと並んで共演する日が来ようとは誰が予想し得たであろうか。

音楽性・芸術性の点で、また作曲理論や演奏技術が長い歴史の中で研磨されている点で、ロックやポップスは、残念ながらクラシック、オペラには及ばないだろう。バッハやモーツァルトらの曲の数学的な精緻や、そこに窺われる感情の深淵さの観点で比較されれば、一般的にロック、ポップスは肩を並べられない。ロック、ポップスは、クラシックの正統性からみれば、異端で外道な領域である。オペラのベルカント唱法などは無縁なのである。そのロックの下級性をまとったフレディが、クラシックの世界の住人と並んで君臨しつつあった。ロックは、我流の奏法で体を張って高みへと這い上り、ロックもクラシックもない感動領域へと到達させるところに醍醐味がある。この上昇幅は、逆にクラシックの音楽家では獲得できない懸隔である。

フレディの死後、カバリエのところに他のロック、ポップス歌手との共演企画がしばしば持ち込まれたが、カバリエはすべて断った。フレディだから共演したのであって、それはフレディが特別な存在であり、彼の音楽、歌声に心酔したという証左の一つである。しかも、考えてみれば、クラシックに挑んだロック・ポップスの著名なアーティストは何人もいるが、どれも成功しているとは言いがたい。『バルセロナ』もクラシックの領域に入っているとは断じられないが、それはフレディが変にオペラにすり寄らず、今まで通りの我流のロックヴォーカリストとして共演しているからなのである。『バルセロナ』は基本的にクラシックアルバムなのかロックアルバムなのか、当時は分類に困ったであろう。

ややや話はそれるが、クラシック音楽は、マーラー、リヒャルト・シュトラウス、ラフマニノフ、前期シェーンベルク、プロコフィエフ、ショスタコーヴィッチらまでロマン派の楽脈を保ち、その後、主に3手に分かれる、というのが私見である。1つ目は後期シェーンベルク、ベルク、ウェーベルンと続く十二音音楽、難渋なブーレーズの音楽、さらにはジョン・ケージの前衛音楽など。2つ目はフィリップ・グラスやテリー・ライリーらの比較的メロディーが把握しやすいミニマル・ミュージックなどの実験的音楽。3つ目の系譜がニーノ・ロータ、ミシェル・ルグラン、エンニオ・モリコーネらの映画音楽だったのではないかと思う。

1つ目が口ずさめない音楽だとすれば、2、3つ目は口ずさめる音楽。その点、『バルセロナ』は、2、3つ目の系譜で、さらに言えば、3つ目の流れにあってもいい。最も優れた映画音楽にも劣後しない境地に達している。ただ、ヴォーカル中心という点で映画音楽のジャンルにくくりにくい。一方、ミュージカルの流れに位置づける見方もある。ミュージカルではサラ・ブライトマンらの優れた歌唱もあるが、『バルセロナ』はそれとは異なる。オペラ歌唱とロック歌唱が同居しており、フレディはフレディで歌い、カバリエはカバリエで歌う。その2人がフレディの音楽の上で睦み合いながら遊泳しているのだ。映画音楽の系譜からも、ミュージカルのジャンルからもすり抜け、ロックもオペラもすり抜け、2人は結局、稀に見る高みに達して、新天地の音楽を奏でているようでもある。

これだけの多種多様な曲を作り出し、しかも高度な歌い回しの技術ですべてを歌いこなす。フレディの「存在し得ない凄さ」とは言えないだろうか。

クイーンという「大きな箱」

さらに考えてみてほしいのは、これらはクイーンの楽曲の、重要だけれども一部であるということだ。「炎のロックンロール」「ホワイト・クイーン」「預言者の唄」「'39」「タイ・ユア・マザー・ダウン」「手をとりあって」「ウィ・ウィル・ロック・ユー」「セイヴ・ミー」「ハマー・トゥ・フォール」などの名曲・佳曲はブライアンが作り、「マイ・ベスト・フレンド」「地獄へ道づれ」「永遠の翼」「ブレイク・フリー」などヒット曲を含む作品群はジョンが作り、「レディオ・ガ・ガ」や「輝ける日々」など後期のヒット曲や忘れえぬ曲はロジャーが作ったのだ。

正統派ロックンロール、スキッフル風のフォーキーなサウンド、讃美歌のような曲調のブライアン。ファンク、ソウルと正統派ポップスの曲調が得意なジョン。先鋭ロックと後年はポップな曲調のロジャー。クイーンの曲群は男の子と女の子の各種のおもちゃが一緒に詰め込まれた大きな箱のようであった。しかも、それぞれがそれぞれに敬意を抱いていた。フレディは他のメンバー3人の曲を歌う時は各人の曲の特徴を踏まえたような発声をし、各曲が、その最も理想的な表出になるように細心の注意を払った。晩年、日に日に弱るフレディは「とにかく曲を持ってきてくれ、何でも歌う」という姿勢を示したが、相互間の強い尊敬と信頼の紐帯が可能にしたことだった。

トークショーでは、フレディは最後までロッカーだった点にも言及した。それは歌手の視点というよりも、存在の仕方という点からの発言だった。

歌手としてフレディが目指したのは、キャバレーで繰り広げられるショーの延長のような世界。メイ・ウエスト（1893〜1980）やジョセフィン・ベーカー（1906〜75）、ライザ・ミネリ（1946〜）の舞台の継承者との自覚もあったはずで、豪華なエンターテインメントショーだったろう。

かなり簡素な服装で、髪を伸ばし、ギターをかき鳴らして、怒りや愛や平和を歌い、汗とタバコのにおいの入り混じった空間ではなく、ゴージャスでグラマラスに着飾った衣裳で、ダンディーなあるいは両性具有的な出で立ちで、ディオールやシャネルの香水が錯綜して陶然とする客席を縫いながら、多くの品を作って恋愛や夢、一場の物語を歌う、といった空間だったのだろう。

しかし、彼の存在の仕方は、極めてロック的と言えるように思うのである。彼はゾロアスター教を信じ、自らを古代ペルシャ人の流れをくむ末裔《まつえい》と誇る家に生まれた。イギリスやアメリカ社会にあっては、マイノリティーであったことは言うをまたない。あえて極端な言い方をすれば、そのままでは欧米社会の上層に入り込めない存在が、高みに達しようとした足跡が、彼の人生だったのではないか。古代ペルシャ人の血を継ぐ誇り高き民が、異国の地で無《な》みされた身となって下層に追いやられる。絶望はしたとしても、世をはかなんだとしても、決して完全にふてくされることはない。そこから這い上がろうとする戦いの軌跡。その日々がフレディの人生の主旋律である。

こんな経験がある。

イスラエルのダンスカンパニー「インバル・ピント・カンパニー」の舞台を見た時のことだ。前半に登場するのは、ヒエロニムス・ボスの絵画に出てくるようないびつに演出された舞踊者である。言葉は悪いが、いわばガラクタである。それらが次第に交響し、1つの世界観を共作していく。ガラクタが、神々しい光輝に包まれる瞬間が突然訪れた。目覚ましい感動が身内に起きた。

ロシアのボリショイ・バレエ団のプリンシパル、スヴェトラーナ・ザハロワの青白い炎のような研ぎ澄まされた身体技の美もまた、神々しい領域に入っている。が、観客の感動の度合いは、変化上昇の幅の程度に比例するのであって、「神←ガラクタ」の幅と「神←美技の保持者」の幅のどちらが大きいか。甲乙つけがたいが、少なくとも、前者の場合は、感動の盛り上がり方の点で普通ではないことだけは確かだ。下層の存在が、その離れ業をもってして、ある瞬間、王族をも感動させてひれ伏させることがある。ロックの真髄もそこにある。「インバル・ピント・カンパニー」はまさにロック的と言えるだろう。

フレディもある時、ある刹那、感動の秘密を読み解いて神々しい世界の住人となった。欧米社会でのし上がろうとした、マイノリティーの彼は、その歌声やパフォーマンス、作り上げた曲によって、神々しい境地を示し、欧米の音楽シーンを「古代ペルシャの女王」あるいは「古代ペルシャの娼婦の女王」ともなって睥睨したのではなかったか。この過程はまさにロック的ではなかろうか——トークショーでは、こうしたことを柔らかく述べた。

声の「デイノス」な凄さ

フレディ・マーキュリーの「凄さ」が、果たしてどこまで読者に伝わったのか、はなはだ心もとないが、例えば、カラオケなどでクイーンの曲を「原曲キー」で歌ってみると、体感できる面もあるかもしれない。

「愛という名の欲望」や、高いドの音、つまり「ハイC（C5）」を主にファルセット（最後は地声）で処理する「プレイ・ザ・ゲーム」は比較的歌いやすい。「伝説のチャンピオン」「愛にすべてを」「メイド・イン・ヘヴン」「ドント・ストップ・ミー・ナウ」「ボヘミアン・ラプソディ」などは難しい。

対して、パンク・ロックのセックス・ピストルズの曲は、全般的に、ただがなるように歌えばよく、音は高くないので物まねがしやすい。

ポール・マッカートニーが今でも続けるコンサートで、ビートルズやウイングスの曲を「原曲キー」で30曲以上歌うのを聴いて、観客は尊敬の目を向ける。それは、「007 死ぬのは奴らだ」や「ヘルター・スケルター」など高音を要求する曲が多いからだ。そんなポールの曲以上にクイーンの曲は歌い続けるのが困難である。

先ほど、観客をノックアウトする感動の構図の話として、上昇幅の理屈に言及した。実は、この理屈は声にも当てはまる。イエスのジョン・アンダーソン（1944〜）も稀少なヴォーカリストだが、話し声自体、かなり高く細い。対して、フレディの話し声はバリトン音域で、「天国への階段」などを聴けば、レッド・ツェッペリンのロバート・プラント（1948〜）もそうであろう。もとは甲高い声ではないのだ。

同じ「地声ハイC（C5）」以上でも、「高めの話し声」と「低めの話し声」が伝える内実は異なる。前者は上昇幅は狭く、後者は上昇幅が広い。上昇幅の広い方が、エネルギーが凝縮される度合いが高くなる。その度合いの高さが「凄さ」につながる。感動の質量もそれに正比例する。「地声ハイC（C5）」以上の領域で、ポルタメント的に発声しようものなら、何か無理な、生存をかけるような熱気や地響きがにじみ出し、聴く者を震撼させるのだ。ヴォーカルトラックだけを抜き出したフレディの高音域の声を聴いてみるとよい。得体のしれぬとどろきに心がざわついてくる。

かてて加えて、秀でたヴォーカリストたち、例えばフレディ、プラント、アンダーソン、レインボーのロニー・ジェイムス・ディオ（1942～2010）を比べてみると、声の伸びは互角かもしれないが、音量はフレディ、プラント、ディオが抜け出し、声の艶はフレディとプラントが頭一つ上回り、声や歌い方の彩りの点では、フレディが他の3人をしのぐのではないか。特筆すべきは、プラントやディオが最初期からヴォーカルの「凄さ」を早々に提示し、スタイルが確立されていたのに対し、潜在力は初期から格段のものがあったにしてもフレディは年を追うごとに、「凄さ」を増量させていったのだ（アンダーソンもその傾向がある）。パフォーマーとしても、フレディは後年になるにつれ、バレエ好きも手伝っているのか、実にさまざまな動きを披露してくれた。パフォーマーとしては、プラントが70年代ロックのシンボルとして型を決定づけたが、フレディもそれに伍して腕を上げていった。プラントが定型的なのに対し、フレディはカラフルで自在であり、好みにもよるだろうが、観客はフレディのパフォーマンスにより歓喜を感じたのではないか。80年代半ば以降、フレディがスタジアム級のパフォーマーとして、10万人、20万人もの観客を手のひらに乗せていたことを思い返すたびに、そう思うのである。ロック界の百獣の王ライオンはロバート・プラントであり、一方の王タイガーがフレディ・マーキュリーであるように思う。しかも、フレディ自身がネコ好きということもあるが、フレディには、ネコの媚態とピーコック（クジャク）の驕慢が混じっている。

フレディの言葉を集めた『A LIFE』を読むと、「outrageous（規格外の）」という単語を好んで使っていたことが分かる。筆者はかつて、古代ギリシャ美術の専門書を読んでいた時、ギリシャ語で「恐ろしいほど大きい」を意味する「δεινός（ディノスあるいはディノス）」という形容詞の説明に遭遇し、非常に印象に残ったことがある。フレディを表現するのに、「ディノス」は適切な言葉のような気がする。少し戯画感覚を込めて言えば、「なんだか凄い規格外の恐竜（ダイナソー）級」ということだ。

さてこの章では、フレディ・マーキュリーの何が「凄い」のかを概観してみた。①声そのもの ②ヴォーカリスト ③作詞・作曲家 ④パフォーマー ⑤存在、の5点から、不十分な点もあったが、考えたわけだ。声もロックヴォーカリストとしての生き方も「上昇幅の広さ」が特徴づけられ、ここにも「凄さ」の淵源があるのではないか、と述べた。それは感嘆を込めて「ディノス」と呼ぶべきものであるように思う。

後の章ではこのことを細分化して描出していくわけだが、その前に、次の章では、前提として、そもそもロックヴォーカリストとはどのような存在かについて、クラシックとの比較もしながら、もう少し丁寧に述べる。ほんの一部ではあるが、70、80年代のロックヴォーカリストたちの紹介も兼ねるだろう。その中で、フレディの「ディノス」性も再定置してみよう。

第4章　高音のゲーム

――フレディを取り巻くきら星たち

ロックヴォーカリストとはなにか

第3章でフレディの「凄さ」を少しでも伝えようとしたが、フレディが拠って立ったのは、あくまでロックヴォーカリストだったことを改めて確認しておこう。この章では、卓絶したロックヴォーカリストの条件めいたものを記述することから始める。なお、フレディとの比較という点で、ここで取り上げるのは男性のロックヴォーカリストに絞ることを明言しておきたい。

ロックヴォーカリストとはどういう存在だろうか。それは、エレキギター、ベース、ドラムス、キーボードなどの楽器の演奏が作り出すサウンドの上で、我流の発声法と個性的な声で歌詞を歌う存在だ。サウンドは実験性を伴ったりシンプルなものだったり、歌詞が社会的なメッセージを持つものだったり、男女の恋の感情を重視したものだったり、いろいろあるだろう。

生き方の面では、およそ以下のような傾向がある。

常識をものともせずに自由を尊び、既存のメソッドや形式に埋没することを退け、自らの音楽に忠実で、安易に流れず、リスクを引き受けて勇敢にその探究を続け、権威に頼らず、陋習《ろうしゅう》にとらわれず、社会が不評を突き付けてもそれをはねのけ、結果として、自由な表現活動を制限する社会の不条理な抑圧に抗う存在であるべきだろう。なんだか「サウイフモノニワタシハナリタイ」という宮沢賢治の「雨ニモマケズ」みたいになってしまったが、これだけ見ると、理想的な自由主義の芸術家然としていて、ロックだけでなく現代アート作家や演劇人にも当てはまりそうではある。

しかしながら、ロックヴォーカリストの場合、自由奔放を謳歌する中で、無軌道に走り、多情多淫の生活やドラッグなどに溺れて破滅の道をたどることも多い。間違っても、人に迷惑をかけず、各人なりの計画通りの豊かな人生に向けて着々と歩む素晴らしい常識人・社会人・体制内人としての道徳的生き方ではない。自由といっても無軌道すれすれの自由である。そこにある種の外道・制外者の危うさがあるのだろう。

さらには、こういうことも言える。主観レベルで、概して社会内で蹂躙《じゅうりん》される立場にあっても、下から上へ、挑みかかりながら社会でのし上がっていくマインドの持ち主である。敗者の烙印を押され、下位にありながら、才能や技術によって、上位へと上昇しようという精神の体現者である。イギリスの場合、階級格差が隠然として残るが、そうした制度・客観的な意味ではない。あくまで主観としてである。仮に現実生活では、プール付きの大邸宅に暮らし、豪勢な海外旅行を繰り返し、高級品の買い物三昧であっても、である。半面、権力にすり寄り、クローニー・キャピタリズム（縁故資本主義）の恩恵にぬくぬくと浴している輩は、ロックの対極にある。万一、ロックヴォーカリストがそうなった時は、すでにロックの名に値しなくなる。爵位を得たポール・マッカートニー、ミック・ジャガー、ブライアン・メイらが、その栄誉に浸り、余命を楽に生きるならば、堕落したロッカーである。確かに彼らは今や「無軌道すれすれの自由」の気概は後退させ、元々の知性の隠し味をちりばめて「統制されたマイルドな自由」のうちにあるが、ミュージシャン、バンドとして、今なお世界のコンサート会場に身をさらしている。彼らに金銭の心配は全くない中、ひたむきにロックの灯を掲げているのだ。

卓絶したロックヴォーカリスト

では、そんなロックヴォーカリストの中でも、「卓絶したロックヴォーカリスト」とはどういう歌手なのか。まず私論として前もって結論めいたことを開陳する。

卓絶したロックヴォーカリストとは、我流の発声法とそれに伴う個性的な声で「ハイC（C5）以上」の高音を地声で絞り出すところに、真骨頂を発揮するシンガーであると言いたい。要旨だけを摘出すれば、①「地声ハイC（C5）以上」②我流の発声法となる。そして、①は話し声が低いヴォーカリストほど、つまり「上昇幅」が広ければ広いほど、凄みが増し、人の心を打つのである。

個性的な声の優越性については、各人の嗜好という主観的な判断に属するので何とも言えない。ここで言う「我流の発声法と個性的な声で」は、オペラやドイツリートを歌う際の発声法や声ではない、という意味であると理解していただきたい。

「地声ハイC（C5）以上」はまずもって客観的な基準である。ヴォーカリストを測るのに唯一の客観基準かもしれない。「地声ハイC（C5）以上」になると、響きの違いはあれども、男声は似通ってくる傾向を示すが、それは限界に近付いている証しだろう。そして、話し声から高音点までの「上昇幅」が広いほど、そこには血肉をくだいてでも無理に力ずくで声をすり上げるエネルギーの凝縮がある。一か八かの破綻のスリルがある。この「広い上昇幅」によって「破綻のスリル」の要素が加わり、ドラマチックな度合いが強まるのである。

クラシックやオペラのテノール歌手らの良質な発声による高質な声とは全く異なる高音で、自分の存在を前面に打ち出していく。かたや芸術家による音楽とほめそやされ、こちらは俗っぽい音楽と言われながらも、観衆を圧倒していくのが卓絶したロックヴォーカリストなのだ。

「いやいやとんでもない、ノーベル文学賞まで受賞したボブ・ディランこそ最高だ。ロック史に重要な地歩を築き、燦然と輝く」という声も聞こえてくる。歴史的にも重要なロックヴォーカリストであることは間違いないのだが、「地声ハイC（C５）以上」に打って出るタイプではない。

ディランもその系譜だろうが、男女差別や人種差別、偏見に抗うなど、社会問題、社会の抑圧に対して犀利《さいり》な意見を突き付ける歌詞、つまりは政治・社会的なメッセージ性の強い歌詞を備え、シンプルなギターサウンドに載せて渋みのある低音も聴かせるヴォーカリストこそロックの人であり、好ましいという見方は根強い。パンク・ロックが王道という向きもあろう。ロックの反逆・抵抗性の立場を重視すれば、これらの見解にはもちろん一理も、二理もある。ただ、ここでは価値の優劣について考察しているわけではないことを確認しておこう。あくまで音の高さの線引きであり、主観を離れ、客観基準で卓絶したロックヴォーカリストを規定しようという試みだ。

フレディのヴォーカルの本領

フレディについて、これまで雑誌などを通じてさまざまなことが言われてきた。生粋のロックヴォーカリストではなく、むしろフランク・シナトラ（1915〜98）やアンディ・ウィリアムス（1927〜2012）といったポピュラー歌手に近いとの見方もある。あるいはジャズヴォーカルの名人エラ・フィッツジェラルド（1917〜96）やサラ・ヴォーン（1924〜90）のような緩急精妙な表現力を持つ歌手との共通点に着目する見方もある。ソウルの女王アレサ・フランクリン（1942〜2018）のようなソウルフルなシンガーという捉え方もある。ペルシャ古典音楽の伝統歌唱法「タハリール」を織り交ぜたような歌唱技を持っているとの見方もあるだろう。影響関係から、エルヴィス・プレスリーやリトル・リチャードとの近接を指摘する向きもある。

結局、どんな曲柄でも歌いこなすレンジ、音色、楽曲のテクスチュア解釈力を有していたということなのであるが、根本は、あくまでロックヴォーカリスト、ロックシンガーであった。そして寸毫の疑う余地もなく、卓絶したロックヴォーカリストだった。根拠と言えるものを少し見ておこう。

フレディは曲によって、発する声をいわば七色に変えていく。強弱の配合、押しと引きの霊妙なバランスが随所で聴かれるのである。それに応じて音色が変わる。地声・ファルセット・そのミックス的なヴォイスのいずれにも長じている。音の高低に応じて自動的に地声がファルセットに切り替わるという単純な図式ではなく、それぞれの歌詞や旋律などに最適な声や音色を出そうとするのである。ファルセットを使用した方が滑らかでいいのではないかと思われる「地声ハイC（C5）以上」の高音部分でも、リスクを突破して必死に地声で通す場合もある。鳴り響くのは、聴く者の身内を揺るがすような声。そんな時に、ロックヴォーカリストとしての本領が垣間見えるのだ。

例えば、死後の1995年に発表された『メイド・イン・ヘヴン』の「ウインターーズ・テイル」の歌唱のように、持ち前の麗しいファルセットを駆使すれば、より綺麗に聴こえるであろう部分を、あえて力強い地声でシャウトさながらに歌い上げる。獰猛に挑みかかるマインドが透けて見えるのである。

とりわけ80年代に入ると、フレディは、スタジオでのレコーディングに時間をかけ、音の微細な重なりに神経をとがらせる工芸作家的なミュージシャンから、スタジアム級のパフォーマーとしての色彩を強める。何十万人という聴衆を、その最後尾の観客までを引きつける。カリスマ性という得体の知れぬ概念はさておき、そこには、観客の心を一挙に掌握する音高・音量・音色のそろったハンマー音に近いロックヴォーカルが必要だったはずだ。自らの激越な感情から迸《ほとばし》る歌声をそそり立たせるだけではない。何十万人もの観客の心を塞いでいる見えない壁や扉の集積が、巨大な壁や扉となって、フレディの前に立ちふさがる。ロックヴォーカルは、その壁を打ち砕き、扉をこじ開ける力を発揮し、人々の心の曇天を晴らす使命を帯びるのである。フレディは十全に使命を果たした。

ロックヴォーカリストの社会的な位置

ここで少しフレディから離れて俯瞰し、音楽界全般でのロックヴォーカリストの社会的なポジションを考えてみたい。現代では想像しにくいかもしれないが、音楽に明確な序列があった時代の話である。その上で、卓絶したロックヴォーカリスト群の中でのフレディの位置づけを少しでも明らかにするため、フレディを取り巻いていた良きライバル、同時代に居並んだ卓絶したロックヴォーカリストたちに話頭を転じてみたい。

1960年代、70年代ごろ、ロック音楽は世間一般でどんな捉え方をされていただろうか。これは筆者の幼少期以降に経験してきた実感としての話になる。

当時の一般論として（あるいは現代でもその傾向は色濃く残っているかもしれないが）、ロックよりもクラシック音楽の方が高級で上質であるという見方が優勢だった。『音楽社会学序説』の著者でドイツの思想家・音楽学者テオドール・アドルノ（1903〜69）も再三言及していたが、ジャズも大衆音楽も、彼は直言していないものの、延長としてのロックも、クラシックの下位にあるというのが、支配的な考え方であった。アドルノは、頑なにジャズを含めた軽音楽・大衆音楽を忌み嫌い、侮蔑に近い言い方で退けている。

音楽学者の渡辺裕氏によると、アドルノの考え方の基本的な構図は、近代は内部に強力な支配構造を作り、それが個人を管理することで、頽落していったというものだった。本来、音楽は社会の中で限界を超える表現で、反逆を成し遂げるという社会的機能を持っていたが、音楽自体が強大なシステムを作り出し、理論や因襲の支配を受けて力を失っていく。それが近代音楽の展開の過程であると説いた。アドルノによる批判の矛先は、頽落ぶりのいかんに向けられたと言い、ベートーヴェン、ストラヴィンスキーを批判し、マーラー、シェーンベルクを評価した。

アドルノが音楽について礼讃する「反逆の社会的機能」に目を向けるなら、因襲にとらわれない軽音楽、大衆音楽、ジャズ、そしてエルヴィス時代のロックはプラスの機能を持つものとして注目してもよかったはずだが、これらは所詮、管理社会内の堕落したものであるとして批判した。アドルノは、頭からこれらの音楽を卑俗と断定し、低級視して憚らなかったのだろう。

筆者自身、今なお、アドルノの見解を至極もっともであるという風潮がはびこっていることは首肯できる。例えば、多くの人がベイ・シティ・ローラーズ（筆者もよく聴くバンドだ）は、どう考えても、ヨハネス・ブラームスと肩を並べることは難しいと思うだろう。「青春に捧げるメロディー」は「子守歌」に勝ることはないと思う。

ただ、筆者はロックもシャンソンもクラシックも愛聴していて、ジャンルに甲乙をつける習性は、ほとんどと言ってない。「子守歌」がより優れると思うのは、フラットに両曲の比較から感じることであって、ジャンルの優劣からくる単細胞的な裁断ではない。気分によって、クラシックに浸りたい時とロックを大音量でかけたい時があるだけである。人知れず内向してロマンチックな世界に浮遊したい時は、長大曲の多いプログレッシヴ・ロックですら想念をかき乱すので相応しくなく、クラシックにしくものはない。外向的に気持ちを鼓舞したり、声高に何かを主張したりといった気分の時は、シューマンの「幻想曲」のようなCDには手を伸ばさず、ハード・ロックなどをかけるというだけのことだ。誰しも思い当たる節のある行動ではないだろうか。本来、序列化することはあまりにも矮小な権威主義と言わざるを得まい。

一般論に戻ろう。

にもかかわらず、1960年代、70年代は、2023年の現代にあっては信じられないくらい、音楽の階級が歴然とあった。

ヴォーカルが入る洋楽ものを中心に考えると、①オペラ、ドイツリート ②シャンソン ③ジャズヴォーカル曲 ④フランク・シナトラなどのポピュラー曲やミュージカル曲、フレンチポップス、カンツォーネなど ⑤ロック、ポップス——というのがおおよその順序だったように思う。好むと好まざるとにかかわらず、こうした序列化がなされていた時代であった。

ビートルズが60年代にドイツで公演した時のインタビュー映像を見たことがある。そこでポール・マッカートニーが激高している場面があった。ポールたちは、ドイツでは一般的なメルセデスベンツのタクシーに乗った。運転手が楽譜を見ていたので「何の曲か」と尋ねたところ、運転手は「君たちには分からないよ。何しろモーツァルトだから」とビートルズを見下したように鼻先で笑ったのだそうだ。

映像でポールは珍しく怒気を含んで「今のモーツァルトは僕たちなんだ、ビートルズが現代のモーツァルトなんだ」というような内容を熱弁している。ジョン・レノンとポール・マッカートニーは純粋に、よい音楽作りに励んだ。デビューから前期、後期と移るに従い、アンダーグラウンド・シーンのサイケデリック・ムーブメントの洗礼を同じく受けながらも、文学・哲学性を増し、前衛的芸術性に傾いたジョンと、ポピュラーとロックの大衆的な音楽性を指向したポールは、袂を分かつことになる。が、この方向性の異なる両者の才能がぶつかる接点にビートルズの名曲が出来した側面もある。モーツァルトとの比較はさておき、ポールの自負も理解できる。

それはともかく、アドルノの言説をまたずとも、ポップスやロックは、クラシック音楽、オペラやリートなどの声楽から見れば、技術的・理論的な裏打ちのないチープな音楽という刻印を押されていたし、狭隘《きょうあい》な考え方ではあるが、受容する聴衆たちもおおむね、そういった意識を共有していた。

芸のマジック

ところが、正規の声楽教育や音楽教育から遠く、半ば下等視されたところに、ロックが革命的に浮上する契機があると考えられる。ことに、伸るか反るかの命運を握っているのは、フロントマンとしての主に男性のロックヴォーカリストに他ならない。

ロックヴォーカリストが世界を震撼させる高みに達する条件とは何か。オペラのテノールの名唱のように、聴衆を忘我の領域に引き込む道筋があるとすれば、ロックにとってそれは何か。それは、密度の濃い高音のほとばしりだ。卓絶したロックヴォーカリストは高音を出せないといけないのだ。しかも、声楽教育とは無縁の独自の発声法による高音である。シャウトも含め、上昇幅が広く、どこか極限に挑戦して無理に出していく高音ほどスリリングであり、これが上流階級の高雅な風趣の対極にあって、ある時、上流階級をもひれ伏させる「芸のマジック」に昇華するのである。声についていえば上昇幅の広い我流の高音が、声の社会的な位置についていえば下剋上的に下級の声が、上級の声やその享受者をも革命的に震駭させる。異なる位相の二重の上昇。そう、ロックはある瞬間、クラシックと伍する、あるいはそれ以上の感動をもたらす場合がある。人々の理性の永久凍土に眠るチャタレー夫人的因子を覚醒させ、繁茂させることすらあるのだ。

確かに、卓絶したロックヴォーカリストであろうとも、モーツァルトの「魔笛」に登場するコロラトゥーラ多用の夜の女王のアリアのような技巧はないかもしれない。ソプラノ歌手エディタ・グルベローヴァ（１９４６～２０２１）やバーバラ・ボニー（１９５６～）の清浄で可憐な鈴を揺らしたような声による技巧や、ヒルデガルト・フォン・ビンゲンの宗教曲やパーセルの歌劇で聴かせるソプラノ声楽家エマ・カークビー（１９４９～）の透徹した白い輝きはないかもしれない。テノールのペーター・シュライアー（１９３５～２０１９）によるシューマンのリート集やバッハの受難曲のエヴァンゲリスト・パートの明晰な朗唱、さらにはバリトンのディートリヒ・フィッシャー＝ディースカウ（１９２５～２０１２）が聴かせるシューベルトのリート集での深淵と豊饒の響きはかなり遠い世界かもしれない。

しかし、卓絶したロックヴォーカリストには、クラシック系の声楽家では発し得ない希世の破壊音が確固としてある。頭声群の織りなす天上のポリフォニー声楽やベルカント唱法による理想的な音色や和声とは異なり、多種多様、雑種雑多な突出した音色なのだ。唯一無二の声質である。クラシック系の声楽家では、到達し得ない荒ぶる限界ぎりぎりの表現がある。血肉の叫びがある。

我流の発声に伴う唯一無二の個性について言えば、日本の歌謡曲にもそういうところがあって、森進一（１９４７～）の歌は例えば「おふくろさんよ」という冒頭のわずかなフレーズだけで、聴く者に「森進一だ」と認識させ、同定させる。おまけに、泣き出しそうになるような顔の表情まで思い出させるだろう。この「一声一発」の瞬間的認識を成立させる個性の発揮こそ、ポピュラー音楽の極意の1つである。シャンソンでもエディット・ピアフ（1915～63）はそうである。ポップスでも、バーブラ・ストライサンド（1942～）の声は特権的で排他的で素晴らしく、ケイト・ブッシュ（1958～）の声はすでに演劇的でしかも黒曜石の輝きのように神秘的で、即断は容易だ。

オペラの場合は、やや例外的に、マリア・カラス（1923～77）の癇性すらまとう悲劇的なソプラノ音は容易に認識できるが、一般的に瞬間捕捉は難しいものだ。個性については、我流の発声法が導くものであり、卓絶したロックヴォーカリストの観点から言えば、重要だが付随的であることを繰り返し述べておこう。

ヴォーカリストの音域

少し話は逸れるが、そもそも、男女の歌手に求められるおおむねの音域は具体的にどうなっているのだろうか。

『音楽大事典』（平凡社刊）の「声区」の項目で、各声部の音域（低～高）を見ると、基本的に、ソプラノはB3～B5、メゾソプラノはG3～G5、アルトはE3～E5、テノールはB2～B4、バリトンはG2～G4、バスはE2～E4となっている（CDEFGAB＝ドレミファソ

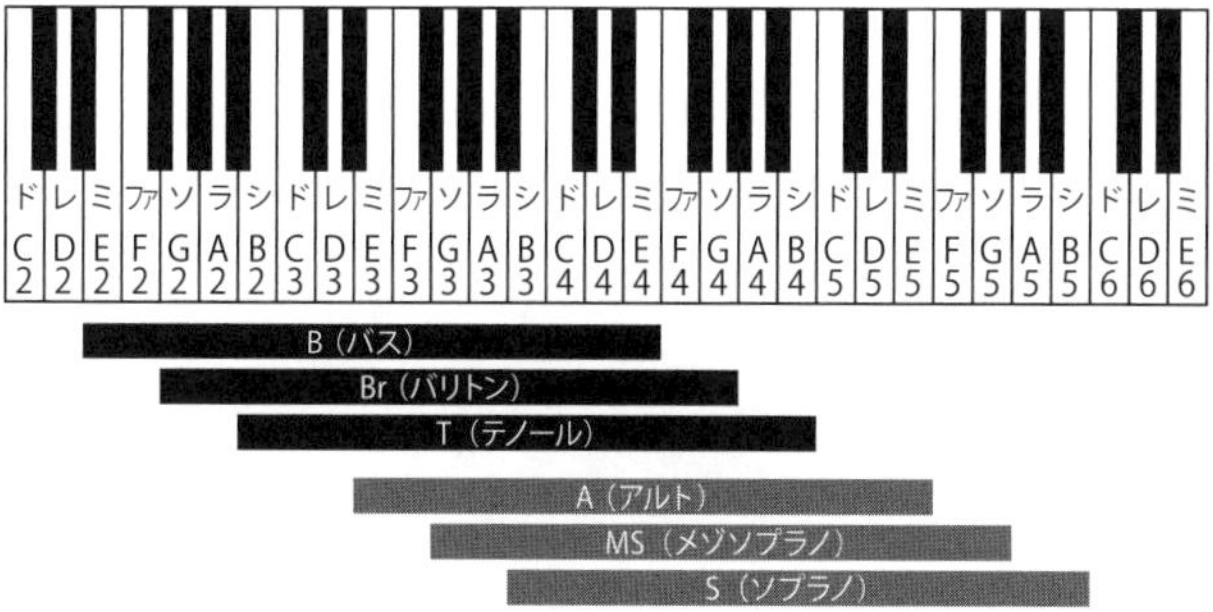

各声部の音域（平凡社『音楽大事典』より作成）。フレディはテノールの通常の音域よりも高い「ハイC（C５）」以上を出していたことがわかる

ラシ）。上の「ド」（C５）を中心に据えて関連する声部について言えば、ソプラノはほぼ一オクターブ下の「シ」（B３）から、上の「ド」（C５）を通り、ほぼ一オクターブ上の「シ」（B５）に達する。テノールはほぼ２オクターブ下の「シ」（B２）から、上の「ド」（C５）一歩手前の「シ」（B４）に到達する（表を参照されたい）。

ただ、右記の「声区」はあくまで原則だ。この事典も、ソプラノやボーイ・ソプラノには、D６〜C７に達する場合や、それ以上に高いE７〜G７のケースもあると指摘する。通常、オペラのテノールは「ハイC（C５）」、つまり上の「ド」（C５）を最高音に設定することが多い。筆者が卓絶したロックヴォーカリストの条件に挙げたのは「地声ハイC（C５）以上」。上の「ド」（C５）は、その下限に当たる。

よく知られているジャコモ・プッチーニのオペラ「トゥーランドット」中のアリア「誰も寝てはならぬ」は「シ」（B４）が最高音で、テノール歌手は普通に歌いこなす。しかしながら、ガエターノ・ドニゼッティのオペラ「連隊の娘」のアリア「やあ、みなさん、いい日ですね」には「ハイC（C5）」が9回も連続的に頻出し、至難の業とされる。「キング・オブ・ハイC」と称えられたルチアーノ・パヴァロッティ（1935〜2007）や近年最高のテノールと筆者が思うファン・ディエゴ・フローレス（1973〜）は、この難曲をなんなく歌い切る。特にフローレスの「ハイC（C5）」の響きはまろやかな輝きを湛えている。

ファルセット歌唱を採用するカウンターテナーは、主に女声のアルト域を歌う。ソプラニスタは地の声でさらに高音域を歌うとされる。18世紀、バロック時代のヘンデルからモーツァルト、ロッシーニぐらいまでの時代には、変声期前の美声の少年を去勢した歌手カストラートがオペラ界で猖獗《しょうけつ》を極めた。去勢行為は非人道的だったとはいえ、成人男性の豊かな肺活量で発声された、男女の境界線を揺らがせ、人智を超越した妖しくすさまじいソプラノの、眩暈を起こさせるような魅力はいかばかりであっただろうか。

カストラートは、フランスを除く欧州、とりわけイタリアやイギリスなどで圧倒的な支持を受けた。フランスではバロック・オペラは早くからフランス語によるテキストを導入し、「抒情悲劇」として作曲されることが増え、演劇の一ジャンル的な位置づけだった。つまり音楽に淫する態度を排除し、言葉や作品の文学性が優先されたのである。フランスではカストラートを受け入れない傾向が強く、女性の歌い手を使った。それでも欧州音楽界の当時を鳥瞰すれば、明らかにカストラートは破竹の勢いを示していた。バロックの語源である「歪んだ真珠」「いびつな真珠」の真髄を体現していた。建築的な秩序を持つ整ったバッハの楽曲にも、内部に劇的衝突はある。しかし、一般に流布するバッハの均衡美のイメージはむしろバロックの例外であり、カストラートこそバロックの華であったと考えられる。

このバロックの人工花カストラートは、女声のメゾソプラノからソプラノ音域を歌った。モーツァルトのイタリア語によるオペラ・セリア「イドメネオ」のクレタの王子イダマンテは男性の役にもかかわらず、メゾソプラノが歌うケースが見られる。これは、作曲した当時はカストラートが歌っていたことの証跡なのである。

カストラート、あるいはソプラニスタの音域と比べ、ロックヴォーカリストはどうなのだろうか。ソプラノ音域ゆえに、さすがに男性のロックヴォーカリストが地声でこれらに対抗するのは難しいだろう。しかし、テノールの「ハイC」（C５）は、凌駕する。クラシック系ヴォーカルの状況から言って、卓絶したロックヴォーカリストは音高の点でテノール歌手に勝るのである。

卓絶しているか否かを分けるのは、わずか２、３音のレベルの話なのだが、「地声ハイC（C５）」周辺の高音域で１音、いや半音を上げて歌うことはそれほど容易ではない。男性読者なら、ためしにピアノの音に合わせて発声してみると得心がいくのではないか。それではロックヴォーカリストたちの高音合戦について話を進めよう。

E5 ミ	F5 ファ	F5# ファ#	G5 ソ	表示音を含む曲名
◎		◎	○	天国への階段(E5), ブラック•ドッグ(E5), コミュニケイション•ブレイクダウン(F5#, G5)
◎				燃える朝やけ(D5), 危機(D5), 究極(E5)
				キル•ザ•キング
◎				スティル•オブ•ザ•ナイト(D5, E5), レイ•ダウン、ステイ•ダウン(E5)
				オー！ ダーリン
◎	△			ラヴ•ハーツ(E5〜 F5)
	○			エキサイター
◎	○			シンス•ユー•ビーン•ゴーン(E5), オール•ナイト•ロング(F5)
◎				誇り高き戦い
				ダーティー•ダイアナ
◎				アイム•イン•ラヴ•ウィズ•マイ•カー
◎				ショウ•マスト•ゴー•オン(live)
◎	○			イニュエンドウ(D5#), 地獄へ道づれ(E5), 神々の民(F5)

E5 ミ	F5 ファ	F5# ファ#	G5 ソ	最高音を含む曲名
				シリコン•グロウン
				血まみれの安息日
○				クレイジー
◎			△	ピース•オブ•マインド(E5), 宇宙の彼方に(E5, G5)
◎				オン•ザ•ロックス
◎				ジューク•ボックス•ヒーロー
				バックステージ•クイーン
◎				夜間飛行
				エヴリタイム•アイ•シンク•オブ•ユー
◎				地獄のハイウェイ
		○		ロクサーヌ(D5), ソー•ロンリー(F5#)
				ロジカル•ソング
				ホールド•ザ•ライン
◎	◎			セパレイト•ウェイズ(E5), キープ•オン•ランニン(F5)
△				フォトグラフ
	△			ユー•クッド•ビー•マイン
				リヴィン•オン•ア•プレイヤー
	◎		○	ホエン•ザ•カーテン•フォールズ(F5, G5)

男性ヴォーカリストの地声高音比較表

◎＝確実に地声で出している音
○＝辛うじて地声と聴き取れる音、辛うじて地声で届いている音
△＝デスヴォイスなどとも認定でき不確かな音

				C5 ド	C5# ド#	D5 レ	D5# レ#
ロバート•プラント	1948〜	英	レッド•ツェッペリン				
ジョン•アンダーソン	1944〜	英	イエス			◎	
ロニー•ジェイムス•ディオ	1942〜2010	英	レインボーなど			◎	
デイヴィッド•カヴァデール	1951〜	英	ホワイトスネイクなど			◎	
ポール•マッカートニー	1942〜	英	ビートルズ			◎	
ダン•マッカファーティー	1946〜2022	英	ナザレス				
ロブ•ハルフォード	1951〜	英	ジューダス•プリースト				
グラハム•ボネット	1947〜	英	レインボー				
ブルース•ディッキンソン	1958〜	英	アイアン•メイデン				
マイケル•ジャクソン	1958〜2009	米				◎	
ロジャー•テイラー	1949〜	英	クイーン				
アダム•ランバート	1982〜	米					
フレディ•マーキュリー	1946〜1991	英	クイーン				◎

以下は本文で触れていないヴォーカリスト

				C5 ド	C5# ド#	D5 レ	D5# レ#
ロッド•スチュワート	1945〜	英	フェイセズ		◎		
オジー•オズボーン	1948〜	英	ブラック•サバス			◎	
スティーヴン•タイラー	1948〜	米	エアロスミス			◎	
ブラッド•デルプ	1951〜	米	ボストン				
フランク•ディミノ	1951〜	米	エンジェル				
ルー•グラム	1950〜	米英	フォリナー				
クラウス•マイネ	1948〜	独	スコーピオンズ				◎
ゲディー•リー	1953〜	加	ラッシュ				
ジョン•ウェイト	1955〜	英	ベイビーズ			◎	
ボン•スコット	1946〜1980	豪	AC/DC				
スティング	1951〜	英	ポリス			◎	
ロジャー•ホジソン	1950〜	英	スーパートランプ				◎
ボビー•キンボール	1947〜	米	TOTO		◎		
スティーヴ•ペリー	1949〜	米	ジャーニー				
ジョー•エリオット	1959〜	英	デフ•レパード			◎	
アクセル•ローズ	1962〜	米	ガンズ•アンド•ローゼズ				
ジョン•ボン•ジョヴィ	1962〜	米	ボン•ジョヴィ				◎
ジョシュ•キスカ	1996〜	米	グレタ•ヴァン•フリート				

ロックヴォーカリストたちの高音合戦

1960年代後半から70年代、いかに多くの個性の星がきらめいたことだろうか。彼らのうち何人かは「地声ハイC（C5）以上」の高音で時代を切り拓いていった。フレディは、どんな面々と競ってきたのか。彼らライバルと比較することで、フレディの位置づけも自ずと明らかになるかもしれない。なお、ここでは地声による高音を点検しながら、場合によって彼らが出すファルセット、デスヴォイスの安定的な超高音についても触れていく。「地声ハイC（C5）以上」と再三述べてきたが、以下の記述では「地声ハイC（C5）」を、上の「ド」（C5）という風に表記する。音の高さは、実際に曲を聴きながら、電子ピアノで確認した。

ロバート・プラント

王座に燦然と輝くのがハード・ロックの雄レッド・ツェッペリンの、威厳を帯び、壮麗なギリシャ彫刻のようなロバート・プラント（1948〜）だ。

プラントの歌声は高音域が鋭く突き抜け、驚異的な破壊力を備える。破壊王だ。筆者がたまげたのは、リアルタイムではなかったが、69年の『レッド・ツェッペリンI』の「コミュニケイション・ブレイクダウン」と、69年の『レッド・ツェッペリンII』の「胸いっぱいの愛を」だった。続けて71年の「無題」とも称されるアルバム『レッド・ツェッペリンIV』の「ブラック・ドッグ」から始まる全部の曲だった。

「コミュニケイション・ブレイクダウン」は空中を旋回する空爆機のようなギターリフが持続する中で、プラントの麗しい雄たけびのような声が疾駆する。上の「ミ」（E5）を何回も出しつつ、後半のジミー・ペイジの激しいギターソロに入った後に衝撃が訪れる。「communication」と歌うプラントの声に割り込んでキューイーンとペイジのギターが音をせり上げながら絡んだ後、プラントが「drive me insane」と声をずり伸ばし、あとはうめき声になるところは実にしびれる。ここは裏も交じっているのかどうか不明だが、上の「ファ♯」（F5♯）まで出ている。この曲では結局、上の「ソ」（G5）という超常的な音を地声然として聴かせる。

3枚目に収録された「貴方を愛しつづけて」の絶叫も上の「ファ」（F5）まで絞り繰り出し、無二の歌声であろう。「ブラック・ドッグ」では上の「ミ」（E5）がさく裂。名曲「天国への階段」での最後のシャウトでは「There walks a lady」の「lady」で上の「ミ」（E5）まで出す。「ジ・オーシャン」でも上の「ファ」（F5）を絞り出す。CD『コンプリートBBC』の音源は、69年と71年の驚異の声を集めて聴きごたえ抜群だ。美丈夫の外見は、日本の少女漫画でも登場人物のモデルになった。

ジョン・アンダーソン

プログレッシヴ・ロックの貴公子、イエスのジョン・アンダーソン（1944〜）はまるで真っ直ぐな少年の声の持ち主だ。高音域は安定してクリアに澄み渡ってゆく。天使だ。

最初に衝撃を受けたのはリアルタイムで聴いた1977年の『究極』の1曲目「究極」と「世紀の曲り角」「悟りの境地」。やすやすと上の「ド」（C5）以上を繰り出す。むしろファルセットが出しにくいのだろう。「究極」の冒頭「Get the idea」の「Get」などで何度も軽々と上の「ミ」（E5）に達する。「世紀の曲り角」の古えの物語の語り部のようなハイトーンヴォイス。上の「ド」（C5）以上になると、透明度が極まり、それより下の音になると、すりガラスかレースの生地のような感触だ。「悟りの境地」でアンダーソンが描く、目覚めの光がもたらす大自然の壮大な光景とその音楽の構築性。さかのぼって聴いた71年の傑作『こわれもの』の「燃える朝やけ」で上の「レ」（D5）まで出して微動だにしないリリカルな高音の妙技にも感服した。

72年のアルバム『危機』の18分強の同名曲でも、78年のアルバム『トーマト』収録曲の「A. 輝く明日 B. 歓喜」でも上の「レ」（D5）を透き通らせ、「自由の解放」では上の「ミ」（E5）を手もなく聴かせる。この人は、上の「ド」（C5）以上での滞留時間が大変に長いのである。アンダーソンは、ライヴでも安定的で、イエスはレコード音源の再現性が極めて高いライヴを展開する。

多士済々のロックヴォーカリストたち

ロニー・ジェイムス・ディオ（1942～2010）は、粘着性のある悪魔的な伸びやかな声で、華麗なギタリストのリッチー・ブラックモアが率いるレインボーの曲を咆哮とともにドラマチックに歌い上げた。のちにブラック・サバスに移籍するが、ここでもトニー・アイオミの重厚、ダークなギターと組んで朗々と歌った。

豊かな声量はフレディに通じるが、徹底的にシリアスで、フレディの持つコケティッシュな色合いは持ち合わせなかった。75年の『銀嶺の覇者』の同名曲、78年の『バビロンの城門』に収録された「ロング・リヴ・ロックンロール」、そして「キル・ザ・キング」はいずれも軽々と上の「レ」（D5）の音を連発し、圧巻である。

デイヴィッド・カヴァデール（1951～）は、なんといっても74年のディープ・パープルの『紫の炎』収録の同名曲の、鋼のような重厚な歌唱に長所が詰まっている。上の「レ」（D5）を出す。「レイ・ダウン、ステイ・ダウン」などでは上の「ミ」（E5）に達する。美貌のヴォーカリストでもある。いまだリッチーがディープ・パープルを率いていた時代だった。

次のバンド、ホワイトスネイクとして87年、アルバム『白蛇の紋章～サーペンス・アルバス』で全米2位を記録する。ここから「イズ・ディス・ラヴ」（全米2位）、「ヒア・アイ・ゴー・アゲイン」（全米1位）をヒットさせるが、この80年代ポップバラード的な歌い回しよりも、レッド・ツェッペリンの影響がかなり強い「スティル・オブ・ザ・ナイト」は実は目覚ましく、上の「レ」（D5）、さらに地声とはやや判然としないが、上の「ミ」（E5）の勝負に出ている。

「ヒア・アイ・ゴー・アゲイン」ではファルセットで上の「ファ♯」（F5♯）を張り上げている。カヴァデールは上昇幅の広いヴォーカリストで、地声の高音は密度が濃い。

元ビートルズのポール・マッカートニー（1942〜）も名うてのヴォーカリストである。歌い回しの色合いは曲調・テクスチュアに応じて多種に及び、声自体の色も実に多彩である。荒げるシャウト、ロカビリー風の声、ヴォードヴィル調の歌い方、バラードで聴かせるフルートのような真っ直ぐな声……。「オー！ダーリン」の最後のシャウトで上の「レ」（D5）まで出す。「アイヴ・ガッタ・フィーリング」は上の「ド♯」（C5♯）。「ヘルター・スケルター」も上の「ド♯」（C5♯）、ファルセットか判別のつきにくいシャウトでは上の「ソ」（G5）を出す。ビートルズ解散後の73年のシングル「007　死ぬのは奴らだ」では、上の「ド」（C5）で長々とシャウトする。

オペラ歌手との共演は難しいだろうが、ポールもフレディ同様、多くのジャンルの曲を歌いこなす。

日本で3大ハード・ロック・バンドと言えば、レッド・ツェッペリン、ディープ・パープル、ブラック・サバスと言われ、それに1つ加える場合に名挙げされるのが、ナザレスだ。ヴォーカリストのダン・マッカファーティー（1946〜2022）は極めて特殊なガラガラ蛇のような声である。アクセル・ローズにも通じる。

76年に全米8位になったエヴァリー・ブラザーズのカバー曲「ラヴ・ハーツ」では驚異の上の「ファ」（F5）と「ミ」（E5）の間ぐらいを出す。「バッド・バッド・ボーイ」では上の「ミ」（E5）の塊をシャウトする。「ディス・フライト・トゥナイト」は上の「レ」（D5）を連発。デスヴォイス交じりの感覚もあり、上の「ファ」（F5）は純な地声かやや判然としにくい。

幾多の曲折を経て、世界に浸透していった英ヘヴィメタルバンド、ジューダス・プリーストのロブ・ハルフォード（1951〜）は、1978年の『ステンド・グラス』収録の「エキサイター」で地声で上の「ファ」（F5）を出し、裏か地声か不分明だが、上の「ソ」（G5）まで出す。年々、ならず者的にゴシックマッチョの度合いを強めるが、70年代後半は、ほっそりとした王子然とした姿で繊細に「エキサイター」を歌っていた。

グラハム・ボネット（1947〜）は、リッチーがスカウトしてきたレインボーのヴォーカリストとしては異色の存在だ。メロディアスな旋律をマッチョ気味に歌う。「オール・ナイト・ロング」では上の「レ」（D5）、かするように上の「ファ」（F5）を、「シンス・ユー・ビーン・ゴーン」では、上の「ミ」（E5）、「ド♯」（C5♯）あたりを出す。

ヘヴィメタルのアイアン・メイデンのブルース・ディッキンソン（1958〜）も広い声域を誇り、安定したシャウトの持ち主である。ヘヴィメタル勢の中では高音が際立つ。「誇り高き戦い」では上の「ミ」（E5）を聴かせる。

ロジャー・テイラーとブライアン・メイの声

フレディの非常に身近な存在だったクイーンのドラマー、ロジャー・テイラー（1949〜）も実は、すさまじい声を持っている。

話し声自体は高音のハスキーヴォイスなので、上昇幅の凄みはあまりないが、ロックのシャウトには相応しい声である。70年代は作る曲も真正面のロックが多く、尖鋭的なパンクのにおいも兼ね備える。「アイム・イン・ラヴ・ウィズ・マイ・カー」では、上の「ミ」（E5）をライヴでも出す。70年代後半までは、フレディよりも高音を出していた。ファルセットでもその金属音が破壊力を持つ。シンセサイザーを使わなかった時期には、多大な効果をもたらした。「神々の業」では狂声に近い金属音的ハイトーンヴォイスで上の「ラ」（A5）、「ボヘミアン・ラプソディ」では上の「ラ♯」（A5♯）と、尋常ならざる音に達している。フレディはロジャーのヴォーカルに刺激を受けたに違いない。『ザ・ゲーム』収録のロジャーの曲「ロック・イット」では、冒頭、フレディが歌い、上の「ド♯」（C5♯）を出す。同じ高さでも、ロジャーとは趣を異にし、やはりフレディの声は驚愕に価する。フレディは地声の高音を後年になるにつれ、さらに高めていく。身近なロジャーに触発された面もあるだろう。同じくドラマーでヴォーカリストでもあるジェネシスのフィル・コリンズやイーグルスのドン・ヘンリーに負けずとも劣らぬヴォーカリストであると言える。ライヴでは、高音部でフレディを常に助けていた。

クイーンでは、ブライアンもやや高めで哀愁を帯び、真っ直ぐでフォーキーな声で歌う。４人とも作詞・作曲の能力が高く、ジョンはバック以外では歌わないが、他の３人が全く別トーンで歌い、それぞれが楽器の演奏能力も高い。こういうバンドは、ほかにあるとすれば、おそらくビートルズくらいではなかろうか。

ポップスのライバルたち

ロックの領域というよりもポップスの領域が主軸と言えるシンガーにも、フレディのライバルは大勢いた。

20世紀のスーパースター、マイケル・ジャクソン（１９５８〜２００９）は基本的にはロックではないものの、歌はうまく、声も高かった。話し声の高いタイプで、上昇幅の広い、岩石にひびをもたらすようなロックの叫びはなかった。しかし、例えば「バッド」ではシャウトを繰り出し、上の「ド♯」（Ｃ５♯）、「ダーティー・ダイアナ」では上の「レ」（Ｄ５）を出している。

目下クイーンとタッグを組むシンガー、アダム・ランバート（１９８２〜）はかなりの高音域まで声が届く。「ショウ・マスト・ゴー・オン」についていえば、フレディの音源では最高音は上の「レ」（Ｄ５）だが、アダムは上の「ミ」（Ｅ５）を交える。全般的に豊かな声量で、

D5、E5のフェイクを入れる。高音はフレディと比べ、ほぼ互角である。クイーンの曲を歌うのに、アダムには余裕すら垣間見える。だからこそ、クイーンと組んだ時にでも楽曲の再現性が高く、座がしらけるような違和感を生じさせない。

しかし、主観的な論評だが、フレディの声にあって、アダムの声にないのは、品格と哀しみである。音高の差がほとんどなくても、これらの有無はヴォーカリストの質を決定的に左右する。

フレディの声の高さ

そして、フレディ・マーキュリーである。

70年代前・中期のフレディについて言えば、地声の高音はおおむね上の「ド」（C5）に落ち着いている。例えば、「フェアリー・フェラーの神技」「マーチ・オブ・ザ・ブラック・クイーン」「ボヘミアン・ラプソディ」「マイ・ベスト・フレンド」「愛にすべてを」などでは上の「ド」（C5）を出している。「スウィート・レディ」では、かすりつつ上の「レ」（D5）を聴かせる。

70年代後期、77年の「伝説のチャンピオン」の最高音は上の「ド」（C5）だが、77年録音のオリジナルアルバム未収録曲「フィーリングス・フィーリングス」で上の「レ」（D5）、78年の『ジャズ』収録の「デッド・オン・タイム」では上の「ド♯」（C5♯）を出している。

80年の『ザ・ゲーム』になると、「ロック・イット」でとどろくような上の「ド♯」（C5♯）、

「地獄へ道づれ」で上の「ミ」（Ｅ５）に達する。さらに上がっていくのである。フレディは80年代に入ると、スタジアム・アリーナ級のパフォーマーへと脱皮していく。その軌跡と歩調を合わせるように、地声の高音の頻度も高さも上がり、力強さも増してゆく。

82年の『ホット・スペース』では「ボディ・ランゲージ」は上の「ド♯」（Ｃ５♯）を連打、「ステイング・パワー」は上の「レ」（Ｄ５）を伸ばす。84年の『ザ・ワークス』の「ブレイク・フリー」「ハマー・トゥ・フォール」は上の「ド♯」（Ｃ５♯）で、70年代前・中期に比べ、半音高い声が常態化し、エネルギーの凝縮も進む。

86年の『カインド・オブ・マジック』の同名曲は上の「ド♯」（Ｃ５♯）、「リヴ・フォーエヴァー」は痛切に、「ギミ・ザ・プライズ」は限界に挑むがごとくに、「プリンシス・オブ・ザ・ユニヴァース」は吠えるように、「ONE VISION―ひとつだけの世界―」はすり上げて、さらに半音上げて上の「レ」（Ｄ５）を頻繁に出す。

89年の『ザ・ミラクル』では同名曲で、また「カショーギの船」であしらいの合の手で、上の「ド♯」（Ｃ５♯）を出す。シングルカットされた「アイ・ウォント・イット・オール」のＢ面の、オリジナルアルバムには未収録だった「ハング・オン・イン・ゼア」で上の「ミ」（Ｅ５）を出す。ただ、主旋律では「ブレイクスルー」「スキャンダル」で上の「ド」（Ｃ５）である。前作の劇熱が少し鎮静化したようでもある。

ところが、91年のアルバム『イニュエンドウ』で盛り返す。同名曲「イニュエンドウ」で上の「レ♯」（D5♯）、「ショウ・マスト・ゴー・オン」では上の「レ」（D5）と声を限りに高音に挑み、摑み切っている。筆者には強く押し出すファルセット音に聴こえ、明言できないが、アフリカの大地のにおいとゴスペル調も交じる野性的聖歌「神々の民」で上の「ファ」（F5）を測定するファンもいる。

ファルセットに至っては、超高音として確認できただけでも、早くも73年の「グレイト・キング・ラット」、81年の「アンダー・プレッシャー」、80年のサントラ盤『フラッシュ・ゴードン』の「ザ・キス」で上の「ラ」（A5）を、DVD「ライヴ・アット・ウェンブリー・スタジアム」では、即興のヴォカリーズで上の「ラ♯」（A5♯）を女声と聞き違えさせるかのような繊妙な声で披露する。このヴォカリーズは東洋的旋律で、どこかしら尺八の音色すら感じさせる。そして78年の「ドント・ストップ・ミー・ナウ」で1オクターブ上の「ド」（C6）、77年の『世界に捧ぐ』収録の「イッツ・レイト」では、さらにその上の「ミ」（E6）に達する。E6はソプラノの最上音域である。

プラント、アンダーソン、フレディの3者の中で高音の凄みを感じるのは、プラントとフレディだ。それは何度も主張している「上昇幅」の広狭と因果関係がある。アンダーソンはもとの話し声自体が高く、歌声はむしろ低音域が出ないタイプで、高音域に行くまでの上昇幅が狭い。プラントとフレディは上昇幅が広いため、注ぎ込まれた異様なエネルギーが高音にこもっているのである。

後年に高音域を円滑化させたフレディ

フレディについて、地声歌唱の音の高さを調べていくと、明らかに後期の方がたびたび高音を出している。にもかかわらず、前期の方が高いという印象があるのは、ひとえにフレディの秀麗なファルセット妙技のなせるわざだ。加えて、若いころの方が声は繊細であり、後年は太く力感を増幅させていくので、同じ音を出しても、前期の方が高い印象になることも考えられるだろう。

しかし、実際にアルバムを聴くと、明らかに後年になるにつれて、より太く強い高音がしばしば鳴り響いているのである。漸次、年々「凄み」は増幅していく。

ライヴ音源でも同様の印象になるだろう。ちなみに、ライヴで実際に出す上限は地声の上の「ド」（C５）であることが多いが、これも後年の方がスムーズで、かつ地声の上の「レ」（D５）を発していた。いずれにせよ、刻苦練磨のたまもので驚嘆させられる現象と言えるだろう。

ファルセット歌唱にしても、地声で届かない音域をファルセットにするという「逃げ」ではなく、フレディの場合は、一個の独立した境地やアトモスフィアを表情豊かに描出する「妖声楽器」なのだ。

それにしても、年を追うごとに地声で出す音域を広げているのは稀有な現象である。フレディにはデビュー当時は先を行くロックヴォーカルのライバルが多数いたが、数年の間に肩を並べ、10年がたつうちに、おそらくライバルはロバート・プラントやジョン・アンダーソンらわずかなロックヴォーカリストのみとなった。

アンダーソンはニューエイジの音楽に向かったこともあって、ロバート・プラントとの一騎打ちになるが、プラントはすでに1970年代後半にはライヴで超絶高音を出さないスタイルになっていた。69年から数年間が激烈無敵のロックヴォーカリストだったのではないか。76年の『プレゼンス』のころになると、持続的な超高音の発声は減っている。逆に77年ごろ以降、徐々に地声の伸びを向上させていったフレディは、どこかの時点でプラントをしのぐ勢いを示したのではなかったか。

2016年にディープ・パープルとして来日したヴォーカル、イアン・ギラン（1945〜）に電話インタビューしたことがある。ギランは「チャイルド・イン・タイム」でかなり高い上の「ラ」（A5）をファルセットシャウトするが、地声はそれほど高くない。とはいえ、「スモーク・オン・ザ・ウォーター」「ハイウェイ・スター」を歌った敬愛すべきヴォーカリストである。ギランはこんなことを言っていた。

「50代の初めになって、ようやく自分の声に満足できた。中音域の高めのトーン、響きをずっと探してきたのだけれど、ようやくそれが見つかったわけです。若いころ出しにくかった音がスムーズに出るようになった」

歌唱方法を磨き込むことで、発声の自由を得るケースがあることを示唆している。出にくかった音域が年を経て円滑になっていくことはあるわけだ。ただ、これは中音域の話で、一般的には、ロバート・プラントもそうだが、若いころに比べ、後年は地声の高音発声が困難になっていく傾向が強い。

デイヴィッド・カヴァデールは、ポリープ手術を経るという特殊事情があったが、後年の方が地声の高音を滑らかに出せるようになった。フレディもそうである。徐々に高音域の自由を手にするケースはまず稀と言っていいだろう。

以上見てきたように、卓絶したロックヴォーカリストは、社会の序列として下位にありながら、その独自の発声法、つまり往々にしてギザついた我流の発声法で「地声ハイC（C5）以上」を絞り出すことで、他のジャンルの歌い手、ヴォーカリストをしのぎ、燦然たる存在となる。その時、上昇幅が広ければ、破綻のスリルや声の密度の濃さを感じさせ、なおさら凄みを発揮する。「二重の上昇」は革命的な意味合いを帯びる。一声で観衆をひれ伏させるだろう。フレディ・マーキュリーも、そんな1人であった。

当時、彼が置かれたロック界には、今紹介してきたように錚々たる卓絶したロックヴォーカリストたちが輻輳《ふくそう》しており、「薔薇のベッド、プレジャーなクルーズもなく」（「伝説のチャンピオン」より）、ひと時も休まることなく、熾烈な競争が続いていたのである。

第5章　仮声帯の戦慄

――「凄さ」の解体新書①　声そのもの

1970、80年代、英米では数々の卓絶したロックヴォーカリストの群像が走り去っていった。出色の我流の発声法で、それを個性とし、破綻すれすれのスリルも振り切って「地声ハイC（C5）以上」の高音に上昇してゆく卓絶したロックヴォーカリストたち。フレディも、そんな痛切なアイコンだった。この章からは、第3章で前もって指摘した項目に沿って、フレディ・マーキュリーの「凄さ」を詳らかに描いていく。

項目とはすなわち次の5点である。

①声そのもの
②ヴォーカリスト（歌い回し）
③作詞・作曲家
④パフォーマー
⑤存在（人生への立ち向かい方）

フレディ・マーキュリーの「解体新書」とも言うべき記述になるわけで、声そのものを注視するところから始めよう。

フレディの声質

まず、フレディの声そのもの、声質を、どう形容するべきであろうか。

「地獄へ道づれ」で地声の上の「ミ」（E5）、「ショウ・マスト・ゴー・オン」で地声の上の「レ」（D5）の絶唱音を出す。「愛という名の欲望」では、喉に含んで響かせるロカビリー風の声を出す。ざらついたガラガラ感が皮膚に突き刺さってくる「タイ・ユア・マザー・ダウン」、それが雷鳴のように高音域で唸り続ける過剰な「ギミ・ザ・プライズ」。かと思えば「ラヴ・オブ・マイ・ライフ」では、ファルセットを交えながら、美しくゆかしい声が流露する。「テイク・マイ・ブレス・アウェイ」では、歌声は脆くはかなげに、と揺りこう揺りする。先にも述べたが、DVD「ライヴ・アット・ウェンブリー・スタジアム」では、不思議なヴォカリーズからドゥーワップかビバップかに発展する即興コーナーで、密度の濃いファルセット歌唱で上の「ラ♯」（A5♯）を奏でる。

声質の表現か、声質の効果の表現かそれらが混交した形でなければ、複雑なニュアンスが豊かなフレディの声はなかなか描きにくい。

声質自体で言えば非常に特徴的なのが「鋭さ」「艶やかさ」「荒さ」「脆さ」「深さ」「輝かしさ」で、結果、「美しさ」につながる。これらが直接表出したり重なり合ったりして、主にバラードを歌う時の「滑らかに和らいだ麗音」、主にロックを歌う時の「がなり」が発出される。

効果として、聴くたびに夥しいイメージが浮かび、無尽蔵の比喩を喚起させる。ガラス細工のような脆さ、声帯が細かく振動するヴィブラートの妙味によるはかなさ、切なさそのものと感じさせる声。ため息の交じった両性具有のささやき、悲哀の滴のような湿声。こくと潤みのある恍惚感、夢見がちな陶酔感を運んでくる声。悪魔的ながなりの呪文の唱え、麗しい朗々としたシルクのような声、なめしを重ねて照り返す滑らかな皮革の手触りのような声。グラデーションに彩られたベルベットの肌触りのような声、雲間から差し込む幾条もの光のように天に祝福された、そして衆生を祝福する声。ざわつき、ざらつき、がさつく唸り音に艶声が交じる世にも変わったタイガーの王者の雄たけび……。七色の声。このように、さまざまな形容につながるのである。

もう少し実際の曲に耳を傾け、具体例を挙げる。次章で取り上げるヴォーカリストとしての歌い回しと明確に切り離せない面もあるが、極力、声そのもの、声質に絞り、ピックアップする。

①「鋭さ」。どの曲にもある要素だが、典型は、語り物調のパートを持つハードロックナンバーである。74年の「フリック・オブ・ザ・リスト」、75年の「デス・オン・トゥ・レッグス」ではやや吐き捨てるような、突き刺さってくるような声が聴こえてくる。77年の「ゲット・ダウン・メイク・ラヴ」でも張り詰めた破裂音が点描される。後期でも健在で、91年の『イニュエンドウ』収録の「ヘッドロング」「ザ・ヒットマン」では高音域で刃物か弾丸のように閃く。「明瞭さ」「明晰さ」につながる要素である。

「高密度のファルセット」もフレディの特記すべき特徴だ。フレージングにも関連するが、ファルセットは「息が混じる／息が混じらない」「演劇的／音楽的」という大別もできる。

息が混じる場合は、「テイク・マイ・ブレス・アウェイ」で顕著に傾向が表れており、一般的に地声で発声できる領域の音高であることが多い。「脆さ」に分類できるかもしれない。混じらない場合は、それ以上の高音で「アンダー・プレッシャー」などで聴くことができる。これが「高密度のファルセット」を指し、「鋭さ」を示す。「愛にすべてを」「ボヘミアン・ラプソディ」の冒頭のコーラス・パートをはじめ、「谷間のゆり」「ドント・トライ・ソー・ハード」といった声の表裏を縫うように歌われるバラードなどでも活躍する。何度も例に引くが、DVD「ライヴ・アット・ウェンブリー・スタジアム」で聴かせる即興ヴォカリーズは、声は細まるが、よく撓る薄刃の剣のようだ。「エクササイズ・イン・フリー・ラヴ」も「鋭さ」がひしめいている。

そして、前者は演劇的なフレーズに寄与し、後者は音楽的なそれに用いられるのである。

②「艶やかさ」。芸術性の高い小バラードで頻繁に顔を出す。鼻濁音がかった艶めき声だ。鼻腔にわだかまった呼気が、恍惚として潤み、芳醇の響きに羽化してとろめき出す。74年の「ネヴァーモア」「谷間のゆり」「ディア・フレンズ」、75年の「ボヘミアン・ラプソディ」のバラード・パート、「ラヴ・オブ・マイ・ライフ」、76年の「テイク・マイ・ブレス・アウェイ」「手をとりあって」、77年の「マイ・メランコリー・ブルース」、78年の「ジェラシー」「ドリーマーズ・ボール」、80年の「プレイ・ザ・ゲーム」「セイヴ・ミー」などで聴取できる。

後期になると、この声質が主トーンになる曲は減ってきて、91年になって「ドント・トライ・ソー・ハード」「ビジュウ」で少し聴くことができ、フレディ死後の95年の「ヘヴン・フォー・エヴリワン」の一部で奏でられる。91年の『イニュエンドウ』がクイーンらしいサウンドへの原点回帰と言われたのも、70年代には盛んに奏でられた艶めいた歌声によるバラード系の曲が収録されたことと関係があるかもしれない。

③「荒さ」。これもフレディの特質と言える「ガラガラとした唸り」「がなり」の声である。「激しさ」「雄々しさ」とも言える。ロックナンバーで頻出し、「鋭さ」とセットになるケースが多い。73年の「ライアー」、74年の「オウガ・バトル」、76年の「タイ・ユア・マザー・ダウン」「愛にすべてを」、77年の「永遠の翼」、78年の「ドント・ストップ・ミー・ナウ」、89年の「アイ・ウォント・イット・オール」などで好例が出てくる。力感たっぷりに歌い上げるような曲には刻印されるのだ。仮声帯が不規則にバタバタと口腔の奥で立ち騒いでいる。周囲との摩擦を通過してくる擦り跡か煮凝りのような声が、曲をドラマチックに押し上げていく。「愛にすべてを」では、唸り音に艶のある声が交じる名唱を披露している。

特に後期になると、「がなり」「唸り」「がらみ」とも言うべき声が「地声ハイC（C5）以上」の高音域で畳みかけてくる。「凄み」の噴出だ。85年のソロ時代の「メイド・イン・ヘヴン」、86年の「ギミ・ザ・プライズ」「プリンシス・オブ・ザ・ユニヴァース」、91年の「ショウ・マスト・ゴー・オン」などに顕著だろう。火炎放射的な発声の中、瓦解のスリルと血肉の圧縮、破砕が声から滲み出してくるような「凄み」が、聴取者を揺さぶる。

④「脆さ」フレディの声そのものに胚胎する「細かいヴィブラート」を形容表現すると「脆さ」となる。ヴィブラートはフレージングに含めるべきだが、単体の顫音として、声自体に潜んでいるとの認識だ。「はかなさ」にも通じる。「荒さ」で指摘した仮声帯の機能と関連するかもしれない。「荒さ」「ガラガラとした唸り」が仮声帯の動的働きとすれば、こちらは微動的働きだ。

73年の「マイ・フェアリー・キング」、74年の「ネヴァーモア」「マーチ・オブ・ザ・ブラック・クイーン」「谷間のゆり」、75年の「ラヴ・オブ・マイ・ライフ」、76年の「テイク・マイ・ブレス・アウェイ」、80年代後半の「エクササイズ・イン・フリー・ラヴ」などで際立っている。

これはガラス細工のように脆くはかない声へと連繋する。だが、必ずしもささやく歌声だけに宿るものではない。「マイ・ベスト・フレンド」「永遠の翼」のように、張り上げた時にも、ヴィブラートが玉のように連なると、どこか統制不可能な領域に反れていってしまうかのような危うさが出てくる。何者かを恐れて、寄る辺なく頼りなく彷徨う気配がにじみ出てくる。「預言者の唄」などで聴かれる強靭でかつ脆いというアンビバレントな摩訶不思議な声も生まれる。

「細かいヴィブラート」には「鋭さ」や「荒さ」がミックスされることがほとんどで、後期で目立つが、音程は厳密で決して外れず、怒濤のような多重的な声が盤石に鳴り響くことになる。

こうなると、「荒さ」でも説明したように、後期の「ガラガラとした唸り」が凄みを帯びる態様に近接してくる。

なお、ため息交じりのファルセットも「脆さ」の範疇に入る。

⑤「深さ」。陳腐な表現だが、「温かさ」「豊かさ」「潤沢さ」にも通じる。フレディの声はひんやりしたクールなものではなく、熱量が豊かで体温が高い。リッチネスな暖流に包まれるかのようだ。84年の「悲しい世界」、85年のソロ収録の「生命の証」「明日なき愛」などの声は、フレディが素の状態で出した声のように思われる。

⑥「輝かしさ」。「ドント・ストップ・ミー・ナウ」の最後の「ラララ」のヴォカリーズに如実だ。『バルセロナ』収録の同名曲をはじめ、「フォールン・プリースト」「ゴールデン・ボーイ」「ガイド・ミー・ホーム」「ハウ・キャン・アイ・ゴー・オン」では、名ソプラノとの対決が彼の声の「輝かしさ」を一層引き立て、品格を感じさせる。

⑦「美しさ」。①〜⑥を総じて言って、美しい声である。文字通りである。ロックヴォーカリストの中では、真の意味で最も美しい。①〜⑥の要素の配分により、「妖しさ」「麗しさ」「哀しさ」にもつながっていく。

ロバート・プラント、ポール・マッカートニーらも音色が豊かである。彩りの幅はあまりないものの、シャンソンのエディット・ピアフもまた驚異的なヴィブラートのヒダを内包し、世界を押し広げてゆく無類の豊かな音色を持っている。中でもフレディやポールは、声の色合いをさまざまに変えて楽曲を歌いつつ、かつそれはまごうことなく峻厳にそびえ立つ個性の金字塔をなす。一声だけで、聴取者に誰の声か瞬間把捉させる力を有している。

七色の歌声

歌声といっても、各種の発声方法も絡んで、いろいろな種類に分けられるという。ヴォイスレッスンなどで使われるタームを総合すると、定義には揺れがあるものの、低音から高音にかけておおむね次のような種類がある。この種類分けは、成人男性の場合、要するに地声と裏声の区別を、さらに細分化した形になっている。

（1）「エッジヴォイス」。ヴォーカルフライとも言われ、唸り声のような極度な低音。
（2）「チェストヴォイス」。クラシックの胸声のことで、胸に響かせるような声。
（3）「ミドルヴォイス」。鼻腔などで共鳴させる中音域の声。
（4）「ファルセット」。息の漏れが混じる裏声。
（5）「ヘッドヴォイス」。クラシックの頭声のことで、息を漏らさず頭に響かせるような裏声。上に抜けてゆくような声。
（6）「ミックスヴォイス」。主にチェスト・ミドル・ヘッドを混ぜた声。表の声か裏の声かイメージしにくい。

（7）「ビトウィーン・ザ・アイブロウズ（眉間）・ヴォイス」。これは筆者の感覚的造語。「ヘッドヴォイス」の一種だが、頭上から抜けるような発声ではなく、鼻腔を経て眉間から押し出すような発声の裏声。前方に押し出されるような声。合唱団の主義主張はあるだろうが、ドイツ・イギリス系の少年合唱団は「ヘッドヴォイス」が多く、フランスなどの少年合唱団は「眉間ヴォイス」が多いのではないか。

（8）「デスヴォイス」。ファルセットを出す構えで呼気をかなり強く荒々しく押し出す裏声。

（9）「ホイッスルヴォイス」。まさにホイッスルと同じように聴こえる超高音の裏声。マライア・キャリーの超高音である。

フレディは（1）（8）（9）の歌唱は採らなかった。あえて当てはめるとすれば、（2）はアルバム『バルセロナ』で聴かせ、（3）は『ジャズ』収録の「ファット・ボトムド・ガールズ」など多くの曲で聴かせる。（4）は「テイク・マイ・ブレス・アウェイ」で、（5）は「愛にすべてを」のアカペラの高音へ急上昇するところで出す。（6）は判然としないが、「ラヴ・オブ・マイ・ライフ」は「ミックスヴォイス」だと言われればそうかもしれないという程度か。（7）は「ドント・トライ・ソー・ハード」で聴くことができる。フレディの超高音の裏声は頭声とも異なり、近似純音で、均質で鋭い声である。「イッツ・レイト」で出すE6の音は、男性版ホイッスルにも近づいている。

　こうしてみると、フレディは多くの声種に精通していることが分かる。独自の発声法で、声音が理想形となるように自らの肉体の器官と呼気・吸気をコントロールし、自在に操り、調整することができたのだ。ロック、ロカビリー、バラード、ソウル、ゴスペル、ミュージカル、ミュージックホール（またはヴォードヴィル）など、あまたのヴォーカルスタイルをものにできたのも、多岐にわたる声種への通暁ゆえだったのだろう。

　全くジャンルは異なるが、かつて大学時代、観世流の能楽師、観世栄夫《ひでお》（１９２７～２００７）の謡を間近で聴いた時、発される声が放射状に噴き出していて、大勢の人間が同時に声を出し、多種類の響きが同時に鳴っているかのような感覚になったことがある。金色や青や薄い赤、緑といった何種もの色の層も見えたような声だった。その人数は１００人も超えたであろう。能に登場するのは眉目秀麗な貴公子、紅顔の武士、子の行方を探し求める狂女、やんごとなき女人……。彼らはおおむね敗残の怨恨を抱き、溶けぬ思いの苦恨を抱え、彷徨える亡霊や生き霊である。能の主役は、その亡霊、幽体、生き霊なのだ。栄夫の声は、これらの集合体が個々の枝葉を延伸しながら、自然の呼吸の一流れとなっていた。根源の声の集積のようでもあり、地層の重なりのような声が歴史の彼方から、奈落の底から湧き上がってくるかのように思われた。

　フレディの声もまた、複数の人間の声のミクスチャーかと思わせる瞬間があり、夾雑物《きょうざつ》と透明感が同居しつつ、七色以上の虹の弧を描く。虹の彼方から見えてくるのは、すべては私的な想像上のイメージだが、例えば、アケメネス朝ペルシャが醸成した頽廃都市バビロンの官能世界であり、アレクサンドロス大王の遠征が結果としてもたらしたプトレマイオス朝エジプトのヘレニズム文化の香りなどである。

非整数次倍音と仮声帯の働き

人の声の3要素は「音量」「音高」「音色」といわれる。卓絶したロックヴォーカリストは「音高」が決め手であることは第4章で述べた。ただ、これがどんな「音量」か、どんな「音色」かによって、全く伝わり方が違う。ここに我流の発声法などによる個性も生じるわけだが、まずもって「音高」「音量」は聴き分けが容易だ。

フレディは「音高」に優れ、豊かな「音量」を持つ。最も説明が難しいのが「音色」である。「音色」によって、「音量」「音高」の伝わり方は変わると言っていい。「音色」によって「音量」が実際を上回って聴こえる場合もあれば、半減することすらある。「音色」によって「音高」はより高く聴こえたり、低音部ですら高めに聴こえたりするのである。

一つには喉周辺や鼻腔、口腔などを使う共鳴音も「音色」に影響するだろう。ただ、最も「音色」を左右するのは倍音ではないか。この章で論じている声質は「音色」とほぼ同義と考えて良く、つまり声質を決定するのが倍音であるとも言える。

やや専門的になるが、倍音について少し詳しく見てみよう。

倍音は整数次倍音と非整数次倍音に大別される。整数次倍音は、基音の倍数の音が同時になるような状態で、規則的な波長を持つ。それに対し、非整数次倍音は不規則な波長という。一般的に聴いた時の印象は、前者がクリアで後者が濁る。前者は重厚で、カリスマ性があり、真面目で説得力があるとされ、後者は愛敬があり、親近感を持たせるともいわれる。別の種類だが、倍音の極めて少ない「近似純音」という考え方もあるだろう。フレディは、この3種類の声質を無意識のうちに選択して実行しているように思う。最もその場に適し、最もその曲に適した声質を準備することができたのである。

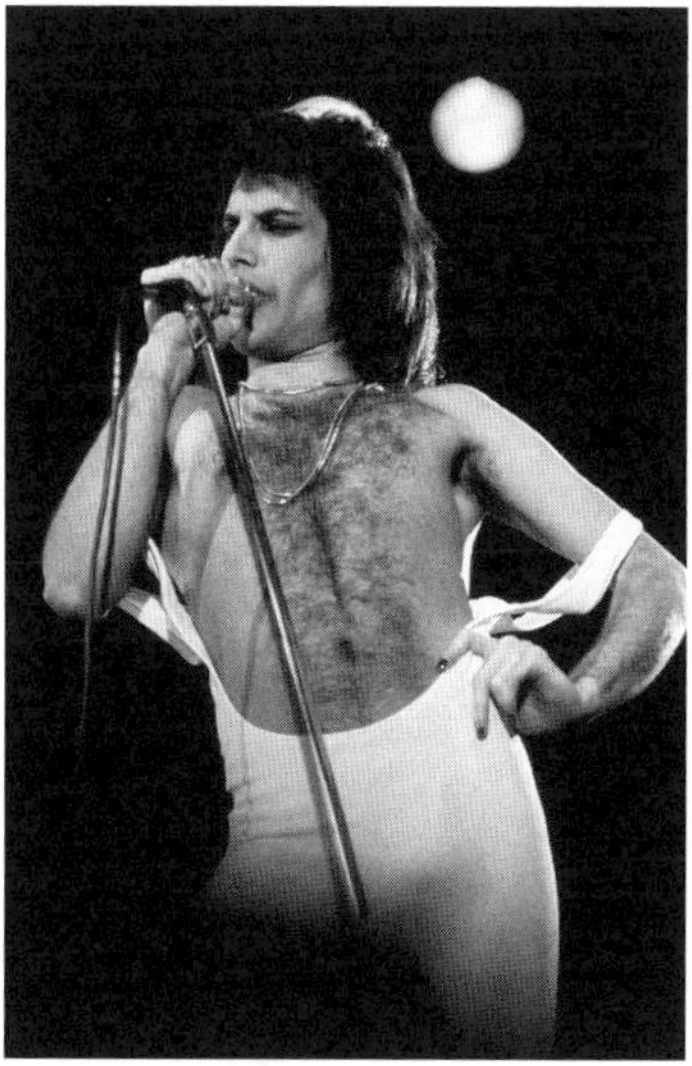

70年代のフレディ。白いタイツを履いて歌う姿が強烈だ（写真：Photoshot／アフロ）

ウィーン大学で音声科学を研究するクリスチャン・T・ヘルプスト氏らが2016年、フレディの歌声について分析し、「Acoustic analysis of speaking fundamental frequency vibrato and subharmonics」と題する研究論文を発表した。フレディの歌声について①声域（Range）②多才・多芸・多能性（Versatility）③

ヴィブラート（Vibrato）などを際立った要素として取り出して解説した。声域は広く、低音はブライアンの曲「オール・デッド」で出し、高音の例は「アンダー・プレッシャー」を挙げる。声を売り物にでき、声を使ったパフォーマンスをし、音楽性は高い。フレージングは繊細で、柔らかく、優しいと同時に、エネルギッシュで衝撃的な力強さを持つという。「愛にすべてを」など曲に応じて正しい色づけ、表情豊かなニュアンスを歌詞に与えることができたという。歌声は楽曲の中で慎重に配置され、喜怒哀楽を表現するとしている。声区はテノール歌手のそれだが、もともとの声はバリトンという。

いろいろな音楽の影響を吸収しているとも解説する。ハード・ロック、ミュージカル、ゴスペル、ディスコなど異なるヴォーカルスタイルにフレディは適応。ハード・ロックの例としては「タイ・ユア・マザー・ダウン」、ロカビリーでは「愛という名の欲望」、オペラティックな曲として「イニュエンドウ」を挙げて例証し、フレディの歌声は異なるジャンルに違和感なく溶け込むと指摘する。

特徴的なのはヴィブラート。音程を上下に小刻みに変えて震わせるヴィブラートは楽器や声に表情と音色を与える。ヘルプスト氏の分析によると、一般的なヴォーカルの振動幅は5・4～6・9Ｈｚだという。しかしフレディの振動幅は7・04Ｈｚとより細かいのだそうだ。この数値にどんな意味があるのか、このわずかな差がどれだけ重要なのか、判断が付きかねるが、章の前半で記したように通常より繊細なヴィブラートであるのは、彼の歌を聴けばすぐに了解できる。

ヘルプスト氏は「フレディのヴィブラートは普通ではない。ユニークな声紋を作っている」と論じている。例として「伝説のチャンピオン」を挙げている。最初のバラード部分の「my dues」「time after time」の「dues」と後の「time」を聞けば、すぐに分かるだろう。ほかに「ブレイク・フリー」を例に出し、「こぶし」「しゃくり」にたけているとする。

フレディはサブハーモニクス（倍音）を使って、声帯振動とともに、仮声帯も振動させているともいう。この仮声帯の振動は、トゥヴァの喉歌、モンゴルでいえばいわゆるホーメイの発声で使用が見られ、フレディの発声には共通点があることになる。トゥヴァは南シベリアにある共和国。モンゴルの北西部に位置しロシアに含まれる。倍音を超絶技巧で響かせる喉歌は、アルタイ山脈周辺に確認できる特殊歌唱法である。

ヘルプスト氏らは「ボヘミアン・ラプソディ」を取り上げ、5パートに分けて分析。①最初の「コーラス・パート」はすべてフレディの声による一人多重録音。②「バラード・パート」は豊かな色彩と感情を曲に付与し、言葉は慎重に選ばれ、胸に突き刺さるような想いを強調しているという。③「オペラ・パート」で青年から悪党になり、④「ハード・ロック・パート」では粗削りかつ攻撃的な歌声を聴かせ、⑤「エンディング・パート」では繊細でエモーショナルでこわれもののように歌う、と解説する。

これらの主張で最も重要で新鮮なのは、サブハーモニクス（倍音）使用の指摘なのではないだろうか。ただ、フレディの声は、やはりトゥヴァの喉歌と同質とは言いがたい。フレディの声は、整数次倍音、非整数次倍音、近似純音が切り替わりながら、過剰に交響するようだ。切々と、あるいは朗々と整数次で歌う人間と、雑味の交じった非整数次の音響をもたらして歌う人間とが一緒に歌っている感覚である。そして時折、艶めいた密度の濃い佳声で歌う人間に入れ替わる。場合によると、非整数次倍音の声自体に、複数の声を聴くこともあるかのようだ。彼の声の最大の秘密と神秘はここにあるのではないか。

これは戦慄すべき仮声帯の律動と抑制の技であろう。フレディの場合、おそらく他者よりも発達した仮声帯がバタバタと暴れ、非整数次倍音が群生し、彼のトレードマークの一つといえる「がらみ」「唸り」「荒み」「荒さ」とも表現しうるパワフルに轟くような声が顕現するのである。それを統御しながら、玄妙なヴィブラートをまつろわせて、明瞭によく響く声を発し、あるいは流麗な艶めいた声を奏でるのである。

フレディの声域

こうしたフレディの声質、声そのものは、ヴォーカリストとして繰り出す歌い回しの素材である。素材の分布状況を示すのが声域、つまりヴォイスレンジだ。

声域の比較研究では、インターネット上のサイト「The Vocal Ranges Of The World's Greatest Singers」が興味深い。ロックやポップスの男女の声のレンジを横棒グラフで示して、その長さで順位付けをしている。横棒グラフが長いほど、歌い回しの基礎となる声の素材がより豊かであることを表す。この表を見た読者は「第4章で見た、卓絶したヴォーカリストたちの最高音と異なるではないか」と思うかもしれない。しかし、第4章では、彼らの、あくまで地声に焦点を当てている。このサイトのデータには、裏声も含まれていることを注意されたい。

それによると、1位はガンズ・アンド・ローゼズのアクセル・ローズ、2位はマライア・キャリー、3位はプリンス、4位はスティーヴン・タイラー、5位はジェームス・ブラウンなどとなっていて、8位にデヴィッド・ボウイ、9位にポール・マッカートニー、10位がレディオヘッドのトム・ヨーク、そして11位がフレディ・マーキュリーとなっている。これは最低音と最高音の幅の比較で、順位の上の歌手が必ずしもより高音を出すということではない。最高音の面で、ボウイはフレディにかなり及ばないが、フレディよりも低音を使っているということだ。

これを「VOCAL RANGE」から「HIGHEST NOTES」に切り替えると、並び順が変わる。今度は誰が一番高音を出しているかの順位になる。それによると、1位は「G7」のマライア・キャリー、2位は「C7♯」のクリスティーナ・アギレラ、そして3位は男性では1位だが、「B6」のプリンス、4位が「A6♯」のアクセルと続き、7位に同順位で「E6」のスティーヴン、フレディ、トム・ヨーク、ジェームス・ブラウンらが並ぶ。地声の高音を採っていないため、おおよその傾向を示す声域表ととらえるべきだろう。

「祝福された声」

ここまで、フレディの声そのもの、声質について考察してきた。フレディはロックヴォーカリストとして、命を削って周囲の世界や圧力を切り裂いていくような、強靭な爆音量の地声の高音を発した。声域は幅広く、チェストヴォイス、ヘッドヴォイスなど多種に及ぶ声を送り出してきた。その素材が声質、ほぼ同義とみられる音色であり、声質、音色に強く影響するのが倍音だった。

フレディの声質は「整数次倍音」「非整数次倍音」、さらにファルセットで聴かせる「近似純音」が混交した複数人称ともいえる性質だった。とりわけ仮声帯の激動による「非整数次倍音」自体に、同時に鳴動するような複数の声をもたらした。

朗々としてざらつき、玲瓏《れいろう》としてささやくという両価的な偉声であった。それに、高音と満々とした音量が加わることで、主観的形容になるが、一種、神のような不可視の存在に「祝福された声」のように聴こえてくる。フレディの声は祝福され、同時に、その声は聴取者をも祝福するかのようだ。フレディの声は、一種の福音の性質を帯びることになる。クラシックやオペラの歌手の声には、福音を感じ取ることはあるが、ロックヴォーカリスト、ポップスシンガーの場合は滅多にない。

テノールの「キング・オブ・ハイC」と称されたルチアーノ・パヴァロッティやペーター・

シュライアー、ディードリヒ・フィッシャー＝ディースカウは「祝福された声」の持ち主であっただろう。エディット・ピアフは十分凄みもありつつ、「祝福された声」の持ち主であったように思われる。

「祝福された声」をイメージするのに、バロック期の宗教曲に目を転じてみる。

バロック初期のイタリアの作曲家グレゴリオ・アレグリ（1582～1652）の「ミゼレーレ」を歌いこなす優れたボーイ・ソプラノやソプラノの突き抜けて高まる声は「祝福された声」に聴こえる。「ミゼレーレ」、つまり「哀れみ給え」という意味の曲ゆえに、旋律は愁いを含むが、この交唱形式で演奏される曲を悲惨な声で歌っては、悲惨さは深まるだけで、これをこそ天使のようなボーイ・ソプラノで歌うところに妙味がある。美しいボーイ・ソプラノ、ソプラノによって天上に届くように歌われないと、天は決してその声を祝福しない。

ルネサンス末期の宗教曲のたたずまいを持ちながら、過度の緊張とともに突き抜ける高い部分は、天空から一挙に降り注ぐ強烈な祝福の光のようであり、来たるべきバロック期の兆候であるとも思われる。画家ミケランジェロ・カラヴァッジオ（1571～1610）の絵画に見られる、光と影、明暗の激烈な対置法、イタリア語で言う「キアロスクーロ」の手法は画面に劇的瞬間をもたらすが、ややそれに近しいインパクトがある。

アレグリは去勢された歌手、カストラートだったとの説もある。異様に高く天上へと突き抜けるような旋律にしたのは、カストラートだったからとも考えうるだろう。「ミゼレーレ」はシスティーナ礼拝堂の門外不出の秘曲だったが、少年モーツァルトが1回聴いてほぼすべて記憶したという逸話が残っている。

祝福感をもたらすには、音の急上昇の明確化が不可欠なのだろうか。「ミゼレーレ」の上昇・下降する部分は、どことなくクイーンの「谷間のゆり」を想起させる。「谷間のゆり」は「Why dose everybody tell me no」の「Why」が急激に「ハイC（C5）」に上昇し、「ドーシラソラ」と下降する。音高も音の配置も異なるが、急な上昇部を持ち、順次下降するような構造はどこか共通しているような気がしないでもない。楽曲内の起伏は、神的存在に届けとばかりに曲を突きつけて捧げるイメージをもたらす。神的存在は、捧げられたその曲、音、声を、歌の意味を聞き届けて祝福しようとするのだろうか。ただ、フレディは「ミゼレーレ」を意識していなかった公算は大きく、筆者の自由な想像の域を出ない。

長時間、フレディの歌声を聴いていると、曲によって感情も激しい起伏に見舞われる。人によっては、上昇幅の広い、エネルギーの凝縮した高密度の地声だけに時々、耳の疲労すら感じることもあるかもしれない。しかしながら、続けて聴いていると、徐々に心地よさが増して、快楽を覚えるようになるのではないか。それは、彼の「祝福された声」に癒やされているからに違いない。

この感覚は、初期のフレディよりも、後期のフレディの声に強くある。初期はポジティブな意味で「悪魔に呪われた声」「悪魔に魅入られた声」だったのかもしれない。多くの観衆とライヴで音楽の歓びを共有するようになって、初めて「祝福された声」を出すようになったとも言える。

フレディの曲で強い祝福感を伝えてくるのはまず「ボーン・トゥ・ラヴ・ユー」である。愛する人のために生まれ、生きる。それをざらつきと明朗の両方を持つパワフルな声で歌い上げるところに、天上から超人的な存在が、これぞと見込んで、祝福の息を吹きかけそうではないか。歌い出しが「ソ♯」（G３♯）から1オクターブはねて「ソ♯」（G４♯）に上昇するところも印象的だ。

また、95年、フレディ亡き後に発売された『メイド・イン・ヘヴン』に収録された「ウインターズ・テイル」は天国の光景を歌っているかのようだ。死の淵に足を踏み入れつつあったフレディが、最後に作った曲と言われている。

何と幸福そうな光景であり、安穏とした平静心だろう。スイス・レマン湖の湖面は不安に波立つこともなく、天空には気流がくるくると回り、桃色や水色や薄い黄色の夢のような水彩画が描かれている。淡い日差しがフレディの顔を照らし、フレディは目を大きく見開いて輝かせ、口元には笑みすら浮かべ、この歌を歌っているように思われる。光景は、早晩、見ることになる天国のそれであり、天空の色彩は、フレディのもとに訪れた天国からの使いの裳裾の色だったのかもしれない。天国からの使いはこう告げもしただろう。

「お前の声を祝福しよう」

第6章　変幻自在の魔術師

——「凄さ」の解体新書②　ヴォーカリスト

フレディの魔術的フレージング

「僕はクイーンのリードシンガーでしかない」。フレディは自分をこう規定するのを好んだ。大仰なアーティストでもない。功成り名遂げたミュージシャンでもない。バンドのリーダーでも、フロントマンでもない。ジャスト・ア・シンガーなのである。フレディの死後にリリースされたシングル「イン・マイ・ディフェンス」でも「I'm just a singer with a song」と歌っている。フレディが作った曲ではないが、「言い訳になるけれど、僕は、歌を歌うただの歌手なんだ」と訴えている。

前章で、フレディの声そのものの卓越ぶりを一望してきた。声質を楽曲へと有機的に立体化させるものがフレージング、歌い回しである。この章では、フレディがヴォーカリスト、シンガーとして、どんなフレージング、歌い回しをしてきたのか。過剰な記号の深い森に足を踏み入れてみよう。千変万化する特出したヴォーカリストの「凄み」が現れてくるはずだ。

フレディの歌は、ペルシャ絨毯のように技巧的で繊妙で、しかも自然の流れを損なわない。声の広いレンジ、高音まで地声で貫くロック性を駆使するから、多様なタイプの歌をこなしたのである。

フランク・シナトラ風のポピュラーソング。エルヴィス・プレスリー風のロカビリー。ミュージカル「スイート・チャリティー」の曲でシャーリー・バッシー（1937〜）も歌った「ビッグ・スペンダー」をライヴでよく歌ったが、これでも明らかなように芝居がかったミュージカル曲の数々。ハード・ロック、ロックンロール、バラード、ジャズソング、ソウル、ファンク、ポップス、ディスコ、ゴスペル。ルネサンス期のミサ曲でカウンターテナーが出す純音に近い高純度のファルセットで歌う曲や中近東風の調べと雰囲気を持つ歌い方でつづる曲もある。ベルカント唱法などクラシック、オペラの発声や民族的音楽の固有の発声を基本的には除く、ほぼすべてのジャンルのヴォーカル・スタイルに対応できたと言えよう。

楽曲と、それに応じたフレディのフレージングは的確にマッチしていて、相乗効果によって、曲もフレージングも高度に魅惑的になる。クイーンではそんなことはなかったが、仮に平坦な曲でも、フレディのフレージングがあれば、人を魅了するテクスチュア（複数の要素で醸成される曲の品質、音色の様式）が織り出される。聴取者が喚起するイメージも無尽蔵だ。

とりわけ自身が作ったバラード曲で聴かせるフレージングはたとえようもなく麗しい。楽曲自体、16、17世紀のエリザベス朝の古楽的な歌曲に通じるようでもあり、また、大衆性が高いヘンデルのアリアを引き継ぐようでもあり、他方、確実にポピュラーソングでもあり、ジャンル分けが難しい。バラードでのフレージングは、音楽の流れ、楽句の切れ目、歌詞の脚韻などの最適値での融合を、隅々にまで神経を張り巡らせて実現させている。

内省的な声で歌うブライアンの作った讃美歌風の曲「手をとりあって」「セイヴ・ミー」な

どもフレディが歌ってこそ名曲になる。BBC放送のセッションで、ジョンの曲「永遠の翼」をピアノの弾き歌いで演奏するフレディの冒頭の声と歌い回しを聴いてほしい。位相はばらばらの表現だが、艶、色、エロティシズム、潤み、爛熟、恍惚、陶酔、法悦、夢、はかなさ、たまゆら、喜び、ときめき……。こんな形容が浮かんできて、これらが溶け込んで、「祝福された声」を聴くことができる。

内向的に伏し目がちになり、そのまつげにはひと刷毛の、悲苦ゆえではなく懐旧ゆえの涙が消えなずんでいるかのような声による絶技とでも言うべきだろうか。「爛熟」と「はかなさ」という、一見矛盾する感覚概念が両立するのである。有り余る宝飾の贅を身につけ、幾星霜もの歳月の香水が沁み込んで層をなした白く厚く広い背中を見せて、己のサロンを取り仕切る老残の欧州公爵夫人が、自分のもとを去っていった天使のように美しく若い青年貴族の面影を慕いながら流す涙。こんな光景や形容がイメージとして呼び起こされる。

百色の妖声

もう少し、連想するイメージを披歴する。

イタリアの作曲家ガエターノ・ドニゼッティ（1797〜1848）による「女王3部作」の1つ、オペラ「ロベルト・デヴリュー」で愛に狂うイングランド女王エリザベッタ（つまりエリザベス1世）が歌うすさまじい超高音のアリアがある。この誇らしくも悲しい老残のエリザベッタ像も、フレディの歌は連想させる。

１９５０年のビリー・ワイルダー監督の米映画「サンセット大通り」で、怪女優グロリア・スワンソン（１８９９〜１９８３）は、サイレント映画時代の栄華にとりつかれ、取り残された老いさらばえた大女優を演じる。この大女優の憂悶と狂気は、若く売れない脚本家への妄恋につながるが、大女優の人生の敗北は、懐旧の念を添えた誇らしき滅びに似て、「頽熟」と「はかなさ」を両立させる。フレディの歌にはしばしば、こうした対立概念の昇華も含めたはっとさせる音色とフレージング、歌い回しのひと流れが顔を現し、聴く者の心を打つ。

声質の効果でも言及したが、フレディの歌は、多様多態の声質・音色に、その歌い回しや装飾音・表情・ニュアンス付与の高度な技術をいとも自然に掛け合わせて、豊麗なる歌世界を現出させる。天使も悪魔もいる。男の声も女の声も、その中間の声もある。七色の声は、歌い回しによって百色にもなる。これをおしなべて「百色の妖声」と呼んでもよかろう。魔術的フレージングである。

フレディが生み出すテクスチュア

２０１８年に刊行されたシンコーミュージック・エンタテイメントのムック本『MUSIC LIFE Presents QUEEN』によると、１９８２年10月、「ミュージック・ライフ」誌がクイーン４人にインタビューしている。インタビュアーは音楽評論家の東郷かおる子さんで、フレディに特別なヴォイスレッスンを受けたことがあるのかときいた。

すると、フレディは「いや、ないよ……思うんだけれど、誰でも歌うことを愛していれば、特別にトレーニングしなくても、うまくなるものだと思うよ。もっとも、オペラの場合は別だけどね」と答えている。ヴォイストレーニングをしたかどうかはよく分からない。自己韜晦もあったかもしれないが、そもそも声、声質はもちろん、フレージングも天稟《てんぴん》に恵まれていたのである。


コンサートホール・劇場級からアリーナ・スタジアム級へと会場が大規模になるにつれ、歌い方も変わっていったフレディ。荒々しく吠えるような声を出していたかと思えば、次の曲で初期のはかなさをまとった歌声に豹変する。後年、声は太さを増したことは確かだが、荒々しい歌声は、繊細な歌声を荒廃させなかった。複数者共存性が強い歌声だったのである。

1992年のフレディ追悼コンサートで、「タイ・ユア・マザー・ダウン」を歌ったデフ・レパードのヴォーカル、ジョー・エリオットは「僕はロックは歌えるが、クイーンの曲を歌うには20人のヴォーカリストが必要だ」と話した。フレディの変幻自在ぶりに敬服しているのだが、それはとりもなおさずフレディの声質とフレージングの豊潤さを意味する。

「フレージング」と「歌い回し」を並記してきたが、両者はほぼ同じ意味と考えていいだろう。

筆者はこの中にクラシックでよく使われる「アーティキュレーション」、ポピュラー音楽でよく使われる「しゃくり」「こぶし」なども含まれると考えている。また、繰り返しになるが、声質やフレージング、その他の楽器の音響もすべて含め、楽曲の肌触り・手触りという感触的な概念を「テクスチュア」と表現している。

フレージングが複数音の連なりに関するものなのに対し、アーティキュレーションは主に1音に関するものである。アーティキュレーションには、「強弱法」「スタッカート」「スラー」「レガート」「テヌート」「アクセント」などがある。楽譜上の個々の音符に、記号として記入される。

またポップスの歌い方の説明で頻出する「しゃくり」「こぶし」「フォール」「ヴィブラート」「フェイク」「ヒーカップ」「泣き」は、アーティキュレーションとも関連が深いが、いずれにせよフレージングの要素である。多くのヴォーカリストが身につけている技法だが、フレディは、これらすべてをおそらくさほど意識せずにマスターしている。「ヒーカップ」はエルヴィスらロカビリーの曲で登場し、フレディでは「愛という名の欲望」でそれを聴くことができる。

一方で、楽曲に相応しくない技法は適正に排除している。例えば多く使うと下品に聴こえる「泣き」や投げやり感が強まる「フォール」はほとんど使っていないのではないか。

ただ、フレディのフレージングは、こうした一般的技法とは全く別次元の絶品なのである。それは、テクスチュアの把捉・解釈・構成の諸能力、明・暗、重・軽などの対照的なテクスチ

1982年、「Hot Space」ツアーのフレディ。ピアノを奏でながら歌う時は、いつも神妙な表情を見せた（写真：Shutterstock／アフロ）

ュア創作能力の高さとも無関係ではない。非整数次倍音が放たれる歌声には、ヘテロフォニックなテクスチュアすら偶発する。これら統御できる高い能力と偶発的要素が相俟って、なかなか名状化しにくい別次元のフレージングを聴かせてくれるのである。

　フレージングの大前提として、フレディは歌の出だしの「アタック」と1節の終わり「リリース」を極めて丁寧に扱っている。「アタック」の立ち上がりは大変に早く、正確な音程を好んだ。接頭辞のような「しゃくり」は「狂気への序曲」などで非常に効果的だが、「アタック」の嗜好からすれば、「しゃくり」「泣き」は気質にそぐわなかったかと思わせる。「リリース」は多彩。うっすらとフェイドアウェイさせたり、強く引き伸ばしたり。仮に「フォール」を使う時は微妙に効かせているかのようだ。そのため、ヴォーカルは明晰で、色艶を漂わせながらも品格を備えるのである。そこに非整数次倍音が野性味を加える。

フレージングの至妙技

それでは、ヴォーカリストとしてのフレージングの至妙技をいくつか見ていこう。ここに掲げるものは特徴を示していると考えているが、すべてではない。他に多くの実例があることは、前もってお断りしておく。

①「ため息を混ぜる歌唱」。フレディだけの専売特許ではないが、フレディほど効果的に使うことができるヴォーカリストは少ない。『クイーンII』の「ネヴァーモア」で最後の「nevermore」はファルセットにため息を混ぜている。フレディは、ため息を混ぜることで柔らかなファルセットの歌声をはかなげに散らしているのが分かる。

「ボヘミアン・ラプソディ」のバラード・パートは全般的にこの歌唱法が使われる。嘆息唱という側面もあるかもしれない。「mama」や「just killed a man」の「man」の語尾は実声の音を後退させながらすべてため息を交えているのだ。

『華麗なるレース』収録の名曲「テイク・マイ・ブレス・アウェイ」はため息混じりのウィスパー、悲痛なうめきがこくと潤みのある恍惚感や夢見がちな陶酔感を伴って流れる名曲である。例えば、「Is a whisper in my ear / I could give up all my life / For just one kiss」で「ear」「kiss」にもため息が精妙に混じっている。全編、ため息の連続だ。それによってこの曲は、ひたひたと過度の湿気を帯びながら、絶望的な献身とおぞましい殺意すら感じさせてゆく。ため息が加わると、聴く耳は、ふと、未知の暗い小道に導かれ、その先の何か幽遠なるものに触れる気持ちになる。

「ミリオネア・ワルツ」の後半のつぶやきのように歌う部分、「My fine friend take me with you and love me forever My fine friend」で、最初の「My」の前にすでに息を吸う音が入る。「forever」もため息が多量に混じり、2番目の「My fine friend」の後、ブライアンのギターメロディーとの間合いを、息を吸う音だけでとる場所が出てくる。「手をとりあって」の歌唱でも、ため息の刷毛はさまざまな単語に施されている。『ジャズ』収録の「ジェラシー」もファルセットで「how」と歌うところで、ため息が注入される。息をまぶすべき歌詞やメロディーの選定が見事であるというほかない。

②「抜き声の顫動」。これは1フレーズの最後の言葉を歌う時、つまり、リリースさせる時、あえて弱音にして、そこに小刻みのヴィブラートを施す歌唱方法だ。『クイーンII』収録の奇曲「マーチ・オブ・ザ・ブラック・クイーン」でもある。「A voice from behind me」で始まる優婉な中間部だ。「and a wherefore」「he'll deceive and discover」で昆虫の羽ばたきのようなヴィブラートが聞こえる。「伝説のチャンピオン」の最初のバラード部分の「my dues」の「dues」、「time after time」の2つ目の「time」は典型的。ライヴではより明確に音を抜いて

いる。はかなさすら感じさせる細かな振動、ヴィブラートの妙技がある。『ザ・ワークス』収録の「悲しい世界」の「created」は音を弱めてこまやかに震わせる。『カインド・オブ・マジック』の「愛ある日々」や『イニュエンドウ』の「ドント・トライ・ソー・ハード」でも、声に宿るヴィブラートの要素も含み多用が見られ、曲に深い陰影を与えている。

③「アタック＋抜き音」。構造上、②の関連になるが、フレーズの最後のワードで使われることが多い。ぐっと力強く入り、すぐに抜く。この効果はワードの特に語頭を明晰に響かせることができ、リズムがだれるのを防ぐとともに、息継ぎをしやすくさせる。一般的に中高音のフレーズを歌う時、最後のワードの音は、力んでしまうことが多く、すると間延びしがちなのである。この歌い回しにすると、エレガントで洗練された感覚にもなる。「レディオ・ガ・ガ」「心の絆」で出てくる。書道の「左はらい」にも通じるといえるだろう。

④「ファルセット歌唱」。第5章では声質としてのファルセットが登場したが、ここでは、その音をつなげて楽曲を奏でる歌唱法、フレージングのことを指す。「マーチ・オブ・ザ・ブラック・クイーン」では、中間部でファルセットが使われ、黒塗りの女王のかまびすしい行進直前の静寂を描く。「ボヘミアン・ラプソディ」はもちろん、「ラヴ・オブ・マイ・ライフ」「テイク・マイ・ブレス・アウェイ」では地声とファルセットの均等な歌い分けと流麗な和合

が聴こえる。①「ため息を混ぜる歌唱」②「抜き声の顫動」はファルセット歌唱とも密接である。陶然とした気分を表出するという属性が共通するからだ。①＋④、②＋④の場合もあるだろう。ただ、①②④には極微ながら差異があると思うので、よく聞き分けてほしい。

「愛にすべてを」はファルセット歌唱の金字塔と言えるだろう。歌い出しの「Can」からため息混じりのファルセットが始まり、かすかに鳴らして引っ張る。①＋②＋④のパターンだ。後半、コーラスでバッソ・オスティナート（執拗低音）的に繰り返される「Find me somebody to love」の個所は、ロジャーのドラムや手拍子などに下支えを任せながら、適宜配置される、フレディ得意の歌いなびきで進行し、「Can anybody find me」で、周囲の音が消え、ファルセットの歌声のみで「somebody to ～」、そしてざらみをこめた地声で「love」と落ち着かせる。この「to」は、のけぞるようにすり上がり、届きたい最高点に届きそうな届かなさそうな揺れ方で上昇し、最後にようやく到達するというロック曲におけるファルセットの屈指の名表現である。

「to」はto不定詞だが、これだけ取り出せば、方向性を示す前置詞で、この先に強くソウルフルに地声で歌う「love」が待っているイメージだ。曲の最高潮に、統制された妖美なファルセット音を配する。リスナーが最も集中して傾けてくる耳の中に、飛びっきりの極上のファルセットを響かせるのだ。

フレディの場合、ファルセットは、地声で高音が出ないことの次善策ではなく、むしろ音色を重視した表現の手段として積極的に使用されているのである。愛の枯渇に際して、愛し、愛されることへの絶望的な悲願や煩悶の表徴が像を結ぶ。愛に向けられる祈りに似た傷だらけのうめきにスポットライトを当て、ファルセットで聴かせる。作詞・作曲の能力も求められるが、そもそもこういうフレージングができなければ、こういう曲作りはしないだろう。この野心と自信は、他のヴォーカリストでは真似できないのではないか。

名ソプラノ歌手モンセラート・カバリエに捧げた悩ましの傑作曲「エクササイズ・イン・フリー・ラヴ」は、ほとんどすべてがファルセットのヴォカリーズだ。男声とも女声ともつかぬ妖声が、愛すれどかなわぬ悲痛のテクスチュアを成立させる。美しくもおぞましい響きである。曠古の麗作と言ってもいい。89年の「素晴らしきロックン・ロール・ライフ」の冒頭のファルセットは、あたかも電子楽器テルミンのようで狂おしい。「バレエ・リュス」の天才ダンサー、ヴァーツラフ・ニジンスキー（1890～1950）を真似て牧神になりきったフレディが奏でそうな調べである。

⑤「喉鳴り歌唱と朗唱のグラデーション」。フレディの力強い歌と言う時に、欠かせないフレージングである。仮声帯を振動させて非整数次倍音を醸しだし、がなり音で喉鳴り歌唱を行う。70年代の「デス・オン・トゥー・レッグス」「ホワイト・マン」「イッツ・レイト」「ウィ・ウィル・ロック・ユー」「永遠の翼」などは分かりやすい。80年代でも「ハマー・トゥ・

フォール」「カインド・オブ・マジック」「ギミ・ザ・プライズ」、91年の「ヘッドロング」「ザ・ヒットマン」、95年の「メイド・イン・ヘヴン」など、通時的に聴くことができる。

しかし、この喉鳴り歌唱は、常に朗々とした音の要素と背中合わせに進行する。非整数次と整数次の倍音を瞬時に切り替えながら、1つのフレーズを「喉鳴り9：朗々1」「喉鳴り6：朗々4」という風に無意識的に歌い分けている。「イッツ・レイト」は曲全体でみて、「喉鳴り」が「7」くらいだろうか。この声の爛れ広がるようなパワーは獣性の唸り、悪魔性のがなりとも形容したくなる。一方で、『シアー・ハート・アタック』収録の「フリック・オブ・ザ・リスト」を聴いてみてほしい。あるいはブライアンの3拍子のロック曲「スウィート・レディ」もそうだが、これらは「喉鳴り」と「朗々」を巧みに使い分けている。注意深く聴くと、混濁と澄明のグラデーションが判別できるはずだ。卓絶したロックヴォーカリストとして面目躍如たる歌唱技である。

⑥走句的な歌い回し。フレディは時折、早口言葉的に、またアクロバティックに歌詞をこなす。とりようにもよるが、案外、コミカルに感じられ、同時に秀逸な歌い回しと思われるのだ。「マーチ・オブ・ザ・ブラック・クイーン」の「begun begun」はファルセットのせいもあるが、「ビギャービギャー」と実に狂騒的で鮮烈。「愛にすべてを」の「They say I got a lot of water in my brain」「ゼセイ、アゴラロロ、ウォラリマ、ブレイン」を早口で言うように聴こえ、ま

さに走句的パッセージで、おかしみも覚える。

「伝説のチャンピオン」の「You brought me fame and fortune / And everything that goes with it」の特に「And everything～」は、薄氷の上を絶妙な足取りで渡りきる繊細さを感じさせつつも、どこかアクロバティックだ。ライヴでは、次の「I thank you all」をトーンを変えて語り口調で観衆に向けて発する。会場はじーんと来て、いっときのうちに一体感が成約する。「バイシクル・レース」では「President of America」（プレジデントッパーメリカー）と聴こえる。こうした早口や誇張したリエゾンがたたみ込まれ、ハラハラさせるジャグリングのような歌い回しは、妖精パックが一瞬、ペロリと舌を出す顔を見せて、霧深いあやかしの森を走り抜けていく情景を見るかのような気分にさせる。

⑦「S」音。フレディの声の鋭さに貢献しているのが、「S」（濁らない「ス」、そのため「CE」の場合もある）の発音である。これは子音のために声質には含まれず、1音に関するアーティキュレーションに属するが、既存のそれには「S」音の発声を際立たせる記号はないから、フレディ独自のアーティキュレーションと言っていいだろう。
口内や歯の形状、歯の生え方の角度も関係しているとみられ、フレディは「S」音を、研ぎ澄まされた音で発する。フレージングの中では、ドラムス音のようなアクセントになる。実例はどの曲にもある。『シアー・ハート・アタック』の「谷間のゆり」「神々の業（リヴィジテッ

ド）」では何度も出てきて「S」音は切れ味抜群だ。

「I've paid my dues」で始まる「伝説のチャンピオン」は最も薄く鋭い「S」音が聞かれる曲の代表だろう。「And bad mistakes」の「S」音は、まさに後悔と改悛の涙のようにマークされる。映画「ボヘミアン・ラプソディ」のライヴ・エイドの場面でも、「S」音は耳に突き刺さる。

この傾向は不変で、死後にリリースされた『メイド・イン・ヘヴン』のゴスペル風の曲「レット・ミー・リヴ」でも「S」「CE」音が耳に飛び込んでくる。フレディ、ロジャー、ブライアンと3人が歌い分ける珍しい曲で、それだけフレディの体力が落ちてきたことを暗示するのだが、3人の歌声が代わる代わる出てくる奇跡的な作品となったわけだ。残り少ないフレディの時間を、3人が声を寄せ合う様は、グループの結束の強さと、友情の温もりを伝えて胸が詰まる。3人が歌うので、3人の「S」「CE」が容易に比較できる。フレディの暗中に閃く銀燭のような「S」「CE」音は切なく、誇らしく、たとしえもない。

「ドント・ストップ・ミー・ナウ」でも如実だ。「stop」などの単語で「s」は発音するタイミングが早めで、次の子音「t」をたたくのがスピーディーで、かつ強いヒットで、さらにその次の母音「o」がまろやかに響くので、「s」音は鋭悍に冴えわたるのだろう。権高な気品ももたらし、知的なバックグラウンドをしのばせる。楽曲に明確な描線が入り、クリアなテクスチュアが立ち上がる。

インタビュー時にフレディの話す英語は妙に早口で、ＢＢＣ英語とも呼ばれるイギリス王族、教養層による容認発音（Received Pronunciation, RP）とはかなり違っている。しかしながら、フレディの歌の発音は、ＲＰに近いというブライアンの歌の発音に比べても、はるかに明瞭で洗練され、尊高な触感を与える。

⑧「即興歌唱」。ライヴを通してフレディの即興歌唱の風景を見てみよう。ライヴの歌の旋律は１回性のものであり、その都度微妙に変わり、それぞれが即興のオリジナルメロディーと言ってもいい。フレディのその日の声の調子にもよるだろうし、70年代よりも80年代の方が、ライヴでのヴォーカル力、こなす力はアップしているから、両年代のライヴでの歌の旋律は自ずから違っている。

ロジャーは、フレディの即興的に旋律を操る能力を極めて高く買っており、しかもどれも「正しい旋律」になっていると感嘆している。和音感覚を失わない音の置き方なのだろう。

フレディ・マーキュリーは絶大な歌唱力のロックヴォーカリストではあるが、70年代には弱点があったと思う。それは同時にはかなげな歌唱という長所ももたらしていたが、長期ツアーなどでステージが続くような時、発声が乱れたり高音が出にくくなったりすることがあった。繊細で高度な歌い方を求める曲を自分で作っていることもあり、それが目立った。現に、風邪を引いていたともいわれる１９７９年の東京・日本武道館公演で、筆者自身が聴いた「キラー・クイーン」などは素晴らしい出来とは言いがたかった。ロジャーが全面的にサポートしていた記憶がある。初めてクイーンを生で見て聴いたという感激はあったが、「ライヴミュージシャンというよりも、スタジオで納得のいく音になるまで録音にこだわるレコードミュージシャンかも」とは15歳の未熟な筆者の感想だった。当時はレコード通りの再現性の高い演奏ではないことに、生意気にも不満を覚えていた。

この考え方は後年修正されるのだが、それゆえに、フレディはライヴでのヴォーカル力を年々アップさせていったとの見方は、実体験から来るもので揺るがないのである。

そんなこともあってなのか、フレディは不測の事態に対応できるように、即興能力をさらに磨いた。80年代に入ると、レコードの再現性が高くない場合でも、筆者も含め観客の体中に満足感がしみわたるコンサートになっていった。

考えは次のように改まった。毎回異なる旋律形を聴かせるのは、フレディの当意即妙の技として貴重で、かつ、この和音進行の中には、こんな旋律も隠れていたのか、こんな旋律で描いても成立するのか、という宝物に遭遇する気持ちになっていったのだ。レコードの旋律とは全く別のたどり方で、さびに到達する歌い方もあった。フェイクではなく、音源としてあり得た「もう1つの旋律」という捉え方だった。

そういうライヴでの即興旋律の歌唱は、フレディが存命していたら、新曲の種になっていたかもしれない、と思うと、何パターンも聴いてみたくなる。フレディの即興歌唱旋律は、その時に脳裏や感情に渦巻き、あるいは刹那的・不可逆的に擦過した旋律をとらえたものも多かったろう。そこに潜在的な新曲の萌芽が横たわっていたかもしれないと思うと、楽想の断面を見る心地になると同時に、ピアノの前に座り、そぞろに奏でながらあふれてくる霊感をとらえて作曲したという、フレディの作曲過程に立ち会うかのような気分にもなる。一音たりとも聴き逃すことができないのだ。ＤＶＤ「伝説の証～ロック・モントリオール１９８１&ライヴ・エイド１９８５」収録の81年ライヴの「愛にすべてを」は絶品で好個の例である。

初期のライヴからよく演奏した「神々の業（リヴィジテッド）」も良い例だろう。その歌い出し、「It's so easy」の「easy」は録音音源では、陶酔感の濃いファルセットを響かせるが、ライヴではファルセットを使う場合と、１オクターブ下げて地声で歌う場合がある。74、75年ごろのライヴでは後者であることが多く、86年のウェンブリーのライヴでは前者のファルセットを採る。

通常、ライヴで強い声を使っている時は、ファルセットに即時に切り替えるのは難しい。フレディのファルセットはそれ自体、存在感のある楽器で、同じ人の声ではあるものの、地声という楽器とは別種のものである。極度に喉の奥を緊張させて閉塞させながら出す。ここをファルセットで歌う時、「so funny」の「funny」は、大抵その好対照の声として野太く仮声帯をぶるぶる震わせて歌い上げる。１オクターブ下げる場合は、ライヴだけで繰り出される旋律でしっとり歌われる。「悲しい世界」は録音で中高音に移る「So it seems in the end」と「If there's God in the sky」は、ライヴになると、セリフのように語ったり、下の音で即興的に歌ったりして、録音通りの「for today」「what we've done」へとつなげる。このライヴ即興的なこなしは、録音以上に説得力を持って、我々はこんなひどい世界を作ってしまったのだ、という嘆きの歌詞内容を伝えてくる。

「ラヴ・オブ・マイ・ライフ」は、ライヴではキーを下げて会場を巻き込んでともに歌う環境を設定する。キーが下がる分、フレディの旋律操作も裁量幅が広がり、「When I grow older」の「older」は録音では「grow」の同音で歌って「er」をややフォールさせるが、ライヴでは「er」を高めて歌う。

「伝説のチャンピオン」では上の「ド」（C5）が求められ、盛り上がりでは高音が続き、歌いこなしは難しい。「And we'll keep on fighting」の「fighting」は上の「ド」（C5）で、録音では最初はファルセットで後は地声で歌う。2回繰り返す「We are the champions」の後の方の「We」、さらにその後「No time for losers Cause we are the champions」の「No」「losers」もやや高めのため、連続させるのは厄介だ。ライヴでは、ロジャーの高音の援助を受けて、1回目の「We are the champions」はフレディは普通に歌い、音が上がる2回目の「We are the champions」を録音のキーでロジャーに歌わせ、フレディは1オクターブ下げて歌う。フレディは録音の音で「No time」と歌った後、「for losers」で低く歌い、録音と同じロジャーの音をかけあわせる。「Cause we are the champions」を通してロジャーが歌い、そこにフレディは「we are」「champions」の部分をしっかり録音通りの音で出す。この形は即興ではなく、ほぼ定型化しているものの、声の調子が良い時は、フレディは2回目の「We are the champions」を録音の音通り、ロジャーと斉唱する。ライヴでは、この曲に限らず、こう歌っても成り立つものか、と思わせる歌い方が数多く出てくる。

「レコード、CDと同じことをやってもしょうがない。同じことなら聴衆はライヴに来る必要はない。ライヴには別のやり方がある」とはメンバー4人の一致した考え方だった。フレディもこう語った。「我々（クイーン）があなたたちに何を与えたいかに応じて、我々の歌が違う形になるのを感じるのが好きだ。ステージでアルバムを再現しようと努めることは大嫌いだ。『ラヴ・オブ・マイ・ライフ』のような曲はアルバムバージョンで聴くものから完全に変換されている。レコードではそのナンバーで私はピアノを弾くけれど、ステージでは、ただブライアンがギターを弾き、私がそれを歌う。その方がよりよいやり方になるから」

この即興的能力は、不測の事態を乗り越え、弱まった声量などのマイナス部分を補修しながら、それを奇貨として曲のエッセンスは損ねずにライヴでしか味わえない音楽を新たに作り出したとすら言えるだろう。同じ曲でも毎回、新しい曲として送り出す心境だったのかもしれない。

フレディが意識したライバル、ロバート・プラント

こうした幾種類もの歌い回しを自在に操ったフレディ。第4章で同時代のライバルたちを見

たが、実のところ彼自身、どんなヴォーカリストたちを意識していたのだろうか。同時代の強力なロックヴォーカリストたちをどう見ていたのだろうか。あるいは、案外、眼中になかったのはどのバンドなのか。『A LIFE』収録の言葉も引き合いに出しながら点検する。

デビューした1973年当時からのライバルはどんな顔ぶれだったのか、もう一度さらっておく。

2018年刊行のシンコーミュージック・エンタテイメントのムック本『ミュージック・ライフ完全読本』には、ミュージック・ライフ誌が毎年実施していた人気投票の結果が「ML人気投票1964―1997」として紹介されている。各ジャンルの5位までだが、実際には20位くらいまでランキング化されていたように思う。この結果は日本での人気を示す1つの指標だ。筆者も1977～80年ごろの結果は誰よりも敏感に注視、投票もしていた。

それによると、1973年の「グループ」の1位はレッド・ツェッペリン、2位はイエス、3位はエマーソン・レイク&パーマー（EL&P）で、「メイル・ヴォーカリスト（MV）」は1位がロバート・プラント、2位がミック・ジャガー、3位がジョン・アンダーソンだった。プログレッシヴ・ロックが一挙に花開いている状況がうかがわれる。

74年は「グループ」①EL&P　②レッド・ツェッペリン　③クイーン、「MV」①プラント　②グレッグ・レイク　③アンダーソン。

75年は「グループ」が①クイーン　②ツェッペリン　③ポール・マッカートニー&ウイング

ス、「MV」が①フレディ・マーキュリー　②プラント　③ポール・ロジャース。ここでクイーン、フレディがトップに。「ギタリスト」でも、ブライアン・メイがレッド・ツェッペリンのジミー・ペイジを押さえて1位になっている。クイーン旋風はここから続き、78年まで連続1位。79年はチープ・トリックに敗れて2位になるが、80年に奪還して82年まで1位を続けた。83年からデュラン・デュランらの80年代ポップ・ロック、ニューウェイヴの人気者がトップをとるようになるが、95年と97年にクイーンは5位に顔を出している。

フレディは77年まで1位で、78年にロッド・スチュワートに首位を明け渡すが、79年に返り咲き、82年まで1位。死後の95年に4位、96年5位をマークした。

73年から80年代くらいを見渡すと、ディープ・パープルのイアン・ギランやホワイトスネイクのデイヴィッド・カヴァデール、デヴィッド・ボウイ、チープ・トリックのロビン・ザンダー、ジャパンのデヴィッド・シルヴィアン、デュラン・デュランのサイモン・ル・ボンらもランキングの上位争いに加わっている。

さらにさかのぼって64年以降のML人気投票ランキングに広げると、大きく言って、ビートルズ、レッド・ツェッペリン、クイーン、デュラン・デュラン、ボン・ジョヴィ、ガンズ・アンド・ローゼズ、オアシス、レディオヘッドが人気を博したバンド。そのヴォーカリストが、英米の趨勢とは別に、日本では人気を得てきたことになる。

この中で、フレディが一番意識していたのはやはりロバート・プラントであろう。ファーストアルバム『戦慄の王女』は、ブライアンのイニシアティブがかなり強く出ているせいか、コンセプトアルバムというよりフレディの奇才と並行するようにハード・ロックを太い幹としたアルバムであり、勢い、ツェッペリンやパープルを意識しただろう。プラントはブルージーで知的な中音域を併せ持ちつつ、豪快で破壊的な超高音域で世界に切り込んでいた。69年のファーストですでに完成域に入り、クイーン・デビューの73年には『聖なる館』まで5枚の名作佳作がリリースされていた。フレディは自身とプラントの懸隔は甚だしいと思い知ったに違いない。しかも、プラントは自分より2歳若いのである。

『A LIFE』には、こんなフレディの言葉が出てくる。

「レッド・ツェッペリンは最高のバンドであると言いたい。ロックバンドとして、彼らは、実際に得た成功に値するものだった。ロバート・プラントは、僕たちの時代の最も個性的なヴォーカリストの1人。彼はいつでも僕のお気に入りのシンガーであり、僕について も良いことを言ってくれた」

デビュー当時、明らかにプラントはフレディを上回っていた。人気も、ヴォーカルのすさまじさも、ライヴパフォーマンスの色気もカリスマ性も。しかし、第4章でも触れたが、プラントの喉はトラブルに見舞われ、身をよじるようにして絞り出す超高音を使った歌唱から離れていく。それにひきかえ、フレディは年々、ライヴでの歌声を自信に満ちたものにしていった。

77年の『世界に捧ぐ』あたりから、クイーンは収録曲のレコーディング方法も含め、ライヴ中心のバンドの色合いが濃くなっていった。強力なロックアンセム「伝説のチャンピオン」「ウィ・ウィル・ロック・ユー」の2曲を得たことも影響しているだろう。アメリカの地にも軸足を入れ込み、上昇気流に乗ろうとしていた。

ツェッペリンは77年ごろといえば、最後のオリジナルアルバムとなる79年の8作目『イン・スルー・ジ・アウト・ドア』の制作にかかる前の長期活動休止期間にあった。この8作目は、シンセサイザーを多用した曲が多く、「イン・ジ・イヴニング」「オール・マイ・ラヴ」などは夢中になって聴いたが、シングルカットされ全米ビルボードチャートで21位まで上がった「フール・イン・ザ・レイン」は耳を疑う弱々しい曲で、ツェッペリンは大丈夫かと思ったのを覚えている。プラントのヴォーカルは相変わらず格好よかったが、以前のつんざき型高音は鳴りをひそめていた。

フレディはこのあたりを境にプラントと肩を並べ、クイーンが『ザ・ゲーム』を発表した80年ごろには、地声の高音面だけでなく、総じてプラントをしのぐヴォーカリストになっていたのではないか。81年のモントリオールライヴでの円滑華麗なフレディの歌いっぷりを聴くと、このころには最強のヴォーカリストになっていたのではないかと思わせる。引き換えであるかのように、作詞・作曲の才気の躍動は後退していくのである。

1992年4月、91年に亡くなったフレディ・マーキュリーの追悼コンサートが開かれた。会場は85年にライヴ・エイドが、86年にクイーンのライヴがあった英ウェンブリー・スタジアムだった。テレビなどを通じて見ただけではあるが、印象に刻まれたステージはいくつもあった。デヴィッド・ボウイとユーリズミックスのアニー・レノックスによる「アンダー・プレッシャー」は息の合ったパフォーマンスで、フレディの魂に捧げる気持ちが伝わってきた。クイーン＋ジョージ・マイケルの「愛にすべてを」は、フレディへの敬意に満ちて、ジョージの歌いこなしが見事だった。クイーン＋ライザ・ミネリらの「伝説のチャンピオン」も聴き応えがあった。ミュージシャンたちにとっても、この曲がいかに支持された曲であるかを物語っていた。

そして何よりも熱かったのは、クイーン＋ロバート・プラントの「イニュエンドウ」「愛という名の欲望」だった。冒頭ヴォーカルマイクに音が入っていない事態もあったが、プラントは、魂を揺さぶりながら歌い込んだ。適宜の「ウー」「イェイ」の挿入はまさにツェッペリン流。「イニュエンドウ」も、ツェッペリンの曲「サンキュー」の1節からなだれ込む「愛という名の欲望」もクイーンから離れて一個の独歩する楽曲となって、プラントの手中でツェッペリン流にブレンドされて放出されたという感じだった。

「フレディの曲を歌う時多くの人がキーを下げている。そうでないと歌えない」と語っているプラントの映像を見たことがある。それだけ、フレディの曲は高音を要するということだ。プラントは没入の度合いを深め、かつてなら軽々と出せたであろう高い音域まで、フレディへの敬愛を込めて、声を限りに挑戦する勢いで出そうとしていた。プラントの声は途切れることもあり、満身創痍でフレディの歌と闘うことが、ひいては最上のフレディへの追悼になっていた。

加えて、ブライアンとロジャーは、このハード・ロックの王者を、フレディが好んだヴォーカリストとして特別の思いで迎えていたのだろう。ジョンも含め、気合いの入り方はひとしお。ブライアンのギターが、彼本来のハード・ロックのうねりをことさら強調していたように聴こえた。音楽的に喜々としているのだ。

ブライアンとの絡みは、ペイジとプラントの絡みすら連想させた。プラントの長髪は金色に輝き、やはり堂々たる王者の風格を見せつけながらも、クイーンの一員になったかのように溶け込んでいた。4人が交わす笑顔のみずみずしい尊さ。ブリティッシュ・ロックの麗しい結晶があった。かつて遥か先を走っていたプラントが自分の歌を心を込めて、あたかもプラントの歌であるかのように歌い、メンバー３人と自分のように交歓している様子に天上のフレディも大いに喜んだだろう。

そして、この時、プラントは再び、フレディに追いついたのである。プラントにとって、73年当時は意識すらしなかったフレディは70年代後半には気になる存在となり、ついに抜かれたまま91年に没したフレディに、プラントは92年、一瞬追いついた。追いつかれたこともまた、フレディには痛快だったかもしれない。尊敬し合う永遠のライバルたちの姿は清々しい。

アレサ・フランクリン

『Ａ ＬＩＦＥ』にはほかにも、フレディ好みのミュージシャンたちの名前が挙がっている。

その傾向を見ると、フレディが目指そうとした理想像（ほとんど自ら達成したと思えるが）のようなものも見えてくる。

レフトハンドの早世の天才ギタリスト、ジミ・ヘンドリックスは、フレディがイーリング・カレッジ・オブ・アートに通っていた時代の〝ヒーロー〟だった。ただ、ヴォーカリストとして卓絶しているとは言いがたい。ジミが黒人だったこともあるのか、白人社会のアウトロー的な存在感が自分にも通じると思ったのだろうか。彼のライヴに通っていたという。

「ジミ・ヘンドリックスはただただ美しい男で、傑出したショーマン、そして熱いミュージシャンだった。私は彼が演奏する時はいつでも、彼を見るために国中を飛び回っただろう。なぜなら彼は、あらゆるスタイルと存在感といったロックンロールスターが持つべきであるすべてを本当に持っていたからだ」というようなことを『A LIFE』で回想している。

フレディにとっての抜きんでた歌姫、ディーヴァは、米ソウル歌手アレサ・フランクリンとスペインのソプラノ歌手モンセラート・カバリエだっただろう。

『A LIFE』で、「クイーン・オブ・ソウル」のアレサ・フランクリンについては、「あらゆる歌手の中でも最も愛する歌手。最良の声を持ち、彼女は夢のように歌う。私は彼女の半分でも歌えたらと願う。自然に彼女は感情全体を歌に込める。彼女の歌う一語一語は意味のある表現に満ちている」と述べ、「ナチュラル・ウーマン」は「全時代を通じて好きな曲の1つ」と言った。1、2フレーズだけで、人に涙を流させる声が、歌が、この世にはあるのだ。アレサもフレディもそうだった。抱えているものが、また感性に堆積した悲哀のようなものが声に出てくる。それをはねのけてゆく生命のスパークが激しいうねりとなって放出される。そんな歌声の持ち主だった。フレディはライヴの場合、ゴスペルを採り入れた「愛にすべてを」の途中でソウル歌手の得意な喉を絞めて出すパンチ声を聴かせるが、これはアレサの影響とも言える。アレサの絶叫の連発は会場を1つに掌握する。1985年のライヴ・エイドでフレディが会場と交流した「エーオ」で、ひときわ長く声をとどろかせるところなど、アレサとの関連を思わずにはいられない。アレサはフレディを「クイーン・オブ・クイーン」と頌した。

2015年、「ナチュラル・ウーマン」を作詞・作曲したシンガーソングライターのキャロル・キングが米ケネディ・センター名誉賞を受けた。授賞式でアレサが67年のこの名曲を熱唱した。圧巻である。アレサの歌声で、無名だったキングは一躍有名になった。これが71年のキングの大ヒットアルバム『つづれおり』につながった。あのツェッペリンの4枚目の名アルバムに全米1位を譲らなかった作品だ。恩人自らがピアノの弾き歌いで受賞を祝った。キングは号泣し、バラク・オバマ大統領（当時）も涙をぬぐった。

もうひとつのエピソードも人を感服させる。1998年の米グラミー賞授賞式。体調不良で出席できなかったテノール歌手ルチアーノ・パヴァロッティの代わりに、アレサはプッチーニのアリア「誰も寝てはならぬ」を歌ったのである。嗄れ声やフェイクを自在に入れてのオペラのアリアは、いつの間にかソウルフルな彼女の歌になっていた。

モンセラート・カバリエ

モンセラート・カバリエは、大々的な打ち上げ花火が火の弧をいつまでも放射形に伸ばし続けるような声技の持ち主だった。統制された高音と、夢見がちな豊麗な中間音で、19世紀末欧州ロマン派の爛熟美を表現した。声も容姿も、リヒャルト・シュトラウスのオペラの伯爵夫人そのものである。アレサの歌声が民衆の涙や労苦から一縷の望みをもって生まれたとすれば、カバリエの歌声は、貴族の気品と懶惰《らんだ》から一抹の憂いをもって生まれたようだ。むろん、両者には「凄み」がある。1980年代後半、新機軸に挑戦しようとしていたフレディは、カバリエを意識しながら、スペインのテレビ番組に出演中、唐突に共演の希望を語った。すると、カバリエから「何か一緒にやりましょう」と早々に返事があったという。

「カバリエは素晴らしいマーベラスな声。オペラに魅了されていたにもかかわらず、オペラを歌うことについては思いも寄らなかった」「カバリエのパフォーマンスはセンセーショナルで、アレサ・フランクリンと同じ種類のエモーションを持っていた」とフレディは回顧している。『A LIFE』には、最初に彼女に会った時の緊張感が語られる。オペラの世界に足を踏み入れたことで、刺激された彼の感性、音楽性が、新たな領域を見いだそうとしていく過程の説明からは、フレディの興奮が伝わってくる。

カバリエとの共作『バルセロナ』は88年に発表された。フレディはこう言う。

「クイーンのファンがそれにどう反応したか知らない。でも、作品はちょっと何かもの凄いものと思わない？　きっと1つのラベルを貼ることはできないよね。最悪なのは、これを『ロック・オペラ』なんて呼ぶこと。それは退屈だ」

コントロールの行き届いた芳醇なカバリエの声にシフトして聴くと、フレディの声は我流の発声によるロックヴォーカリストの野蛮性が目立つ。しかし時折、カバリエは声を荒げるようにフレディと丁々発止の歌い合わせを試みる。上の「ド♯」（C5♯）まで出す「ハウ・キャン・アイ・ゴー・オン」の88年のライヴ・ビデオでは、フレディの魂の叫びに、はっとして少女のように横を向いて手で顔を隠し、「きゃっ、しびれるわ」と言っているような、かわいらしい少女のような仕草もしている。カバリエは、絞り出されるフレディのロックヴォーカルに感電している。

クラシックでもオペラでもない。ロックでも、「ボヘミアン・ラプソディ」で聴かせたオペラティックなものでもない。2人の声は共振しているが、ぴったりと融合しているとは思わない。異質な声が反発し合いながらも、響き合う緊張感が、「歌と歌の交歓としての音楽」を作り上げた。「魂の交響楽」だ。『バルセロナ』は空前絶後、世界最高のデュエット曲集だと言える。オペラの名歌手をも感服させたフレディ。これは同時に、フレディの音楽的頂点だったと思う。共作的な制作過程で、フレディはひとりの歌い手として、最良の時間を過ごしたに違いない。

アルバム『バルセロナ』の同名曲は、92年のバルセロナ五輪開会式で披露される予定だった。しかし、その日の舞台にフレディの姿はなかった。すでにこの世にいなかったからだ。

ライザ・ミネリ、ジョン・レノン

女優・歌手のライザ・ミネリのファンだったこともよく知られている。ミネリは、ヴィクター・フレミング監督のミュージカル映画「オズの魔法使」(1939年)のドロシー役でも有名な女優ジュディ・ガーランド(1922〜69)の娘だ。映画「キャバレー」は代表作だろう。ライザ・ミネリを好む理由の奥に、クイーンのステージとして目指した像が見えてくる。『A LIFE』でフレディは「ライザ・ミネリには魅惑される。彼女はWOWだと思う。純粋なエネルギーとともに歌を運んでくる方法。ショーのあらゆる瞬間にライトが強調される方法。私はそれをグループでなさねばならず、それは難しいことだ。クイーンのショーの興奮とエネルギーの中に、似たものを見ることができると思うが、少し派手だが、我々は洗練されているとも思う。音楽は1つの大きな騒音ではない。それはグラム・ロックでもない。我々はショービジネスの伝統の中にある」。つまり、フレディは汗まみれの泥臭いロックは眼中になく、伝統的なショーを展開しようとしていたのだ。バンドメンバーはそれに従った。

シャンソンの女王エディット・ピアフ、ジャズヴォーカルの女帝エラ・フィッツジェラルド(1917〜96)、米女優で歌手のメイ・ウエストへの意識もあった。カナダの歌手ジョニ・ミッチェル（1943～）も「ヴォーカルのフレージングは尊敬する」と注目していた。

元ビートルズのジョン・レノン（1940～80）については、政治や平和、メッセージソングとの絡みで言及している。「私は我々の音楽で世界を変えようとは思っていない。ブライアンのいくつかの曲を除けば、我々の曲に隠されたメッセージはない……楽しみのための現代の消費のための曲だ……私は政治的に突き動かされることはない……ジョン・レノンのように深いメッセージを書く才能があるとも思わない」「正直に言って、ジョン・レノンと同等の存在などと思わない。なぜなら、彼は私の知る限り最も偉大であるから」と称賛。自分の場合はメッセージソングといっても「伝説のチャンピオン」「生命の証」くらいであると述べている。

レノンの死は、言葉も出ないほどショックだったと述懐した。82年の『ホット・スペース』収録の「ライフ・イズ・リアル（レノンに捧ぐ）」はその死を契機とするトリビュート追悼曲だが、これも「メッセージソングじゃない」という。

この曲は、レノンが1970年に発表した『ジョンの魂』に収録された名曲「ラヴ」の歌い出し、「Love is real」をもじっている。これまた名曲の「マザー」の含め旋律を似せてオマージュしている。フレディはクイーンの曲「ジェラシー」でも歌詞の中で、レノンの曲「ジェラス・ガイ」をもじった。フレディは魂が発するささやきや生命の目覚めの羽繕いのような音を聞き取ろうしてきた。楽曲になった時には絢爛豪華であっても、種の芽吹きのような大もとは非常にシンプルな旋律であったのかもしれない。レノンはそれを生まれたままの形で楽曲にしたように思う。

銃撃された1980年当時、レノンはバッハなどバロック音楽をよく聴いていたというが、エルヴィスのロカビリー調で80年2月に全米1位となった「愛という名の欲望」が気になっていたのであろうか。その死の約1カ月前、80年11月に発表されたレノンとオノ・ヨーコのアルバム『ダブル・ファンタジー』に収録された全米・全英1位となった曲「スターティング・オーヴァー」の歌い方にはエルヴィスの影も見える。クイーンの曲を通じてエルヴィスへの愛が再燃したのかもしれない。

私見だが、「愛という名の欲望」は、79年のレッド・ツェッペリンのアルバム『イン・スルー・ジ・アウト・ドア』収録の「ホット・ドッグ」と共鳴しているようだ。ロバート・プラントは、カントリー&ウェスタン調のロックンロールで、どことなくエルヴィス流の歌い方を聴かせた。エルヴィスの遺伝子はここにきて、プラント→フレディ→レノンと流れたようにも推察できる。


デヴィッド・ボウイ、マイケル・ジャクソン、その他のヴォーカリストたち

デヴィッド・ボウイ(1947~2016)も常に意識する存在だった。クイーンがレコードデビューした時には、ボウイはすでに『ジギー・スターダスト』というロック史に残る名盤を出しており、フレディは1歳下のボウイを追いかける状態にあった。81年にはクイーンとボウイは「アンダー・プレッシャー」を共作する。この曲の成立については「あれはとっても自然発生的に、本当にあっという間にできた」とフレディは振り返る。そして、しかるべき時に別々のアーティスト、それもキャラクターが合っているもの同士がともに作業することで、ともに大きな喜びに包まれる結果が得られるのだと強調している。「デヴィッド（・ボウイ）との仕事は本当に楽しかった。素晴らしい才能の持ち主だね」とも言う。

フレディはボウイと同じようなところまで来た、と痛感したのだろうか。実は、ヒットに関してクイーンとボウイは、ディスコブームを牽引した米ディスコバンド「シック」のギタリスト、ナイル・ロジャース（１９５２〜）らの恩恵を被っている。クイーンの全米最大のヒット曲でジョンが作った「地獄へ道づれ」（１９８０年）は、シックの「グッド・タイムス」のベースラインに影響を受けたと言うし、ボウイの全米1位になった曲「レッツ・ダンス」（１９８3年）はロジャースがプロデュースし、彼特有のカッティングギターが効いたナンバーだ。両曲の間に「アンダー・プレッシャー」は作られている。

先述の通り、ボウイは１９９2年のフレディ追悼コンサートで、カメレオン色のスーツに身を包み、異星の動物のようなメイクをしたアニー・レノックスと「アンダー・プレッシャー」を歌った。このリハーサルの映像が残っているが、ボウイはスカイブルーのジャケットを着て、火を点けたタバコを指に挟んでマイクを握って歌う。タバコは、歌っている間、吸わない。煙だけが流れる。最後にくわえタバコになって1、2回ふかす。この気障《きざ》でスタイリッシュなムードがボウイの真骨頂だ。そんなボウイは訃報を聞き、フレディの家の前に花を手向けた。添えられたメッセージにはこうあった。「寂しくなるよ　デヴィッド・ボウイ」。

英シンガーソングライター、エルトン・ジョン（1947～）、英ロックヴォーカリストのロッド・スチュワート（1945～）とも仲が良かった。「最初に彼に会ったとき、本当に素晴らしいと思った」「エルトンは長らくの友人だった」とフレディは言う。『A LIFE』では、少し冗談めかしてこんなエピソードを披露している。3人は「髪（Hair）・鼻（Nose）・歯（Teeth）」というバンドを作ろうとしていた。「よしやろう」ということになると、翌日にはエルトンが「ロッドとは歌いたくない」といい、ロッドは「フレディとは歌いたくない」と言う始末だったというのだ。髪はエルトン、鼻はロッド、歯はフレディをそれぞれ象徴する単語なのだろう。

マイケル・ジャクソンも好敵手だったのだが、フレディは彼からの影響も認めている。クイーンサイドはマイケルに「地獄に道づれ」を歌ってもらいたかったというが、マイケルはクイーンによるシングル化を進言。本心だったのか、体よく断ったのか、そこは不明だ。結果として、この曲は全米で大ヒットした。マイケルにもよく似合う曲ではある。「生命の証」について、マイケルはこの曲を気に入って共演しようと希望したが、フレディは彼のヘルプなくソロアルバム『Mr.バッド・ガイ』に収録。それを聴いたマイケルは泣きださんばかりにがっかりしたという。

フレディが「とても良い声で品格のセンスがある。彼は私の好きなシンガーの1人」と称えたのはポップデュオ「ワム」としても活躍した英歌手のジョージ・マイケル（1963〜2016）。追悼コンサートの「愛にすべてを」は、純粋に素晴らしいパフォーマンスだった。ジョージ・マイケルは1987年、フレディの憧れのアレサ・フランクリンとデュエットし、「愛のおとずれ」を全米・全英1位に輝かせた。

フレディは「彼女はいまだに僕にアプローチしてきてくれない。ジョージ・マイケルが彼女とデュエットしたことに気が狂いそうになった。僕ならもっとうまくできたのに」と心情を吐露している。

確かに「愛のおとずれ」では、アレサのすさまじい歌声にジョージ・マイケルはやや受け身になっている。フレディの80年代半ばの歌声を想像するに、彼よりうまくできたに違いない。フレディにあって彼にないもの、それは声の鋭さと喉の唸り音である。ジョージ・マイケルは徹底的に甘くまろやかなのである。

英ポップ・ミュージック・バンド、カルチャー・クラブの派手やかなヴォーカル、ボーイ・ジョージ（1961〜）を「偉大な才能がある……かつてのグラム・ロック全体をアップデイトし、しかも自分なりのやり方でそうしている」と評価している。カルチャー・クラブも「第2次ブリティッシュ・インヴェイジョン」の文脈でヒットを出していった。第2次ブリティッシュ・インヴェイジョンは、60年代にビートルズらイギリス系の勢力がアメリカのチャートを席捲した「ブリティッシュ・インヴェイジョン」を受けての呼称で、80年代のイギリス勢の猛攻を指す。フレディは、その渦中にあった、「シャウト」などをヒットさせたティアーズ・フォー・フィアーズ、「リラックス」のヒットを持つフランキー・ゴーズ・トゥ・ハリウッド、ヒューマン・リーグといったバンドやユニットには好意を示している。ダイアナ・ロスやマーヴィン・ゲイらのモータウンサウンドへのオマージュに満ちたバンド、スパンダー・バレエもお気に入りだった。しかし、同じように奇抜な衣裳の男女混成バンド、トンプソン・ツインズやビリー・アイドルについて、フレディは「理由は分からないが好かない」と述べている。思うに、ヴォーカルにとろりとしたまろみやデリカシーが薄いからではないか。好みのバンドのヴォーカルたちには、どことなく品がある。

『クイーン大事典』(迫田はつみ訳)の著者で音楽ジャーナリストのダニエル・ロスは、フレディに影響を与えた存在として、エジプトの国民的な女性歌手ウンム・クルスーム(1898〜1975)の名を挙げる。非常に興味深い卓見である。ロス自身がクラシックに造詣の深いライターであるためか、クイーンの曲の分析にはクラシックやオペレッタの知識を援用している。フレディがクルスームの歌に親しんでいたかどうかは分からない。ただ、彼女の歌声のアタックは鋭角で、リリースでは軽く抜いたり、語気強く押し上げたり。喉で呼気だけを通す空気音も巧緻なアクセントとなっている。融通無碍な旋律の揺らしは名人芸だ。グルーヴ感豊かに物語が展開するようであり、聴取者は、幾層にも重ねられた薫り高い薄織りの衣裳に抱かれながら、声に絡め取られていく愉悦を感じる。フレディの歌のもたらす感触、テクスチュアに通じるとも言えるだろう。

ペルシャ伝統音楽のパリッサ（１９５０〜）という桁外れの美声を持つ歌い手がいる。フレーズの中間部や末尾のリリースでタハリール歌唱を聴かせる。タハリールはナイチンゲールの鳴き声を模した声の技巧で、ほとんど咽喉に力を加えずに裏表の声を連続させるもの。ヨーデルに似た器官の使い方だが、ヨーデルよりもずっと細かく早く震わせる。例えば「伝説のチャンピオン」の冒頭フレーズの末尾で、フレディが奏でる静かな顫音ともいえるヴィブラート（つまり②抜き声の顫動）は、実は、このタハリール歌唱を応用しているのではないかとさえ思う。

『Ａ ＬＩＦＥ』では、ほかにエルヴィス・プレスリー、ビートルズ、ローリング・ストーンズらへの言及はもちろんあるが、顧みられなかったのはプログレッシヴ・ロックである。『クイーンⅡ』は明らかにプログレッシヴ・ロック、中でもイエスの影響が強いと思われるが、インデックスを確認する限り、イエス、ピンク・フロイド、キング・クリムゾン、ＥＬ＆Ｐには触れていない。また、ボブ・ディランにも特に触れていない。

クラシック、ジャズ、ロック、ポップスなどジャンルを問わない。男女も問わない。フレディは、飛び抜けた個性が宿るビビッドな声で、起伏と陰影に富み、抜群のフレージングで上手に歌うミュージシャンを好んだようだ。さもなくば、とんでもない才気でサウンドを構築したり自己演出したりするアーティストや、生き方そのものが社会に向けたメッセージになっているミュージシャンに、強烈な刺激を受けてきた。自分のスタイルでショーマンシップを発揮し、時代を象徴し、各時代に刻み込まれたミュージシャンたちへの敬愛にあふれた眼差し。いずれにしても、「規格外」の存在たちだ。彼らはヴォーカリストとして、またミュージシャンとしての自分の理想とする姿と重なったのである。

第7章　心を破裂させる調べ

――「凄さ」の解体新書③　作詞・作曲家

作詞・作曲家としてのフレディ——特徴と美旋律の源

これまで、フレディの声の高さ、声そのもの・声質の特異性、ヴォーカリストとしてその声を駆使したフレージングの多彩性などを点検してきた。これらだけでも突出していることが分かるのだが、加えて、彼には人のまねできない天賦の作詞・作曲能力が備わっていたのである。歌声も凄いが、曲も凄いのだ。

この章では、フレディが作詞・作曲した「by Mercury」の曲を中心に、筆者の感性を刺激して多様な想像を膨らませてくれる曲について述べてみようと思う。紙幅の都合もあって、フレディの曲のうちの一部の感性的受容の中身となることをお断りしておきたい。

数の点からみて、フレディ単独の曲は初期から後期にかけて徐々に減っていく。それは、前期の『クイーンII』以降、曲もイメージ作りもフレディ主導だったことを明らかに示す。ブライアンも曲数は拮抗していたものの、控えめな感が強かった。ヒット曲の面で見ると前期後半から「マイ・ベスト・フレンド」のジョンの比重が増え、中期から「ウィ・ウィル・ロック・ユー」のブライアンの曲も重要度を増してくる。そしてとがったロック色という独自の路線を走っていたロジャーが「レディオ・ガ・ガ」あたりからヒットメイカーになっていく。ジョンが早いうちからヒット曲を生み出しているのは意外かもしれないが、クイーンの全米最大のヒット曲「地獄へ道づれ」は、フレディの曲ではなく、誰あろうジョンによるものだ。

後期にかけてフレディの曲が減っていくのは、同時に「コンポーザー」から「ライヴパフォーマー」へと活動の軸足を移していく軌跡と重なっているとも言える。歌詞の点から検討すると、初期にはドラゴンや夢魔、妖精の徘徊する神話・ファンタジー的な世界や高級娼婦のラグジュアリーな世界を神秘的に、繊細・複雑に、ユーモアたっぷりに、かつエレガントに奏でていたが、後期には、例外はあるが、よりシンプルな内容を、錯雑を避け、よりストレートな旋律で描く傾向が強まっていく。これもフレディの活動の軸足の移行と関連しているだろう。

フレディの楽曲の特徴については、第3章の「凄さ」の概要でも説明した。(1) 奇妙奇天烈な曲 (2) 美しい小曲 (3) ポピュラーな曲 (4) ショーのような曲 (5) クラシック曲とも言える芸術性の高い曲で分類できるというものだった。付言すれば、自らが歌いこなしたハード・ロック、ロカビリー、美バラード、ミュージックホール・ヴォードヴィル、ゴスペル、ソウル、ファンク、ミュージカル、映画音楽、クラシカルな楽曲、珍無類の楽曲など、どんなジャンルのヴォーカル曲でも創り出せる楽想の分母があった。

ハーモニーの点では「ボヘミアン・ラプソディ」や「愛にすべてを」などクイーン独特の重厚壮麗なコーラスを伴うものが多い。リズムの面では、初期は「マーチ・オブ・ザ・ブラック・クイーン」でポリリズムを導入したが、その後はさほどの凝り方は見せなかった。ただ、フレディの曲は通作形式であることが多い。裏返せば、異なる複数の曲想を組み合わせているわけだ。リズムもそれぞれ異なるから、異拍子展開する曲も出てくる。「ミリオネア・ワルツ」

「プリンシス・オブ・ザ・ユニヴァース」「イニュエンドウ」など静かな間奏部を挟む曲も目立つ。間奏部のリズムは当然、前後と異なっている。

メロディーは、ピアノとの呼応から生まれるケースが多かったのではないかと思う。ライヴでも明らかだが、「輝ける7つの海」「キラー・クイーン」「神々の業（リヴィジテッド）」「ボヘミアン・ラプソディ」のバラード・パート、「愛にすべてを」「伝説のチャンピオン」「ドント・ストップ・ミー・ナウ」「プレイ・ザ・ゲーム」といった代表曲のほとんどが、ピアノを弾きながら歌う。ピアノとの対話から生まれる歌であり、旋律なのだ。

メロディーラインは、劇的に多様複雑な世界である。その証拠にコードは多種類に及ぶ。

アメリカの大手出版社ハル・レナード社刊行の『The LITTLE BLACK SONGBOOK QUEEN』によると、4人の中で、フレディの曲はコード数が比較的多い。大曲で見ると、「ボヘミアン・ラプソディ」が61種、「マーチ・オブ・ザ・ブラック・クイーン」が42種。比較的短い曲「ラヴ・オブ・マイ・ライフ」でさえ48種、「キラー・クイーン」で30種、「バイシクル・レース」で28種のコードを使っている。あえかな万華鏡のようだ。

メロディーラインの特徴を端的に言うのは難しいが、歌自体に不即不離に存在している点は確実だ。ロック曲には、歌と楽器の旋律を合わせることで、曲の旋律を成立させるものも、曲の旋律があえて不明確なまま推し進める名曲も多い。例えば、イエスの「危機」の冒頭部やデヴィッド・ボウイの「ビコーズ・ユアー・ヤング」などで、大衆に媚びない趣がある。ライヴで一緒に歌うのは困難だろう。これに対し、フレディの旋律は歌自体に素直に存在するから、歌うには高度な技術を要するが、ライヴで一緒に歌えるのである。

筆者の音楽聴取経験からあえて言えば、フレディの楽曲のコアな内省的部分、たとえもなく美麗な旋律の源は、バロック初期のイタリアの作曲家ジュリオ・カッチーニ（1545／1551～1618）のモノディの宗教曲、エリザベス朝のイギリスの作曲家ジョン・ダウランド（1563～1626）の歌曲、ドイツ生まれでイギリスに帰化したバロックの巨匠ゲオルク・フリードリヒ・ヘンデル（1685～1759）のオペラのアリアの源と親和していると感じる。カストラートのカッファレッリ（1710～83）が初演したといわれるアリア「オンブラ・マイ・フ」や「私を泣かせてください」などに宿る明瞭な旋律のぬくもりと哀しみは、フレディの旋律の同族ではないかと考えている。

フレディの曲を味わう

曲が成立した経緯・背景や、ヒットチャートの記録、その他関連するエピソードなどの楽曲解説は、クイーン研究家の石角隆行さんら専門家諸氏の既刊書にほとんどを譲る。ここでは、筆者なりの感性的受容の内実を描いてみたい。あくまでクイーン（15枚）、フレディ・マーキュリーのソロ（2枚）のスタジオアルバムとして世に送り出された音源を主な対象とする感性的受容なので、読者も同じ音源に接することができる。記述は楽曲（メロディー、リズム、ハー

戦慄の王女（①収録、1973年）

モニー）の構造、フレディの声、フレージングなどはもちろん、ブライアンのギタープレイなど他のメンバーの演奏などの要素すべてを含むテクスチュアを対象にしている。歌詞世界に偏ることもある。牽強付会や奇妙奇天烈な説も臆せず提示する。他の章でたびたび言及している曲などは思い切って割愛した。リリースの年数は、特記しない場合、イギリスでのそれに準ずることとする。まずは1973年、デビュー盤の『戦慄の王女』の曲から始めよう。

①「マイ・フェアリー・キング」（1973年）

ひたひたと、傍らに妖精たちが忍び足でまつわりつき、かすかな羽音を立てて微笑んでいる。妖精らは馬にまたがり、笑みに無邪気と邪気を混交させて疾駆させるが、その世界を殲滅《せんめつ》の邪悪が踏みにじりだす。夢の混濁とはかなさ、脆さを震わせながら、妖気の香高いドクトリネア（狂信的）な嗟嘆が、イギリスの森と湖をおおう深いゴシック・ロマンの霧に漂う……。歌詞とは異なるが、こんな情景が見えてくる。

作家の芥川龍之介らが影響を受けた英詩人ロバート・ブラウニング（1812～89）の「ハ

ーメルンの笛吹き男」にインスパイアされた歌詞という。「Mother Mercury」（母なるマーキュリーよ）と歌うことで、出生名の姓「バルサラ」から「マーキュリー」への改名を自らに命じたかのようだ。世界の紊乱《びんらん》を救済する神の使いに自身を見立てたのだろうか。この曲を聴いたブライアンがフレディの「ただならぬ才能」を感じ取ったのもよく分かる。

フレディの特長である変奇面妖な曲で、神秘性を靡かせるアートロックでもあり、歌詞と音楽が見事に一致する秀作だ。特異な通作形式で、バラードを含む組曲形式の予兆がある。

クイーンⅡ（②〜⑤収録、1974年）

②「フェアリー・フェラーの神技」（1974年）

クイーン史上、最も構成主義的なアルバム『クイーンⅡ』。LP時代には、ブライアンとロジャーの世界「サイドホワイト」とフレディの世界「サイドブラック」に二分されていた。ジャケットはマレーネ・ディートリヒ風で写真家のミック・ロックが手掛けた。多くのコアファン同様、筆者もこのアルバムを最も好んでおり、この曲の狂い歪んだ不均衡性にやみがたい魅力を感じる。

イギリスの画家リチャード・ダッド（1817〜86）

の同名の細密油性画（1855〜64年制作）にインスパイアされた。ダッドは殺人者だったが、精神鑑定により、王立ベスレム病院（ベドラム）に収容された。この画はベドラムで黙々と制作されたものだ。出口のない閉塞感や過度な稠密性が息苦しい。曲は絵画そのままの窒息感覚に満ちている。妖精フェラーが胡桃を割るのを見物しようと、妖精王オベロンと女王タイタニア、ケルト神話中の妖精の女王マブ、政治家、教育者、好色家らが集まってくる。そして早く胡桃を割っておくれ、という単純な内容なのだが、これだけ集まってくると、人いきれが加わりそうだ。シェイクスピアの『真夏の夜の夢』に通じる世界でもある。

フレディの弾くハープシコードのパッセージは狂い踊っている。キング・クリムゾンのギタリスト、ロバート・フリップにも通じる狂気の旋律だろう。名辞読み込みの手法は、後にも「キラー・クイーン」「ムスターファ」「バイシクル・レース」でも登場する。名辞にまつわる世界観によって、リスナーの想像力を掻き立てる手法である。

ちなみにダッドが1862年に描いた「バッカス祭の情景」の目や鼻のとがった形状の人物はフレディにも似ている。

③「ネヴァーモア」（1974年）

この曲から連想される世界は、2分足らずという演奏時間の短さとは裏腹に、筆者の妄念を掻き立てて広大だ。連想される膨大な事項の一端を述べてみたい。それはまず、詩人ポーから始まる。

19世紀の米作家・詩人エドガー・アラン・ポー（１８０９～49）の作品には、怪奇とロマンのあやなす世界が息づいている。ポーは、ジョージ・ゴードン・バイロン（１７８８～１８２４）、パーシー・ビッシュ・シェリー（１７９２～１８２２）、ジョン・キーツ（１７９５～１８２１）らのイギリス・ロマン派の正統な継承者であり、フランスの耽美派詩人シャルル・ボードレール（１８２１～67）への橋渡しの役目を果たした。日本の作家江戸川乱歩が、このゴシック・ロマンスの泰斗の名をもじったことでも知られる。ロマン派、ゴシック・ロマンス、耽美派の系譜は、欧米文学史の美感豊かな潮流であるが、ここでは深入りしない。

さて、ポーの有名な物語詩「大鴉」（The Raven）では恋を失った主人公の男の問いかけに、大鴉は無機質に「Nevermore」（二度とない）とだけ答える。断ち切れぬ恋情の呪わしさ、主人公自らを窒息させんばかりの逆巻く妄念に拍車をかける「Nevermore」の響き。この単語ゆえに、彼は失恋の懊悩に翻弄されていく。それは実は、遠鳴りの汽笛のように、彼には無関係な原理による現象なのに、彼は非情にも自らに宣告された事務的な判決のようにとらえ、そこに宿命の啓示を感じ取り、怒り、憎み、嘆き、顔に自己憐憫の暗い薄ら笑いを張り付け、自嘲し、ほのかに望み、絶望し、錯乱していく。

自ら絶望を確かめるために大鴉に問いかけ、「Nevermore」という回答を望んでいるかのよう。激情の煩悶は、その都度「Nevermore」という一種の非情の異化効果で一旦中断するものの、再三再四、烈情が再燃して、徐々に荒廃した狂気の沼に沈んでいく。ほぼ全編を通じ、怪奇幽遠の霧の向こうから不気味に響いてくるのが「Nevermore」。

フレディはこの詩を意識していたのだろうか。「大鴉」は、「マイ・フェアリー・キング」でフレディが参考にしたというロバート・ブラウニングの妻で、夫以上に並外れた詩人エリザベス・バレット・ブラウニング（1806～61）の詩「Lady Geraldine's Courtship」の形式の影響を受けたといわれる。

この曲は愛を失った者が、二度と戻れない道に追い込まれてしまう様を抒情的に歌う。「大鴉」の主人公と同様の立場だが、その苦悩を淡彩絵具を溶くように流す。「Listen to the breeze」「Whisper to me please」や「below」「grow」など部分的に脚韻が快く響き、イギリス・ロマン主義の古典詩に接近している。フレディの愁いで潤んだ声とファルセットが、哀しみの手紙に綴られたインクの文字をにじませていく。いずれもコーラスで、フレディの声にかぶさる「アーアー」、交唱される「ネヴァーモア」、そして最後の「アーアーアー、アーー、アーー」が入ることによって、主人公は宿命的に失意の道に押し流されるのだ。このコーラスはロマン主義の青白く霧深い森の神秘のこだまのようで、いつしかアルペジオのピアノと歌唱は、哀情に浸った前奏曲のようにも聴こえてくる。

同じような小バラード曲「谷間のゆり」は、シェイクスピアの史劇『リチャード三世』のセリフを交えるなどヴァースをより厳選して、脚韻を整序していると言えるだろう。

④「マーチ・オブ・ザ・ブラック・クイーン」（1974年）

「マイ・フェアリー・キング」に続く神秘曲である。「ボヘミアン・ラプソディ」の前身とも言える曲でもある。しかし、その構成の複雑さ、歌詞の世界の暗黒的統一性、ポリリズムの使用などから、筆者は粗削りながら「ボヘミアン・ラプソディ」以上ともいえる異端曲だと考える。「すべての闇を統べる君主」という歌詞で、フレディ・マーキュリーその人に染み付いた闇の濃さに思いを致すのである。悪徳の栄える王国の黒い女王のお出ましを鑽仰《さんぎょう》し、悪魔とともに踊り狂い、行進に付き従う屈服者たち。中間部の正義か良心のようなものの声は繭から紡がれる糸のごとく繊妙だが、それも終盤、黒い女王の後進が破壊衝動をうずうずさせて蹴散らしていくのである。その女王こそフレディの分身なのだろうが、この黒い世界の讃美歌は、何ものかに急き立てられる。ヒステリックな狂騒状態に陥っている。それはなぜなのだろうか。

黒い女王たるフレディは、悪魔宣言しても、支配しているはずの闇に自らが侵食される予感に震撼している。フランスの象徴派の詩人ポール・ヴェルレーヌ（1844～96）さながら、「選ばれてあることの　恍惚と不安と　二つ我にあり」だったのだろう。

⑤「輝ける7つの海」（1974年）

「輝ける7つの海」は、全英10位という初のスマッシュヒットを記録した作品で、チャート参入の嚆矢《こうし》となった曲だ。ただそれ以上に重要なのは、曲の密度である。

短い曲である。しかし、ここに4人の心が一致し、目まぐるしい展開を描きながら、一分の隙もなく一つの方向に驀進しているのである。むしろフレディのヴォーカルを後景に追いやりながら、ブライアンのギターがファンファーレまで奏でて狂乱し、ロジャーのドラムが疾駆し、ジョンのベースが踊り、フレディのピアノが繰り返し速いパッセージで光彩をまきちらす。ブライアンのギターがヴォーカルに蔓草のように絡みつき、迫り上げ、歌が描く人々の野心をあおる「ライ王」の姿に威風堂々とした風情を添える。

⑥「ラヴ・オブ・マイ・ライフ」（1975年）

この曲が捧げられた時、フレディの生涯の恋人・友人だったメアリー・オースティンはどんな反応を示しただろう。常人であれば失神せんばかりに喜び、誇りに思うだろう。ピアノも、ライヴのギターバージョンもいずれもいい。切なくも完璧なラヴ・ソングであり、バラードである。ライヴでのオーディエンスとの交唱は、クイーンを親密な欠かせない存在と感じる瞬間だった。綺麗に歌うには非常にデリケートなナンバーだが、これがコール&レスポンスの質を高めていったのである。

歌詞の中身や、曲のモードは各々だが、フレディのバラード作詞・作曲能力はおそるべきものだ。その発揮は、「ネヴァーモア」「谷間のゆり」「テイク・マイ・ブレス・アウェイ」「マイ・メランコリー・ブルース」はもちろん、ソロの『Mr.バッド・ガイ』収録の「生命の証」

「明日なき愛」、『イニュエンドウ』の「ドント・トライ・ソー・ハード」まで続く。時代によって、はかなく幽遠なバラードから、微醺《びくん》を帯びたバラード、柔和で胸襟を開いたようなバラードに変化していくが、いずれも名曲ぞろいである。

⑦「ボヘミアン・ラプソディ」(1975年)

ロック史上、最高に奇異にして最高に秀抜なこの曲は、フレディが言うように、もともとは3つの曲だった。最初のバラードセクション、2番目のオペラティックセクション、そして3番目のロックンロールセクションである。さらに細分化すれば、①プロローグ ②バラード ③オペラティックセクション ④ロックンロール ⑤エピローグの5部構成となるだろう。フレディの言うところの「凶暴なヒネリ」で生み出された。バラードとロックンロールの間に、ある意味で異質なオペラ的なパートを挟む発想が最も優れた点だろう。やはり完成に時間をかけたという「マーチ・オブ・ザ・ブラック・クイーン」を洗練させた部分もある。プログレッシヴ・ロックには、木に竹をついだような曲が時折あるが、フレ

オペラ座の夜（⑥⑦収録、1975年）

ディは杜撰《ずさん》なことは決してしないのである。バラードとオペラティックセクションを滑らかに縫合するのはロマンチシズムに満ちたブライアンのギターだ。

クラシックに詳しい研究筋は、イギリスのオペレッタの作家コンビであるギルバート・アンド・サリヴァンによる「ペンザンスの海賊」が「ボヘミアン・ラプソディ」に影響しているのではないかと推察している。プロローグの曲調やオペラティックセクションの掛け合いの部分が該当するという。このオペレッタは思いのほか佳曲が多い。ただ、フレディの場合、掛け合いの手法はすでに「ライアー」からあるのだ。

フレディは後の「永遠の誓い」のプロローグで、ルッジェーロ・レオンカヴァッロのオペラ「道化師」のアリア「衣裳をつけろ」の有名な旋律を借用している。「ライフ・イズ・リアル（レノンに捧ぐ）」では、ジョン・レノンの「ラヴ」を連想させる旋律を取り込んでいる。

しかし、フレディは基本的に既存曲の援用をしない。だから、これは偶然かもしれないが、「ボヘミアン・ラプソディ」のバラードの最初のピアノが弾くリフとなるメロディー「ラ♯ファラ♯レソファ」は、最初の3音が、音高は違うものの「レラレミ」と始まるモーツァルトの「アヴェ・ヴェルム・コルプス」とよく似ている気がするのである。

それはさておき、謎のまま各種の解釈がなされるのが歌詞の内容である。「ボヘミアン・ラプソディ」の曲名はおおよそ「世間のしきたりを無視して自由に生きる放浪者の狂騒曲」という意味だろう。「ボヘミアン」はビート派、ヒッピーに近く、歴史をさかのぼれば、ジャコモ・プッチーニのオペラ「ラ・ボエーム」に言う「ボエーム」と同義で、芸術家、自由な放浪者を指す。

内容の解釈に正解はない。フレディも語っていたようにリスナーそれぞれのものだ。その1人としてあえて言おう。主人公は男に生まれたが、自己内部の男性を殺し、同性愛に走ることになった。転寝の夢で、地獄の裁判にかけられ、主人公は助けを求めるが、悪魔が逃すまいとしている。一転、目が覚めたが、待っていたのは女性との愛が空疎になった現実だった。主人公はとにかくこの苦境から逃げ出そうとしているが、結局、大したことじゃないし、どのみち、風は吹くのだと、風に吹かれるままに彷徨っていく――。『バルセロナ』の制作に参加したイギリスの著名な作詞家ティム・ライスの解釈に通じるかもしれない。

フレディがゾロアスター教をどこまで信じていたのか分からないが、この宗教では同性愛は禁忌である。その禁を犯した男は地獄法廷でも裁かれなければならない。オペラティックセクションは体裁上、バッハの受難曲を連想させるところもあるが、夢からうつつか地獄法廷のように思われる。誰か分からないが、現実に交際していた女性（メアリーであってほしくないが）に、同性愛の秘密を打ち明けたが、毛嫌いされ、軽蔑されたという強迫観念に囚われる。とにかく罪悪感に押しつぶされそうになったフレディはすべてから逃げ出したくなったのだろう。ただ、ふとあたりを見ると風が吹いている。気を取り直し、そんなもの、どこ吹く風だと言い捨て、風の吹くまま漂うまでだ、と開き直ったのかもしれない。

⑧「愛にすべてを」(1976年)

愛することを愛し、愛されることを愛し、愛の飢渇に悶えるフレディの絶叫、哀願の歌である。その狂おしさを、アレサ・フランクリン的なゴスペル調で描いた。この曲にも交唱の要素がある。

中学時代に聴いた時、曲は抜群だし、フレディの声にも歌い回しにも魅了された。しかし、「誰か僕に愛する人を見つけてくれ」という歌詞は、実に奇異に感じられた。フレディは複数者を愛し、複数者に愛されることでしか愛を感じられないような人だったのだろう。いつまでも満つることを知らない虚無が魂の底に巨大な穴を開けていたのである。

後半の「find me somebody to love」は一種の執拗低音として鳴り響き、その虚空にファルセットでヴォーカリーズを遊泳させるところなど、類例のない曲でもある。執拗低音は音程を変えながらファルセットを導き、その下部構造としての役割を果たしている。前述の通り、フレディのファルセット歌唱の高い表現力が顕示されている。

華麗なるレース(⑧収録、1976年)

⑨「伝説のチャンピオン」(1977年)

自信と不安のはざまに立つフレディがいる。我々はチャンピオンである、とすっくと立ってみたものの、これから長く続く日々の闘いに不安が兆す。最後は未解決和音の「sus4」で終わり、宙ぶらりんな幕切れだ（ライヴでは解決させて大々的フィナーレを演出する）。

フレディが早書きした曲といい、その場合は大抵、有節形式の楽曲になる。「キラー・クイーン」「愛という名の欲望」もそうだ。しかし、フレディは繰り返しでは歌わない。歌い回しで必ず変化をつけていくのである。すでに言及したように最高音は「fighting」で出す上の「ド」（C５）だが、最初はファルセット、２回目は地声、３回目は別旋律にする。３パターンは見事にニュアンスを変えている。「輝ける7つの海」「プレイ・ザ・ゲーム」同様、フレディの歌に挑みかかり、蛇のように絡みつくブライアンのギターによる不即不離のあおりの伸びやかさは秀逸である。ジョンのベースも効いている。サウンドに有機的な緊迫感を付与している。優美で雄々しい旋律はよどみなく、静と動のコントラストが激烈な名曲である。

世界に捧ぐ（⑨収録、1977年）

⑩「ムスターファ」（1978年）

フレディの奇曲の中でもとび抜けた、もはや怪曲だ。

中近東・トルコ風旋律のロックソングとしか言いようがない。何しろ歌からは「ムスターファ」「イブラヒム」「アッラー」「あなたたちのために祈る」くらいしか聴き取れない代物だ。イスラム教圏で流れる礼拝呼びかけを意味する「アザーン」のようにも聴こえる。解読不能な歌詞は、ペルシャ語、グジャラート語、ヒンディー語、アラビア語、マダガスカル語のいずれからしく、ザンジバルやインドのにおいが否応なく漂う。奇妙多彩な展開については、あの短い時間によくぞここまで転調したものだと思わせる「バイシクル・レース」にも通じる。一種の噴飯ナンセンスソングなのかもしれないが、ここからが全くのドグマ的な珍解釈だ。

手がかりの「アッラー」はイスラム教上の唯一神のことだから、「ムスターファとイブラヒムよ、アッラーはあなたたちのために祈る」と導き出せる。「ムスターファ」と「イブラヒム」から何を想像するかである。預言者ムハンマド(ムスターファ)の1歳で亡くなった息子の一人がイブラーヒーム(イブラヒム)だったという言い伝えがある。そこでこの2人の名を挙げたとも考えられる。が、もう少しこの曲並みに突飛な考察をしてみよう。

オスマン帝国が版図を広げ、最盛期を迎えたのは16世紀半ば、スルタンのスレイマン1世の治世だったといわれる。スレイマン1世の親友で大宰相に上り詰めたのが奴隷出身のパルガル・イブラヒム・パシャ。スレイマン1世は第一寵妃だったマヒデヴランとの間に王子を授かる。これがムスターファである。スレイマン1世は女奴隷のヒュッレム(後に悪女の代名詞となるロクセラーナ)に心を移し、ヒュッレムはスレイマン1世との間の我が子を次代のスルタンにと考え、イブラヒム、ムスターファ、マヒデヴランの失脚と排除を画策する。

当時、最強の陸軍団ともいわれ、オスマン帝国が征服地のキリスト教徒から徴兵した新軍団「イェニチェリ」はムスターファに絶大な信頼を寄せ、ヒュッレムの謀略は難航する。ちなみに「イェニチェリ」は、欧州への進軍も続け、ドラキュラ伯爵のモデルになったとされるトランシルヴァニア地方（現ルーマニア）の串刺し公ヴラド3世を脅かした。ヴラド3世は負傷したイェニチェリ兵らを串刺しにして、逆に威嚇したという。こういうところにドラキュラ伝説が生まれたとされる。イェニチェリが擁する軍楽隊「メフテルハーネ」に欧州の音楽界は触発され、結果、モーツァルトやベートーヴェンが有名な「トルコ行進曲」を作曲したとも言われる。

ジャズ（⑩収録、1978年）

そして、ついにヒュッレムは徹底的に追い詰めて、スレイマン1世にイブラヒムとムスターファの処刑を実行させてしまう。日本でもBSで放送されたトルコ人俳優らによる「オスマン帝国外伝　愛と欲望のハレム」（制作は2011年以降）は、2人の処刑の顚末も含めスレイマン1世の死没までを描き、韓流ドラマ並みに視聴者を釘付けにするドラマシリーズだった。

もちろん、オスマン帝国時代、頻繁に渦巻いた権謀術数と暗殺の数々を考えれば、非業の死を遂げた権力者は、この2人に限ったことではない。フレディもムスターファとイブラヒムをそう特定されるのは迷惑かもしれない。ただ、フレディが子供時代を送ったザンジバルには、同じイスラムのオマーン帝国のスルタンの旧宮殿もあり、16世紀にはイスラム教の最強帝国でもあったオスマンにまつわる話、悪女ロクセラーナの逸話をどこかで聞いた可能性はゼロではないとも言える。

なお、当時のオスマン帝国はイスラム教帝国だったが、意外にも多民族国家だった。今のトルコのイメージとは異なり、ギリシャ、旧ユーゴスラビアの人々も統治陣に多かったというし、大宰相になったイブラヒムやハレムで実権を掌握し皇后にまでなったロクセラーナらは当初は奴隷で、奴隷たちの出身地として、イタリア、ロシア、ポーランドなどが目立っていたとも言われる。

いずれにせよ、フレディにとっては、それらしい名前を挙げて、ナンセンス曲としてまとめるという遊戯感覚だった可能性が高い。ただ、筆者は、逆にナンセンスの仮面を被せて、実はかつて耳にして、いたく同情した悲劇の2人への追悼曲を書いたというひねりの方が、探究のしがいがあると思っている。ちなみに曲の「ムスターファ」は、かつてオスマン帝国の領地だった旧ユーゴスラビアでもリリースされた。

⑪「イニュエンドウ」(1991年)

ロジャーとともに作った曲で、フレディの最終盤に開花した名ロック曲だ。フレディらしい通作形式で大伽藍のような曲である。モーリス・ラヴェルのボレロ風リズムが荘厳に鳴り響く中、イエスのスティーヴ・ハウのフラメンコギターの間奏部分がメリハリをつける。クイーンが原点回帰したとも受け止められたが、これだけシリアスで重厚に構築されたロックは、初期クイーンにもなかったかもしれない。その意味で、クイーンは91年のこの段階に来ても新局面を切り開こうと変化していたのだろう。

レッド・ツェッペリンの「カシミール」にも通じるサウンドではあるが、歌の旋律は雄壮、いやむしろ崇高で、フレディの歌唱は鬼気迫るものがある。

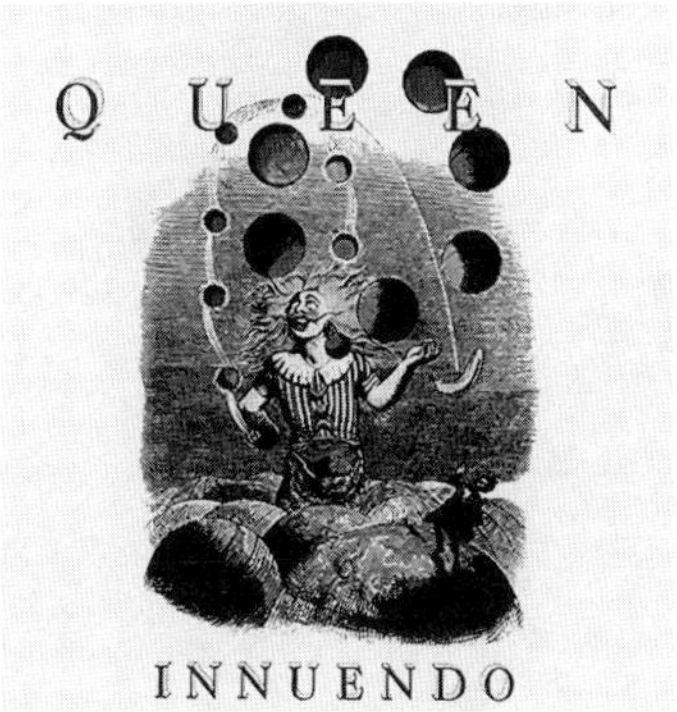

イニュエンドウ（⑪収録、1991年）

⑫「ウインターズ・テイル」（1995年）

この曲については本書内で何度も触れている。最後にフレディが作詞・作曲したと言われる。穏やかな清々とした空気を吸い込み、アルプスを遠景にしたスイス・レマン湖のほとりに立つフレディ。天国を垣間見た彼は、その喜びを歌い上げようとした。この曲調と音域からすれば、ファルセットを用いれば、天使の

メイド・イン・ヘヴン（⑫収録、1995年）

精気漂う曲になっただろう。しかし、フレディは地声で歌い上げる。仮声帯をぶるぶると震わせるパンチのある声だ。そこに地上のロックヴォーカリストとしての真価を見せて、天国に声を届けたのではなかったか。「イッツ・ア・ビューティフル・デイ」はこの曲の前奏曲のようでもある。

一方、先述したが、最後に歌を録音したのが「マザー・ラヴ」で、途中からフレディの声が絶えたため、ブライアンが歌い継いでいる。最後に撮影したビデオがロジャーの曲「輝ける日々」だった。ビデオの最後は、「ラヴ・オブ・マイ・ライフ」にも登場する「僕は今でも君（たち）を愛しているよ」（I still love you）。旋律に乗って歌い、その後、同じ言葉をささやく。ちなみに、最後の公けの場でのパフォーマンスは、88年10月にモンセラート・カバリエと一緒に行ったアルバム『バルセロナ』収録曲のそれであったという。

⑬「ラ・ジャポネーズ」（1988年）

「素晴らしい朝が明ける」と日本語で始まるこの曲は、まさに「素晴らしい」。そして「夢のよう」。箏の音色が、あたかも、黄金《こがね》なす落葉が水面に落ちる様を思わせるようで、雅な感覚を醸し出す。箏といえば、ブライアンが「預言者の唄」で「トイ琴」を使ったことがあるが、この曲では本格的に導入している。フレディが憧れたモンセラート・カバリエとともに歌う。2人の日本語の発音が実に綺麗だ。中国的な旋律も入り込んで東洋趣味が横溢するが、すでに触れたように、「いつも君だけは心の友」と歌うフレディの目線の先には、日本のファンたちがいたのだろう。うっとりするような異国での歓迎の思い出を感謝の心情にくるんで心の宝箱にしまいこみ、抱きしめているようなフレディの姿が見えてくる。

モンセラート・カバリエとのコラボレーションアルバム、バルセロナ（⑬⑭収録、1988年）

⑭「エンスエニョ」（1988年）
⑮「エクササイズ・イン・フリー・ラヴ」

「エンスエニョ」のもとになったのは同一旋律の「エクササイズ・イン・フリー・ラヴ」だ（『神々の遺い～フレディ・マーキュリー・シングルズ』に収録）。フレディがモンセラート・カバリエに捧げた曲で、これは驚異的である。デュエット曲「エンスエニョ」のカバリエの歌唱と拮抗する「フリー・ラヴ」のフレディのソプラノかメゾソプラノの歌唱は、彼岸をたぐり寄せるかのようだ。ほぼ全編ファルセットで「リリー、リリー、ディアウー」といったヴォカリーズで描く。妖気漂うヴォカリーズがたどる洋の東西のあいまいな危うい旋律はさまざまな光景・情趣を映し出す。ザンジバルの異国情緒あふれる光景、インドの混沌の光景、孤独、悲哀、懊悩、心のすさみ、不条理な差別に踏みつけられた心の嗟嘆、どす黒い血のわだかまりなどが恍惚の中に浮かんでは消えてゆく。現代のカウンターテナーによるカッチーニやヘンデルの曲の歌唱に勝るとも劣らないフレディの表現力である。いや、それらが束になってもかなわない深淵がある。

この曲には人間の性の境界線をめぐり闇にこだまする「何か」がある。フレディはピアノを弾きながら、かなりの高音をさえずるように調べる。非ポピュラー的でクラシック的表徴《ひょうちょう》なのだが、まるで古代ペルシャの遠韻に領されたような異国・懐古趣味があって、フレディの声は男女のあわいになよやかに揺らめき、今し方肉を刻み、血に染まって滴りを落とす呪われた刃物のようにおぞましく、豊饒の川に流れゆく屍体の臭気が染み付いたような汚れた神聖を奏でている。聴取者は、官能と死臭の美醜に絡め取られていくのである。

フレディの作詞・作曲家としての創作能力は無尽蔵だった。楽曲は一風変わっているのが普通だったが、真っ直ぐ奥深く、聴取者の細胞に浸透した。旋律はただただ美しい。これらは、クイーンを世界に冠たるロックバンドたらしめるための旗艦曲の数々となったのである。

第8章　輝けるマーチ——「凄さ」の解体新書④ パフォーマー

圧倒的な身体的パフォーマンスを展開してきた点でも、フレディ・マーキュリーは特筆される。目に刺激的なシアトリカルな要素たっぷりだ。時に暗黒色の濃いファンタジーのあくどい妖精か悪魔のように悲劇的で、時にコンメディア・デッラルテのように喜劇的だ。何より体全体を使った発声方法で歌うために、結果的に表出する身振り手振りは余人をもって代えがたい独自の境地を示すのである。珍妙な場合も多い。上半身の素早い振りかぶりには、切れ味のよいアスリートの動きに通じる動線が見え、翻って脚線美を見せつけて身をそらす姿態には、70年代から変わらぬ、自己陶酔型のヒステリックな女王の権高さがちらつく。

本章では、主にステージでのフレディのパフォーマーとしての「凄さ」に注目し、身体的・可視的な側面を概観する。衣裳やピアノを演奏する姿も含まれ、ピアノの技量などについても触れておこう。

最高次元のコール&レスポンス

結論から先に記せば、フレディのステージ上の動きは、威厳を見せて堂々と屹立し、逆V字型に佇んでは脚でリズムを刻み、右腕を天に突き立てるように上げ、腕を振り上げ、また振り下げ、脚を後方に引きながら蹴り上げ、走り回り、妙ちきりんで破廉恥なほどの動作をし、ボクシングのスパークリングを始め、横に向いてのけぞり、ピアノに向かえば細長い指が高速に鍵盤を駆け回る。大きく口を開けて歌う時にいやでも目立つ前歯や「オー」「ウー」と発声しそうな唇の形すらもトレードマークにして観客を喜ばせる。そして、この時にものを言うのが、スタンドが中途半端に切れた「ボトムレス・マイクスタンド」である。ブライアンはこれをマイクスティックと呼んだ。これはエアギターになったり、トレーニング用の鉄棒になったり、野球のバットになったりしたのである。この「魔法の杖」につかまって、「アウッ」という口の形でのけぞる姿態は、見事な彫像になりうるほどだ。少し飛び上がって勢いをつけ、右足を回転軸にして、後ろから前へくるっと切れ味よくターンして、左足を浮かせたまま伸ばすバレエ的なウルトラＣもあった。「魔法の杖」は一瞬きらっと輝き、回転の速さを伝えた。片足のポワントに立って旋回するバレエの「ピルエット」だ。片足で立って他の片足の膝を曲げて空中で保つポーズ「アティテュード」も頻出する。しかもフレディは空中に保つ足の対角線上の腕を高く掲げる変化球を見せる。客席へのお辞儀は決まったようにバレリーナが行う「レベランス」。端的に言えば、奇妙で、神々しく、優雅で、逞しく、面白おかしい。悲劇の神と喜劇の道化が組んず解れつするかのようだ。

むろん動作だけでなく、歌い、ピアノを弾き、時折ＭＣも交ぜ、全身全霊で観客と交流しているのだ。観客を笑わせ、うっとりさせ、涙させ、はっとさせ、歌わせ、手をたたかせ、時には過剰ゆえに辟易《へきえき》させながら、観客の心身の灰汁を洗い流し、観客がライヴの帰り道につくころには、彼らの身も心も充足させているのだ。ロックだ。クイーン全体で成し遂げることなの

ライヴ・エイドで熱唱するフレディ
（写真：Shutterstock／アフロ）

だが、フロントマンとしてのフレディには責任の多くがのしかかってくる。フレディのパフォーマーとしての「凄さ」とは、結果的に、観客とのコール&レスポンスを最高の次元で引き起こし、何人であろうと観客たちを身ずから再生させてしまう点にある。

その決定打は、おそらく腕を指揮棒のように動かす「エーオ発声練習」だろう。フレディはこの観客との交歓の時間を使って、その日の声や喉の調子を自己診断していたとも言われる。マライア・キャリーがソウルフルにこぶしや揺らしを利かして歌う時に、手はその細かい旋律をなぞるように、あるいは旋律を先導するように動くが、これは自分の声を動かすためのサポートになっているから、フレディとは違うのだ。フレディの手や腕は、観客を左右に靡かせる明瞭な指揮棒だ。その動きが観客にカタルシスをもたらす際の重要な可視的要素なのだ。

フレディのパフォーマーとしての可視的要素、つまり、ステージ上の動き、衣裳、髪型、演出などは、楽曲、それに応じたヴォーカリストとしての歌い回しが必然的にもたらすものと言える。それゆえ年代によって変化する。大きく言って、1970年代前・中期、70年代後期、80年代以降に3分類できるだろう。

1970年代前中期

1970年代前・中期というのは、アルバムで言えば、『戦慄の王女』『クイーンII』『シアー・ハート・アタック』『オペラ座の夜』『華麗なるレース』というイギリスを拠点にしていたころである。「輝ける7つの海」「キラー・クイーン」「ボヘミアン・ラプソディ」「愛にすべてを」などの時代だ。

初期のフレディは神話、ファンタジー中の妖精や魔王に扮した。暗黒界を表象するかのような黒。天上界を象徴するかのような白。この二元論的対比が洗練されていた。

ファッションデザイナーのザンドラ・ローズ（1940〜）の衣裳を好み、プリーツをたっぷり施した袖長の白装束は両腕を真横に上げていくと、あたかも合わせ扇のように円形のフォームが生まれ、白鳥か白鷺のようであった。邪神によって鳥に変身させられたオリエンタリズムの異香をたなびかせる王子のようでもあった。一方、ひらひら衣裳では隠れている胸毛が密集する胸をこれ見よがしに強調するV字・U字開きのブラウスや全身タイツのことも多かった。ぐっと強く声を出すところでは、手は五指を広げ切っている傾向が見て取れる。片方の指の爪に黒いマニキュアを塗った。ライヴ中はワイングラスを手にした。長い髪が口にまとわりつくのを払う仕草には、貴族の女性のような麗しい気品が艶めいた。曲紹介のMCで「次のナンバーは」と言う時などに「r」を巻き舌で発音することもあった。言葉、仕草、作法などの洗練を要請する上流社交界の「プレシオジテ」を信奉していたのだろう。ステージのラストには膨大なスモークが立ち込め、神秘的ムードを演出した。

「ごく初期の頃のステージで黒しか着なかった……続いて白を取り入れて、多様性のためだったんだけど、それがどんどん成長していった」

その後、フレディはバレエ風のU字開きの全身タイツ姿を定番とするようになる。それは黒であり、白であり、白黒のダイヤ柄であり、市松模様的な白・朱・緑のダイヤ柄でもあった。おそらく当時のものとみられるフレディの言葉を聞こう。

「僕はあのバレエ的なものにハマってる……ニジンスキー風な衣装を表現しようと、僕らの音楽をこれまで以上に芸術的な形で表現しようとしてるんだ」。「ニジンスキー風」というのは黒と白のダイヤ柄の道化役風レオタードを指しているらしい。

76年の来日公演では、裸足で日本の着物もまとった。それを脱ぐと裸の上半身に赤白縦じまの短パンが登場したらしい。細く長い脚を「く」の字に折ったり交差させたりする動作も目立った。ボトムレス・マイクスタンドを、上方に突き上げて構える格好もよく見せた。髪は肩に届くくらいの長さ。フレディはこう語っていた。

「あの頃の自分を思うと実際笑えるんだけど、あれはしなければならないことだった、というのもわかっている……あの黒い艶々のマニキュア、シフォンやサテン（のブラウス）、片手だけはめた手袋とか、当時の小道具の数々を思い出すたび、『まったく！　僕は何をやってたんだ？』と思う……僕の衣装の多くは、今にして思えばとんでもなく恥ずかしいけど、あの頃は真剣そのものだったんだ。それと、僕にはいつもユーモアの要素があったしね」

フレディはいびつな形のアンドロギュヌス、倒錯的な両性具有の魅惑体だった。古代神話や錬金術の図像とともに描かれるのが相応しい外貌と動きを見せていたのである。

1970年代後期

70年代後期になり、アメリカに拠点を移し、アルバムでは『世界に捧ぐ』『ジャズ』のころ、フレディの外貌は変化してくる。「伝説のチャンピオン」「ウィ・ウィル・ロック・ユー」「ドント・ストップ・ミー・ナウ」のころだ。

「伝説のチャンピオン」のころまではまだ胸の開いた、黒白ツートンカラーで左右半身ごとに塗り分けたバレエタイツだったが、ビデオクリップで見ても、「ウィ・ウィル・ロック・ユー」などは、ロジャーの家の庭で撮影し、革のジャンパー姿と、凝りに凝った衣裳を離れ、一般人の服装に寄ってきている。髪も少し短くなってくる。両性具有神ヘルマフロディトスの輪郭は薄くなったのだ。『ジャズ』のころになると、黒のレザー上下が目立ってくる。レザーの上を脱いで上半身裸も定番に。髪は、前髪が短くなるなどさらにやや短めになった。帽子やサングラスを装着することもあった。

「革《レザー》はいいね。むしろ黒豹になったイメージかな」とフレディは語っている。

歌声を強く長く伸ばす時、握りこぶしを作って、下から上へと突き上げるような動作が出てくる。さらに、エレガントに構えてきた脚の開きが「がに股」風に変化してくる。

歌で開いた口を天上に向け、脚を直角に折って反り返るポーズ、そのまま天上に顔を向け、「オー・ウー唇」にするスタイルも頻繁に披露され始める。

この時代、クイーンのライヴ・ステージには、演劇やミュージカルの大道具などの舞台装置ではなく、色とりどりの照明が配され、ショーアップされてゆく。ライヴ盤『ライヴ・キラーズ』のジャケット写真にも映り込んでいる巨大な照明ボード〝ピザ・オーヴン〟の登場だ。7列のレーンに、赤、緑、白のライト計350個が取りつけられ、ステージの進行とともにボードは角度を変えた。「環境を形成するオブジェクト」(ブライアン)だった。フレディは語った。

「僕らは奇抜になりたがっているわけじゃない。あれは単に僕らの中にあるものなんだ。いわばロック界のセシル・B・デミル(米映画監督)かな――いつでももっとビッグな、もっと良いものにしたいと思って止まないわけだよ」

1980年代以降

80年代以降、フレディはパフォーマーとしてもさらに脱皮し、ビッグになっていく。会場観客数もそれに比例した。当時、特に米国市場ではMTVが音楽界で重要なポジションを占めるようになっていた。各ミュージシャンがビジュアル面で腕を振るった。クイーンが『ザ・ゲーム』『ホット・スペース』『ザ・ワークス』『カインド・オブ・マジック』『ザ・ミラクル』、そして『イニュエンドウ』『メイド・イン・ヘヴン』をリリースしていった時期である。

筆者所有のフレディ人形

フレディは、おおよそ1～2万人台のアリーナ級、数万人以上のスタジアム級のロックパフォーマーとして成長していく。自己の解放は甚だしさを増し、私見によれば、81年ごろパフォーマーとして一旦、最高潮を迎えたとも言える。しかし、82年の『ホット・スペース』の不評以降、停滞を余儀なくされ、パフォーマーとして世界に君臨したのは、「ライヴ・エイド」に出演した85年ごろからだったろう。前述したが、映像でも明らかなように、観客の心を完全にわしづかみにしたのは、コール&レスポンス、「エーオ」1発の魔法だった。

「あえて言うなら共通点は、レッド・ツェッペリンよりもライザ・ミネリのほうが多いかな。僕らはどちらかと言うと、ロックの伝統よりもショウビズの伝統に則しているからね」とフレディは言った。朗々とした重音圧の高音が心の淀みをぶっこわしてくれる。奇抜な衣裳で駆け回り、珍妙な動きで笑わせたり泣かせたり。耳にうれしいヒット曲の数々。まさにロックミュージシャンであり、疑う余地もなくエンターテイナーであった。フレディはこれらを両立させたのだ。

自分を笑いものにするのが大好き

この時期、フレディはゲイ・スタイルに突破口を見いだした。鼻下・上唇上のムスタッシュと呼ばれる口ひげを蓄え、髪はぐっと短くなり、長い脚は細く胸板も薄いままだが、マッチョなスタイルに転じた。衣裳もタンクトップにレザーズボンかジーンズとくだけた。中にはエアロビクスのトレーニングウェアのような衣裳もあった。

と同時に、ビデオクリップの中では、プリテンダーさながら、なりたいものになった。それは演劇的だが、かなり非現実的な極端な演出だった。フレディが扮するのは、ドラゴンや人食い鬼やニンフではなく、「永遠の誓い」では一見、場違いな百目大魔王のような海老のお化けだったり、「ブレイク・フリー（自由への旅立ち）」では、口ひげを生やしたグラマーな女性だったり。何度も触れているが、英王立ロイヤル・バレエ団と共演し、ドビュッシー作曲「牧神の午後」の牧神を演じるニジンスキーそのままの扮装姿まで披露した。人工的で不自然。大仰でけばけばしい。米作家スーザン・ソンタグが考察した「キャンプ」様式の系譜に位置づけられるだろう。

特に両極端の合体は、テレビ視聴者や観客に、悪寒、嘔吐、辟易を強いるほど悪趣味だった側面もある。「ブレイク・フリー」の「口ひげを生やしたグラマーな女性」に、アンドロギュヌスの妖美は皆無だ。単に両極の無理な合体なのだ。それをもってジョークとして、自覚的に観客を挑発しているのだ。フレディの次の言葉はそれを物語る。

「僕は自分を笑いものにするのが大好きだし、真面目になりすぎるのは好きじゃない。真面目だったらそもそも、あんな衣装は着ないよ」

「僕の背中を押してくれるひとつは、自分を笑い飛ばすのが好きという性質……だからステージで馬鹿げた短パンを穿いたり……できるんだよ。あれはただの低俗な飾り《キッチュ》」

「滑稽な衣裳を身につけてステージに出て行って、真剣そのものに見せること――ただし、おふざけは忘れず」

このころ、発言も変わってきて、話し相手を「ダーリン」と呼ぶことが増えてきたり、自身を「あばずれ」「おばさん」などと呼ぶようになったりした。

ステージ上では、動きがますます円滑になる。弾けてくる。昔取った杵柄よろしく、握りこぶしを作ってボクシングのスパークリングでもしているかのように身を揺すった。アッパーカットを見せると思いきや、高らかに掲げた腕を地面にたたきつけるように振りかぶる。リズムを刻むようにボトムレス・マイクスタンドを斜めに構え、首をひきつらせながら90度、顔を横に向かせる。バレエ的ウルトラCの回転芸、ピルエットも飛び出す。隆々と声を伸ばす時、以前、手のひらは「パー」だったが、このころには完全に「グー」になった。ピアノの上にずらりと置かれたのは、もうワイングラスではない。簡易な使い捨てカップに入ったビールなどだ。

コケティッシュなネコのような姿態や表情も見せる。人としてのかわいらしさも全開。同じ側の手足を一緒に動かしたり、前に踏み出した足を支えに他の片足を伸ばしたまま地面に引き摺るように動かしたり。威丈高に胸を反りかえらせ、腰を落として、上半身をコックリコックリさせて歩く一種の「ダチョウ歩き」もお目見えした。滑稽味も満開になった。「ほら、どうとでもしてよ」というようにお尻を観客に突き出す。

「僕はステージでときどき、かなり際どいところまで行く……そういうときは実際、自分で自分のことを茶化してるし、お客さんもそれを受け入れてくれるようになった」

ボトムレス・マイクスタンドを首の後ろに回して、両肩にのせて、あたかもトレーニングジムでレッスンしているような動作も飛び出す。ブライアンのソロ演奏中、なんとこの人は腕立て伏せをしていたこともあった。

悲劇と喜劇

半面、瞳からうだるような官能的熱気を放ち、握ったこぶしと腕をぶるぶるとさせて掲げ、高音のフレーズを朗唱する姿は声とともに観客の五臓六腑に浸透し、ピアノを弾き歌う姿は神々しさすらにじませて観客の感涙を絞った。

このお茶目・おちゃらけと神秘的な真率が、喜劇と悲劇が、軽やかなクラウンと風格のある凜々しい女王が、入れ代わり立ち代わり観客の感情を刺激して、感動の涙の淵に引きずり込んでいった。なんだか知らないが、フレディは切ないのである。

喜劇だけでも悲劇だけでも、人は感動の涙を流しにくいものだ。喜劇の場面で十分笑うと、人は感情のたがを緩める。緩んだ感情がいわば無防備に理知で抑制できぬまま悲劇の場面に触れることで、やおら涙は流れてくる。涙はカタルシスの母でもある。

DVDに収録されたライヴで、今視聴しても優れていることが分かるのはやはり85年の「ライヴ・エイド」だ。86年の英ウェンブリー・スタジアムのライヴも絶品だが、個人的には81年のカナダ・モントリオールのライヴが白眉だと思う。81年はフレディがまだ若々しく体の線もすっきりしていたし、この時の「愛にすべてを」は、多くのヴォイストレーナーたちも仰天し歎賞するほどの傑出した出来ばえだった。

「僕らの音楽は紛れもない現実逃避だと思っている……お客さんは会場にやって来て、演奏を聴いて、個人的な問題をしばらく忘れて、その2時間を楽しむ。それでおしまい。終わったら外に出て、個人的な問題に戻って、しばらくしてまたコンサートにやって来る。うん、それがあるべき姿だよね」。フレディはライヴについてそう述べた。しかし、多くの観客にとって、「その2時間」は「現実逃避」どころか、現実の人生を変える時間でもあったと思う。

ピアノのスキル

ここで、ほとんど話題にしてこなかったフレディのピアノスキルについて検討してみよう。『クイーン大事典』の著者、ダニエル・ロス氏によると、イギリスの音楽審査システム上、グレード1からグレード8までのランクがあり、フレディはクラシックのピアノを「グレード4」まで学んだという。クラシックの音楽理論もある程度学んだらしい。

好んだピアノはベヒシュタイン製。鍵盤を押すと、すぐに音が立ち上がるところに特性があるとされる。これは、最初のアタック音の速さと鋭さが光るフレディの歌い方にも通じる。あいまいなものが嫌いで、明晰なものが好きだったフレディの嗜好をよく表していると言っていい。フレディの奏でる音は、どちらかというと、装飾効果を一切除いたデタシェな感覚である。「輝ける7つの海」や「デス・オン・トゥー・レッグス」では速いパッセージを粒だった音で弾きこなす様子がうかがえる。1977年、英アールズ・コート公演の「デス・オン・トゥー・レッグス」では、実に見事にグラデーションを効かせたアルペジオを披露している。

ベヒシュタイン・ピアノは19世紀半ば、ベルリンで誕生した。超絶技巧のピアノのヴィルトゥオーソとしても有名な作曲家フランツ・リストのために作られ、激しいリストの演奏にも耐えられるピアノとして普及した。フランスの作曲家クロード・ドビュッシーも絶賛したという。後に経営者がナチス協力者になったこともあり、第二次大戦後は、スタインウェイ・ピアノに優勢を譲ったという不幸な歴史をたどってきた。ナチスが好んで用い、重視した作曲家リヒャルト・ワーグナーに対する戦後の漠然とした低評価現象にやや似ている。もちろん、フレディとナチズムは無縁で、ドイツの精巧でクリアな音を出すピアノの音色に惹かれただけである。

70年代後半、ML誌上の人気投票「キーボード」の分野でフレディは1位ではないが、しばしば上位に入っていた。当時は単なるフレディ人気のためと思っていたが、後年、本来のせっかちな性格をよく表していたり、半面、寛ろいでゆったりしっとりしたりといった演奏であったと思い至り、かつからりと乾燥した明晰な音であったことも再認識し、感心を深めたものだった。ステージでピアノを弾き歌うフレディの姿は最後まで、悲劇の貴顕のようであり、凛々しく切なく神がかっていた。

哀しみに裏打ちされた喜劇

今見てきたように、フレディは後年になるにつれ、ステージ上で喜劇のクラウンぶりを発揮するようになった。彼の素でもあったのだろう。喜劇要素は、その人に一種の隙を生み出すことになり、その隙という欠けたところが多くの人々に愛される要因の1つになるものだ。ただ、彼の妖艶な音楽には、人智を超えた神秘があった。フレディが「永遠の誓い」冒頭で借用している作曲家ルッジェーロ・レオンカヴァッロのオペラ「道化師」のようにシリアスな苦渋があった。存在と不可分の人知れぬ涙があった。それらが喜劇のクラウンの背後に哀しみを隣接させるのだ。悲哀は常軌を逸した苦悶となり、得体の知れぬ凄絶さにもつながる。フレディの背後には、計り知れぬおどろおどろしいものすら染み付いている。

「悲喜劇交差の感涙」方程式を一歩進めた話だが、喜劇は往々にしてその背後、隣に「悲劇―哀しみ―得体の知れぬ闇」が控えているかどうかを受容者に察知させるものだ、「悲劇―哀しみ―得体の知れぬ闇」が控えていると直観させる喜劇は、生命のはかなくもかけがえのない燃焼を宿し、面白くも切ない。しかし、それを逆照射しないような、それに裏打ちされていないような喜劇は、陳腐以外の何ものでもないとも言える。

70年代、曲調にオカルトの恐怖感や、メイクや衣裳で「地獄の死者」のコンセプトを採り入れたバンドがあった。例えば、ブラック・サバスであり、キッスである。

しかし、筆者には、どんなにブラック・サバスのオジー・オズボーン（1948～）がこうもりを咬みちぎったとしても、キッスのジーン・シモンズ（1949～）が口を真っ赤に染めて長い舌を垂らしても、それはどこか底の見えすいたお芝居であって、醜悪な茶番劇の領域を出ないと感じた。妖艶さもなく、パフォーマーの背後に、幾重にも堆積したような狂気、怯え、汚穢屋の存在に染み付くような悲哀がなかった。本当の恐怖はなかった（筆者は、ブラック・サバスのギター、トニー・アイオミには底知れぬ恐ろしさを感じた）。

現に、オジーは後にファミリーでテレビの娯楽番組にひっぱりだことなり、お笑い芸人のようになっていく。シモンズも、人物としてはまっとうな常識人で、テレビ番組「ジーン・シモンズのロック・スクール」などでロック教育に取り組むようになった。キッスが「ももいろクローバーZ」と共演したライヴも見たが、あまりにも商品化されたエンターテインメント集団になりはてた感がある。セックス・ピストルズのジョン・ライドンにも、もともと底知れぬ恐ろしさは感じなかったが、風刺精神に長け、毒舌は健在ながらも今やお笑いのエンターテイナーである。これらの喜劇性は、明らかにフレディと肌合いが異なるだろう。

どんなにコミカルでも、フレディにはジミ・ヘンドリックスやレッド・ツェッペリンのようなシリアスさが常にあった。常識人ではなく奇人であり続けたのだろう。そして存在に染み付いた悲哀が闇を感じさせ続けた。彼が喜劇的になればなるほど、その闇は黒さをいや増した。

こうした悲喜劇の交錯が、ミュージシャンを含み特出したアーティストを生むのかもしれない。哀しみがなければ、恐怖はない。「凄み」はない。哀しみがなければ、喜劇もまた平板で感動は誘わないのだろう。フレディのパフォーマーとしての「凄み」は、楽曲や歌い回しの

「凄み」同様、とどのつまりは彼の在り方とリンケージしている。

ライヴ・エイドのその後

この喜劇と悲劇の交錯する可視的なパフォーマンスが、声、楽曲、歌い回しと相俟って、観客の心、感情、体を四方八方から完膚なきまで耕し、そこに究極のコール&レスポンスである「エーオ発声練習」が注入される時、観客は全存在をフレディに委ねてしまいたくなるのである。「エーオ」は「レーロ」のこともあるし、「ヘイヘイ」「イェーイェー」の時もあるし、「リーロレロレロ」かもしれない。何でもいいのである。そんなライヴについて、フレディはどんな展望を持っていたのか。フレディはこう述べている。死の3年ほど前の発言だ。

「この先、ステージで狂ったように着飾ることは、もうない。42歳のおじさんがまだレオタードに身を包むべきとは思わないし、45や50にもなって、僕がステージで走り回ってると思っているなら、大きな勘違いだね……これからはもっとカジュアルな格好で僕らの音楽を届けていくよ。世の中は変わった——人々はもっと直接的《ダイレクト》なものを欲してるんだ」

おそらく70年代後半から始まった自己解放が飾らないパフォーミングスタイルを見出していったのか。しかし、ここでも無軌道な性愛の貪りは、平然と構えながらも、彼の心を常に不安に曇らせていた。フレディのこんな生々しい発言も残っている。

「エイズには、どうかかかりませんようにと祈っている。とてもたくさんの友だちがかかっている。死んだ人もいるし、もう長くない人もいる。次は僕なんじゃないかと思うと怖くて仕方がない。セックスの、それこそ直後に、『今のがそれだったのか？　もうウィルスが体内にいるのか？』と思ってしまう。シャワーに飛び込んで、ごしごし洗ってきれいにしようとする。たとえ無駄だとわかっていても、そうしてしまうんだ。エイズで死んだ友だちの噂を耳にしたときは、心の底から打ちのめされた」

そもそも、長期にわたる展望自体持てなかったのかもしれない。エイズにかかったことも無関係ではないだろう。

「老体になるまで生きるとは思ってない……70まで生きたいとか、そういう思いは一切ない。そんなの退屈で仕方がないね。その遥か前に死んで、消えてるよ」。あるインタビューでは、「死後の評判」について問われ、フレディはやや揺れのある答え方をしている。

「僕が死んだら、多少の価値と中身のあったミュージシャンとして思い出してもらいたいかな。僕がどんな風に人々の記憶に残るのかはわからない。それは考えたことがない――死んで消えたあとのこと、か。ノー、考えたこともないね」

45歳の死は早かったのか

1991年11月24日、フレディは他界した。45歳。この死は早かったのかどうか。

当時、筆者は率直に、１人の人間としては早すぎると思った。例えば、クラシック音楽であれば、40代、50代は円熟の域に差し掛かってきた年代だろう。だが今となっては、ロックミュージシャンとしては十分生きたのではないかとも思うのである。

フレディが存命していれば、2023年5月の今76歳。45歳の後も、もちろん霊感は続き、いずれも名曲ぞろいで、ロックやバラードをはじめミュージカル作品を作ったり、出演したり、場合によれば出演はしないにしても、オペラ制作に挑んだかもしれない。フレディも何らかの形で音楽に携わることを望んでいた。

しかし、50、60歳と年齢を重ねる中で、フレディのあの芳醇な歌声は保たれていただろうか。今のロバート・プラントの歌は、率直に言って70年代とは別ものとして聴かざるを得ないし、2016年に69歳で亡くなったデヴィッド・ボウイも『★（ブラックスター）』は傑作で、その後も音楽的なインスピレーションは期待できたが、ステージ上で歌う声としてはぎりぎりになっていたようにも思う。マイケル・ジャクソンも存命していた場合、ダンスの再現という大問題に直面していただろう。

対して、ライヴ現役のポール・マッカートニー、ローリング・ストーンズのミック・ジャガー、ボブ・ディランらは、継続という面で超人的だ。いわばロックの後進への垂範例として、喜ばしいことだ。80代のポールやミックがいてもいいのである。彼らがステージで演奏することだけで、いいのである。しかも、彼らはほとんど衰えを知らない。

70代、80代のフレディはどうだろうか。何十万人をも手のひらに乗せるパフォーマンスはどうだろうか。かなり密度の濃い高音が必要なクイーンの名曲群は歌えるだろうか。70代、80代のマイケルはどうだろうか。ダンスの切れや高音の歌唱は残っているか。バーブラ・ストライサンドがほとんど、現役から退いていることは賢い選択かもしれない。しかし、ロックミュージシャンは死ぬまで歩みを止めてはいけないのである。

「不在の在」によるパフォーマンス

こういう風に考えると、フレディが45歳で天に召されたのは、天の配剤だったのではないかとすら思う。86年8月9日の英ネブワース・ライヴが最後のフレディのいるクイーンのライヴだった。その後、HIV感染が判明したり、実際に体調も思わしくなかったりしたのかもしれないが、ライヴへの自信はやや後退したのではないか。フレディは、年を重ね、ライヴでうまく歌えなくなって観衆を失望させたくない、といった内容も語っている。

エイズと格闘し、1フレーズでも多く、最後の最後まで録音し続けた意志、その残された声は極限の生命の燃焼をとどめている。100歳の弱々しい声ではない。若さの残光、ひときらめきする声だ。しかも、全盛期を凌駕して「凄み」が加わっている。

その勢いの収めどころを模索したブライアン、ロジャーは次々とプロジェクトを立ち上げてきた。2011年から続く「クイーン＋アダム・ランバート」の公演では、「ラヴ・オブ・マイ・ライフ」で在りし日のフレディがステージ背面上方に映像で大写しになる。ブライアンと、その日の何万人という観衆と、映像のフレディが歌い交わす。まさにフレディ・マーキュリーは「不在の在」となったのだ。フレディは「不在の在」の形でも、パフォーマーとしてコール&レスポンスで観客の心身を満足させる。これを「凄み」と言わずして何と言おう。

フレディが、45歳という若者とはいえないまでも老いるには早い年齢で昇天したこともあって、その死は、翼を広げて天空に羽ばたく白鳥のようなイメージがある。偉大なミュージシャンは年齢を重ねるほど、歴史にくっきりと名を残すが、彼らの場合、白鳥の羽は経年劣化して茶色くやや力弱くなるイメージがするのは筆者だけだろうか。フレディの白鳥は、いまだ若々しさを残し、伝説の軌道を飛翔しているのである。

第9章　ショウ・マスト・ゴー・オン——

「凄さ」の解体新書⑤　存在

身近なひとが見たフレディ

これまで①声そのもの　②ヴォーカリスト　③作詞・作曲家　④パフォーマー、という4つの角度から、フレディの「凄さ」を概観してきた。この章では締めくくりとなる⑤存在（人生への立ち向かい方）についてメスを入れる。大げさにいえば存在論である。フレディとはどんな存在だったか、そして人生の最後をどう迎えたのかなどについて考察する。

筆者の描くフレディ像は、実像とはかけ離れてしまう可能性もある。ここで記すような内容をフレディに示したら、〝考えすぎだね。深い意味はないな〟と一笑に付されてしまうかもしれない。が、本人でも、彼を見る者、聴く者が抱くイメージまでを支配することはできないだろう。それゆえにやや独断的な言説もあってもいいのではないかと思っている。ということで、まずは数々の証言に耳を傾ける。

フレディ・マーキュリーについては過去、クイーンのメンバーはもちろん、親交のあった多くのミュージシャンたちが語ってきた。イギリスなどのテレビ特集番組を通して、現地の評論家や音楽ジャーナリスト、レコード業界人らの、少し距離を置いた立場からの言及にも接することができる。

フレディの身近な存在は、彼をどう見ていたのか。母親のジャー・バルサラは「短い人生でしたが、世界を幸せにしました」と述べ、妹のカシミラ・クックは「名声は人を変えるものですが、彼は特に偉ぶらず、いつも家族の一員でした」と兄をほめる。

クイーンのメンバーたちの思い入れも当然ながら深い。ブライアン・メイは「フレディはスタジアムの後ろにいる人々にもつながっていると感じさせることのできた最後の1人だったと思う。自らのシャイさと言う殻を打ち破り、望む通りの人間になれるということを、皆に分かってもらえた。フレディは人生を全うした。どの瞬間も虜にさせた。フレディは、まるで彗星のように、輝き続ける光を新しい世代にも託した」と語った。ロジャー・テイラーは「彼のことを表現するなんて、一生かかっても無理だ」と笑い、ジョン・ディーコンは「驚きと独創的なアイデアに満ちた人だと思う」と簡潔に語る。

ポール・マッカートニーは言う。「彼の声はアタックが明瞭で、実にパワフル」「キング・マーキュリーだね」。「スイートガイで、グレートヴォイスだった」と振り返るロバート・プラントは「真のパフォーマーとしての色気を醸し出せる者はなかなかいない。フレディが特異なのは、成功したミュージシャンでありながらも、自信を持ってやり続けているということ。フレディにはそれができた。そんなことができる者は本当に稀なのだ」と称える。ザ・フーのロジャー・ダルトリーは「フレディは生まれながらのショーマンだった」。フレディも尊敬していたライザ・ミネリは「本物の奇人」、エルトン・ジョンは「過去20年のロックンロール界を代表する最も重要な主役の1人だった」と振り返った。

『クイーンII』を自分の棺桶に入れてほしい、と言っているガンズ・アンド・ローゼズのアクセル・ローズは「子供時代に聴いたフレディの詞がなかったら、今頃どうなっていたかわからない。音楽についてのいろいろな形式を学んだ。これほど偉大な教師には会ったことがなかった」「真のチャンピオンだ」と絶賛。自らの名がクイーンの曲「レディオ・ガ・ガ」に由来するレディ・ガガは「フレディはとってもユニークだった。ポップ音楽界の一番のキャラだから。歌えるだけではなく凄いパフォーマーだったし、演劇的なところもあり、自分を常に変えることができる人でもあった。つまり、一言で言えば天才だった」と話している。

フレディについて意見を求められ、「もし、あなたがフレディを見ていたらこうなるよ」と言って大笑いするミック・ジャガーの映像も残っている。元ガンズ・アンド・ローゼズのギタリスト、スラッシュは「史上最高のロックンロール・シンガーの1人だ」と見る。『バルセロナ』で共演したモンセラート・カバリエは「彼は声を売り物にしていた」「彼は私をとても愛してくれた。そして私もまた彼を愛した」と懐かしむ。ほかのミュージシャンからも賛美する声は絶えない。

業界関係者や音楽ジャーナリストの見方も紹介しておこう。

EMIの元国際部門ジェネラル・マネジャー、ポール・ワッツは「市場戦略に対して本能的な才能があった。『キラー・クイーン』の次には『ボヘミアン・ラプソディ』。その後は『伝説のチャンピオン』と今年もまたやってくれた、と思えるバンドだった」と、主にフレディやクイーンのビジネスセンスに敬服している。

ステージ上のフレディは、多くの人に同じように映っていた。

音楽ジャーナリストのロージー・ホライドは「フレディの声は独特よ。とても深みがあり艶もある。フレディは究極のショーマン。彼はステージ上から観客をコントロールできる。観客の心をつかむ何かを持っている。ステージにいる間ずっと」。ブロードキャスターでジャーナリストのポール・ガンバッチーニは「彼の発音は正確だ。だからクリアに聞こえる。遠くに離れていても。彼ほどのカリスマがあれば、何万人の観客だって簡単に操ることができる。みんな言う通りにしてしまう」と指摘する。写真家のミック・ロックも言う。「フレディはステージが小さくても何万人もの観衆がいるかのように振る舞った」

ミュージシャンや音楽関係者たちのフレディ評はどれもその通りだと思う。今まで本書で述べてきたこととも共鳴する。当のフレディは「自分は極端な人間だと思う。ソフトな面とハードな面、弱い面と強い面があってどれも半端ではない」と語っている。特に「極端な人間」との自己評価には多くの関係者たちが賛同するだろう。比較的フレディと親しかったポール・ガンバッチーニはこんなことも指摘している。

「フレディはいろいろな面で異質だった」

そう、確かにザンジバルの出身で、青白い美少年でもない。ゲイでもあった。歌声は規格外に素晴らしく、作る曲は奇抜だった。

当時のロック・ポップス界で「異質だった」というガンバッチーニの見方は直観的に多くの人々が納得する意見だが、これをフックに、ある仮説を立てよう。つまり、フレディは正統や異端の境界線を自由にまたいで往来し、「ロックの正統と異端のアマルガムを体現し、正統と異端を止揚した存在だったのではないか」という仮説である。

さて、ロックの異端性を云々する前に、第4章のロックヴォーカリスト列伝のくだりでも触れた、前提となるロック論を再考するところから始めてみたい。正統なロッカーとは何であるかという点、セックス・ピストルズのジョン・ライドンやジョン・レノンらによる「ロックは死んだ」という発言も含めた再考で、その中からフレディの立ち位置をトレースしていく。

ロックの正統とは

ロックとは宿命的な意味で社会の異端である。クラシック音楽を正統とすれば、ロックは徹底的に異端である。いびつな岩であり即効性の毒であり、しかし、それをもって社会を崩壊させかねない暴発や、人体を損なう猛毒を希釈するプラスの機能も持つ。本来、社会順応型の音楽からアウトサイダー的にはみ出そうとし、ぎりぎり社会と反社会の境界に立つのだが、かろうじて社会に留まるものだ。社会から完全にはみ出す「社会逸脱の要素」が、社会に留まる「社会内在の要素」を極端に上回れば、反社会的存在となりやすく、それはもはやファンを獲得する音楽にはなりにくく、「社会内在の要素」が「社会逸脱の要素」をはるかに上回れば、ロックのレゾンデートルは危殆に瀕する。反社会というより、アンチ抑圧的体制なのである。

この差異を理解するには「オルタモントの悲劇」を思い起こせば十分だろう。1969年、米オルタモントで実施されたローリング・ストーンズ主催の野外コンサートで、警備係として雇われた国際的なモーターサイクル・ギャング「ヘルズ・エンジェルス」のメンバーが、ドラックなどで異常に興奮して半ば暴徒と化した観客たちを殴り、挙句、観客の1人をナイフで刺殺した事件である。「メイン・ストリートのならず者」は、本物の反社会的な、ならず者の暴虐に言葉を失ったのだ。明らかに社会内に留まらないと、音楽活動を続けることは難しいのだ。

もう一度、まとめておく。単純図式化すれば、社会にあってはクラシック＝正統、ロック＝異端ということになる。ロックは反体制・反管理社会的であり、社会と反社会のはざまに立つ音楽だが、あくまで社会内在的なものであると考える。ロックは反体制であるが、反社会ではない。それゆえに商業主義との軋轢《あつれき》が生じるのである。言を弄するようであるが、ロックの正統とは社会の異端である。ただ、ロックの異端とは、社会の正統になる場合もあり、異端と正統の間ともいえる社会の「非正統」に落ち着く場合もある。今は、議論を分かりやすくするためにも、ロックの正統とそれに対峙するロックの異端という二項概念を中心にして考えていきたい。

大ぐくりに言えば、１９７０年代はロックの多様化・発展期であり、繚乱期であり、黄金期であった。それは年代末には終末期を迎え、80年代は大手レコード会社主導の産業としてのロック黄金期であったとみられる。90年代は商業主義に背を向け、アンダーグラウンドに回帰し、ロックの内向・オルタナティヴ期であり、２０００年代に入って、ヒップホップに乗せたラップにその辛辣な攻撃性を譲り渡していく。

70年代、その主流をなしたロックヴォーカリストたちと言えば、多くの人はまず誰を思い浮かべるであろうか。第4、6章のおさらいになるが、もう一度見ておこう。

未曽有の破壊音を持つロバート・プラントは、ジーンズに女性もののようなブラウスをまとい、胸から腹部をはだけ、へそまでのぞかせた腰元を悩ましげにくねらせた、ロッカーの正統的な風貌の持ち主だった。堂々たる体軀で、胸板は厚みを帯び、長い金髪を振り乱し、ロックヴォーカルのライオンのような王者だったといえる。決して、オリエンタリズムに縁取られたロック歌手ではなかった。むしろ、アングロサクソンの神話中の神の重厚感があり、もちろん少女漫画の主人公のモデルにしても遜色なかった。

イエスのジョン・アンダーソンも、宇宙か大自然の懐に抱かれた求道者のような静謐なムードで、美形とは言えないまでも、朝日に照らされた瞑目した相貌は、宗教的な洗礼の場に立ち会わせるような感覚にさせた。バーバリズムの逆襲のようなけたたましさはなかった。

クイーンがデビューした１９７３年ごろ、特にイギリスのロックの住人で際立っていたヴォーカリストの風貌は、傾向として「蒼白のほっそりした美青年」だった。もちろんデヴィッド・ボウイは典型で、クイーンのロジャー・テイラーもその1人だろう。プラントはほっそりとはしていないし、アンダーソンもむしろ純朴なムードが勝っていたが、十分このカテゴリーに含めることができるだろう。ロッカーの風貌の正統に属する面々だ。

彼らは女性もののエレガントな衣裳とジーンズを組み合わせ、髪を伸ばすものも多かった。異性から黄色い声を浴び、色恋沙汰は尽きない、というのがよくあるパターンだったろう。ボウイはエキセントリックな衣裳で、ロックの正統からはみ出すようでもあったが、そこに一定のペルソナを形作ることでグラム・ロックというジャンルを牽引した。だが、素はほっそりした色白の美青年だった。登場する時期は数年後だが、セックス・ピストルズもその好例だ。彼らは、我流の発声法で歌い、攻撃的なサウンドや歌で管理社会の鬱屈を振り払おうとし、体制側に染まらない自らを誇りとした。体制にかみつき、破壊衝動にかられる者も、底窮《そこい》から頂上に向けて社会でのし上がっていこうとする者もいた。規則を嫌い、自由を尊び、自らの音楽に忠実で、権威や陋習を嗤い、社会の不評を等閑に付し、自由な表現活動を制限する社会の不条理な抑圧に抗う存在でもあった。まず、これをロックの正統とみておこう。

「ロックは死んだ」のか？――商業主義、管理体制　ロックからダンスへ

クイーンで言えば『世界に捧ぐ』(77年)あたりから、イギリスでも産声を上げたパンクが

時代を席捲していった。セックス・ピストルズ、ザ・クラッシュ、ザ・ジャム、少し遅れて登場するポストパンクのジョイ・ディヴィジョンといった、やり場のない怒りを塊ごとぶつけてくる「3コード」のロックであり、いわばロックの精髄のようなムーヴメントだった。セックス・ピストルズの仕掛け人でアーティストのマルコム・マクラーレン(1946〜2010)やファッションデザイナーのヴィヴィアン・ウエストウッド(1941〜2022)も盛り上げた「パンク」のムーヴメントは、英王室、当時の政治体制だけでなく、当時のロック業界に馴致した大物バンドをやり玉に挙げていった。そこにはクイーンも含まれていた。プロテストと反体制の舌鋒は鋭かった。声高に煽情的に前に出たのがセックス・ピストルズだとすれば、声を鎮め退嬰的に世に背中を向けたのがポストパンクで耽美主義のジャパンだったように思う。特にセックス・ピストルズは無手勝流で幼稚な技術ではあったが、まごうことなくロックだった。

そのロックが死んだ、と言ってのけたのが、セックス・ピストルズのジョン・ライドン(1956〜)だ。ライドンは78年1月14日、米国ツアー中に、バンド脱退表明とともに「ロックは死んだ」と発したのだ。このアジェンダは商業主義化するロック音楽を痛罵するものだった。それを受けたかのようにジョン・レノンが反応。「ロックは死んだ。セックス・ピストルズが最後のロックバンドだろう。ロックは宗教的・商業的になりすぎた」と述べた。ほかにも、この発言をしたミュージシャンはいる。

確かに、78年の『ジャズ』まで堅持してきた「ノー・シンセサイザーズ」というクレジットは、80年の『ザ・ゲーム』から消える。79年のレッド・ツェッペリンの『イン・スルー・ジ・アウト・ドア』は、シンセサイザーの強調も手伝って、これが彼らのロックか、と思わせたものだ。変化は起きていた。ロック終焉宣言は時宜を得たものとも言える。

しかし、考えてみてほしい。ロックという純一な反抗の行為、反体制的叫びが、管理社会と商業主義の中で人気商品化されていくのは矛盾しているのだろうか。経済的措置を頑なに拒んで、ただ叫び、ただ反抗している先にあるのは餓死だけだろう。それを宗教的な殉教の純粋性として語ることはできるかもしれない。27歳で自殺したり夭折したりする著名なロッカーたちをグループ化した表現「27クラブ」の純粋性を佳賞することもできるかもしれない。だが、ロックミュージシャンたちは当たり前だが、大衆に向けて、表現し、主張する。石や虚空に向かって主張しているのではない。それを大衆が支持する時、その表現や主張は広がってゆき、同時にアルバムやライヴチケットが売り上げを伸ばし、商業主義が旗を振りだす。演奏者は、自らをエンターテイナーとして自覚する者もいれば、ロッカーを貫徹しようとする者もいる。

筆者は「ロックは反体制であるが、反社会ではない」と説明した。この視座から言えば、ロックは商業主義と折り合えるのである。商業第一主義となり、売れる曲しか作らないということになれば、それはロックとしては堕落だろう。しかし、信念と丹精のもと、己の創る音楽を世に問うことで、ビッグセールスに結びつくことが、ロックでなくなること、ロックの存立要件を失うことを意味する、とは考えない。

例えば、80年にクイーン初の全米1位となった「愛という名の欲望」はどうだろう。それは一旦「ロックの死」宣言を踏まえ、マイルドな曲ではあるが、では、もう一度、ロックンロールからやってみよう、という挑発のようにも見える。

80年のジョン・レノンの「スターティング・オーヴァー」は何をやり直すのか。もちろん、長く続く妻ヨーコとの大切な愛の日々を、もう一度スタート地点に立って新たな気持ちでやり直そうという宣言である。と同時に、一部の活動を除き、主夫に徹してきたレノンが最初に音楽に夢中になったころの心境に立ち返って、音楽活動を再始動させるという意味もこもっているのではないか。正式な曲名は「(ジャスト・ライク) スターティング・オーヴァー」と記される。「まっさらからというわけじゃないけどね」ということだろう。

フレディやレノンが少年時代、最初に夢中になった音楽は何だったのか。その確実な1つとして、エルヴィス・プレスリーのロックンロールがあった。ロックンロール、ひいてはロックは死んでしまったけれど、だったら、ロックを、ロックンロールからやり直そうよ、ロックを生き返らせようよ、新たにロックを生み出そうよ、というメッセージとして受け取れるのだ。

前述もしたが、実際、この2曲について、フレディとレノンの発声法や歌い方からプレスリーへのオマージュが聴こえてくる。

こうして考えると、次のことが言えるのではないか。「ロックは死んだ」とは一面、本質を見事に穿った発言だった。膨大な商業化の波が押し寄せて来つつあったからである。まず、その主張は受け入れよう。

しかし、それでは、91年のクイーンの曲「イニュエンドウ」や「ショウ・マスト・ゴー・オン」は何であろうか。全くロックではないのだろうか。多くの読者も筆者も、これはロックだ、と断言できるはずだ。ロックは死んでいないのである。

「ロックは死んだ」と宣言された時から、逆説的に、ロックは形態ではなく、思潮・概念としての姿を分明化していく。反抗の精神を放つロックは、体制に対する反抗だけではない。自らの宿命に対する反抗も、ロックなのである。

ある曲について、ロックは死んだのだから、これはポップスである、と言い切ってもよいはずなのに、そうできない例はいくつもある。「この曲はロックだ」と肯定的に規定して聴くことで「ロックの死」を感じ取ってしまうケースは多々あるのだが、「この曲はロックではない」と否定的に規定して聴くことで「ロックの生存」を感じ取れるケースも少なくない。否定的問いかけが、逆説的にロックの生存を浮かび上がらせるのである。

「ロックは生きているアート。常に再構築と変化を探っている」。これはデヴィッド・ボウイのロック論だ。左袒《さたん》すべき至極まっとうな見方だろう。終焉宣言がきっかけだったかもしれないが、ロックは思潮のひとつ、音楽の一様式となったのである。

相応しいかどうか分からないが、絵画史で見よう。欧州中世の芸術は、キリスト教など宗教の下僕という面があったが、ルネサンスの芸術は人間賛歌を押し出してパラダイム転換をもたらした。さらにマニエリスムをはさんで起きたバロック芸術は、ルネサンス芸術を塗り替えた。社会学者のアドルノがクラシック音楽に期待し評価したのも、こうしたパラダイム的転換をもたらす12音音楽の徒、シェーンベルクら当時の新たな音楽であった。

しかし、ラファエル前派の諸氏はいまだ中世の眠りから覚めきれないルネサンス初期を模範とした側面がある。つまりルネサンスの代表的画家ラファエロ以前に戻ろうとした。中世的美学の蘇生である。19世紀末のアール・ヌーヴォーは、20世紀初頭のアール・デコに主座を譲っていったが、1960年代後半、スウィンギング・ロンドンの中で、両方の思潮は一緒に蘇ったのである。絵画史を画した芸術は、思潮・様式として抽象化し、ファクターとして後代に何度も顔をのぞかせるのである。それは表面的な模倣だけではなく、精神の継承も主張することがあるのだ。

つまり、ロックも、プロテストを含む音楽行為そのものだった具体的な「形態の時代」から、抽象的な「思潮・様式の時代」に移ったのである。ロック文学やロック美術があってもおかしくないのである。表面的な採用であればロック・テイストになるし、芯から噴出する場合は、ロックとなる。体制への反意や現状への不満はいつの時代にも尽きぬものである。ゆえに、思潮・様式化したロックは決して死ぬことはない。楽曲に対し、ロック全面否定の立場で接することで、逆説的にロックをあぶりだしてみるといいかもしれない。

政治的概念の社会主義も同様であろう。社会主義国家の実験は失敗に終わり、その意味では、社会主義は死んだと宣言されても仕方がない。しかし社会主義は、とりわけ新自由主義的な資本主義が行き過ぎ、貧富の格差が広がる社会になった時には、その修正概念として導入されるのである。社会保障制度など実例は枚挙にいとまがない。社会主義は生きている。

セックス・ピストルズは、無政府主義や反体制の象徴だったかもしれないが、彼らはやはり社会内にいた。若者の気持ちを代弁し、音楽産業のシステムの中で、レコードは売れた。最初から商業主義のかごの中にいたのだ。それでも、彼らはメッセージを伝え、ファッションもリードし、パンク・カルチャーの社会現象を起こすことができた。ロックは反体制であっても反社会ではなく、社会内のものであるという観点からすれば、お手本かもしれない。

セックス・ピストルズは商業主義に乗りながら、商業主義に尻尾を振らなかった。商業主義に尻尾を振らされそうな気配を感じた時、ライドンは「ロックは死んだ」と言い放ったのかもしれない。ただ、彼はセンセーショナルな発言をなしたことになっているが、これは一種の敗北宣言だ。それに引き換え、デヴィッド・ボウイを見よ。この時期、ボウイはベルリンで3部の名作を作り出した。『ロウ』『ヒーローズ』『ロジャー』を聴いて、ピストルズの「アナーキー・イン・ザ・UK」以上に尖鋭で衝撃的で知的なロックを感じるのは筆者だけではあるまい。ボウイは敗北しなかったし、ライドンも敗北宣言する必要はなかった。ロックは死ななかったからである。

80年代は「産業ロック」などと批判されたバンドが多かったが、尻尾を振らされ続けたバンドが多かった点は否めない。『ポピュラー音楽をつくる　ミュージシャン・創造性・制度』という著作のある英国の社会学者ジェイソン・トインビーは、ロックの時代について、ポピュラー音楽史上、「ポップの短い20世紀」と看破し、テクノ、ハウスなどのエレクトロニック・ダンス音楽をロック以前への回帰と指摘して、ロック時代からダンス音楽時代への移行を意味づけた。なるほど、70年代半ば以降のディスコ、映画「サタデー・ナイト・フィーバー」のヒットや、80年代のマイケル・ジャクソンの活躍もあり、確かに、聴衆がカタルシスを求める先がロック音楽からダンス音楽に変わっていった傾向はある。ダンス音楽に対するロック音楽の劣勢をカバーしようとして70年代から活躍してきたロックミュージシャンたちが80年代にヒットしそうな曲の提供を受けた例は数々ある。

1994年4月、ニルヴァーナのカート・コバーン（1967〜94）は商業的成功に苦しみ、27歳で自死し、「27クラブ」に入った。94年8月にレコード会社との対立から自らの死を宣言したプリンス（1958〜2016）も、尻尾を振らなかった。ロック・スピリッツの権化だろう。この姿勢は彼らの音楽にも表れており、まさにロックは折に触れ、鮮明な姿で地下水脈から噴出してくるのである。先にも説明したが、2000年代に入ると、エミネムを象徴的存在として、80年代半ばごろから台頭してきたヒップホップ＋ラップが主流を占めていく。これも、もしかすると、様式の面ではロックではないが、思潮の面では一種のロックのプロテスト性の表出とみることもできるのである。

さらに一歩、作り手から聴き手に観点を置き換えて考えを進めてみよう。

楽曲に対し、ロック全面否定の立場で接することで、ロックが逆説的にあぶりだされるところには、絶えることのない社会への不満に呼応するものが含まれている。「ロックは生きている」という作り手側の言説を、聴き手側から言うと、次のようになるのではないか。

ロックは、結果的に、聴く人々の心に鬱積した澱や壁を劇的に砕き、それらをノックアウトしてくれる音楽であり、そうした思潮・様式も指す。ハード・ロックの紫電的な刺激もあるし、オルタナティヴ・ロックのように寄り添い型で、心のわだかまりを徐々に氷解していくスタイルもあるだろう。その時、卓絶したロックヴォーカリストは、重要なファクターとなる。

スタイルは簡素、エンターテインメントショーなどの形態のいかんは問わない。政治的立場を宣明する必要はない。社会と反社会の間に危うく立ちながら、自由を希求し、体制や業界に阿諛追従《あゆついしょう》せず、自己の宿命や運命にも逆らうスピリッツを音に託す「自由と抵抗の音楽騎士」たちがロックミュージシャンであるならば、聴き手にとっては、心の鬱屈や壁を野性的に、電撃的に破砕し、心を広やかな世界へと解放する音楽、思潮・様式がロックなのである。人々の鬱憤や不平・不満、心に堆積する苦しみは、日々、変化していく。ロックは、それらを粉砕する使命を果たすために、常に変化することも求められる。

クイーンとピストルズの邂逅

ところで、クイーンとセックス・ピストルズがレコーディングスタジオで鉢合わせになったことがある。当時の模様を語るフレディのインタビュー映像が残る。フレディは近くでレコーディングをしていたピストルズのメンバーで、後に麻薬の過剰摂取で死亡する伝説のベーシスト、シド・ヴィシャス（1957〜79）と出会った際のやりとりを振り返っている。シドは、フレディをからかうように「やあ、バレエの人」と声をかけたという。その答えがふるっている。「やあ、凶暴サイモン」（「サイモン・フェローシャス」）。サイモンはシドの本名で「ヴィシャス」と音がやや似ている「フェローシャス」でからかっている）と返したというのだ。ヴォーカルのジョン・ライドンらに、『世界に捧ぐ』収録の「シアー・ハート・アタック」を聴かせて感想を求め、「君たちの曲も聴かせてほしい。互いの曲を交換して歌い合わないか」と言ったが、不機嫌な態度で断られたらしい。

「僕たちには常にチャレンジ精神がある」とフレディは決然と語っている。フレディには、ロック業界すべてがパンクの大潮流に呑まれているとの危機感はあったろう。だが、全くパンクの連中に動じなかったのである。「シアー・ハート・アタック」はロジャーの曲。これはほとんどパンク・ロックだ。ロジャーは、昔から最もパンク・ロックに親和性が強かった。

セックス・ピストルズは痛快だが、悪ガキバンドの感がいなめず、ザ・クラッシュの暗い衝動を伴う不安な緊急性もなく、その後の、不穏な文学性を備えたイアン・カーティス（1956～80）らのジョイ・ディヴィジョンに比べても、稚拙だった。クイーンもセックス・ピストルズも「ゴッド・セイヴ・ザ・クイーン」を録音している。もちろん、両者は全く違い、クイーンはイギリス国歌をインストゥルメンタルで演奏し、セックス・ピストルズは「将来のないイギリス。神よ女王を救ってやってくれ」という女王に盾突き、揶揄する歌詞だ。

インタビューでは、フレディの余裕のある態度が透けて見える。エリザベス女王（当時）に代わって、クイーンがセックス・ピストルズのお尻をたたき、悪行をたしなめた一幕でもあったのだろうか。〝パンクもいいね。僕らがパンクをすると、ざっとこんな感じさ。君たちの曲を聴かせてごらんよ。100倍、いや1000倍かな、よりうまく演奏してあげるから。逃げちゃだめだよ〟。こんなフレディの声が聞こえてきそうだ。

クイーンとセックス・ピストルズは違う形で後代へと影響を与える。前者は、超時代的なバンドとして、楽曲の質や演奏技術の高さゆえに後代のミュージシャンたちの敬意を集める。後者は、ロック史上、重要なバンドで、一時代の象徴として後代のミュージシャンに刺激を与える。

ルックスの特筆すべき個性――ロックの異端

「ロックは死んだ」宣言をめぐる瑣談《さだん》でかなり回り道をしたが、筆者は「ロックは死んでいない」と結論づけた。そのロックにあって、フレディは正統と異端のアマルガムであり、ロックの正統と異端を止揚した存在であった、という仮説の検討に話を戻そう。

フレディはルックス面、音楽面、人生の立ち向かい方の面などでロックの異端者だった。快楽主義者の面ではロックの正統者だろうが、それが行き着く先には変化してくる。ヴォーカリストとして人々の心の壁を殲滅させるところは、まさにロックの正統者だが、それにとどまらぬ多彩多芸の歌声はロックの異端者とも言える。正統と異端の両領域を自在に行き来する存在だったように思われるのだ。

ザンジバル革命のあおりで、フレディ一家がイギリスに渡ったのは1964年のことだった。先述した通り、若者が主導する文化革命「スウィンギング・ロンドン」の時代前夜といったところだった。「スウィンギング・ロンドン」にあっては、「モッズの女王」とも呼ばれたモデルのツイッギー（1949〜）、モデルのジーン・シュリンプトン（1942〜）も、ファッションデザイナーのマリー・クワント（1930〜2023）もバーバラ・フラニッキ（1936〜）も活躍していた。

フラニッキのブティック「ビバ」は、アール・ヌーヴォー、アール・デコを融合したような意匠も目立ち、サイケデリックでデカダンスな衣裳の数々を世に放った。「ビバ」にはメアリー・ウィンター（1949〜）だけでなく、後に米国版「ヴォーグ」誌の名物編集長となるアナ・ウィンタも勤めていた。

この時代のムードは、俳優マイケル・ケインが案内役のドキュメンタリー風映画「マイ・ジェネレーション　ロンドンをぶっとばせ！」（2017年）や、当時のカメラマン、デヴィッド・ベイリー（1938～）をモデルにしたともみられる巨匠ミケランジェロ・アントニオーニ監督「欲望」（1967年）に描かれている。デヴィッド・ヘミングス、若き日のヴァネッサ・レッドグレイヴ、ジェーン・バーキンらが出演。時代のアイコニックバンドとしてヤードバーズの演奏風景も登場する。ジミー・ペイジ、ジェフ・ベックの姿が初々しい。

この時期、イギリスへの海外からの移民流入の状況を研究した論文によると、1960年代初めごろ、イギリスには西インド諸島系とインド亜大陸系の2つのエスニック・マイノリティーのグループがあったという。特にインド、パキスタンなどから流入した移民は1961～68年に最初のピークを迎えたらしい。1970年代初期には、かなりの数の東アフリカ出身のインド系人が流入したといい、これらのマイノリティ集団は「黒いイギリス人」とも呼ばれた。これらの集団の人口は1981年までに約210万人に上り、グレートブリテンの人口の約4％を占めたという。フレディはザンジバルからなので、さしずめ「東アフリカ出身のインド系人（実際はペルシャ系インド人）」に分類されたマイノリティの一員であったのだろう。

ここから外見に関する経年変化の記述となり、第8章と重なる部分もあるが、話を分かりやすくするため、改めて述べておこう。

「蒼白のほっそりした美青年」がロックの正統であるとすれば、社会のマイノリティでインド・中近東風のほっそりした突き出た前歯の青年はロックの異端であった。ビバ・ファッションは、オリエンタリズムも濃厚だったが、蒼白のほっそりした美青年がそれに身を包まれるところにモード性が生まれ、ロックの正統ともみなされただろう。しかし、インド・中近東風のほっそりした突き出た前歯の青年がそれに身を包まれても、エキゾチシズムとオリエンタリズムが重層的に強調されるだけで、それはロックの異端とみなされたのだろう。

それでも、フレディはこの時代の空気をたっぷり吸ってクイーンのデビューへと突き進む。フレディの70年代は、まさに異形であった。権高なインド孔雀のようであった。手を広げるとシルク地のような白い衣裳のプリーツ状の袖は半円をかたどった。「白鷺ルック」である。フレディは当初、黒と白の衣裳にこだわったという。アルバムのコンセプトとの同期があった。胸のあいた黒一色あるいは白一色の全身タイツ姿はなまめかしく、チャイコフスキーのバレエ「白鳥の湖」さながら、白鳥と黒鳥の対極の美感を顕示した。ついには、チェック柄やら市松模様的な柄やら黒白分割型の柄やら、賑やかタイツが飛び出して、長い黒髪はさかんに頬に垂れていた。長く細い脚の線は、くねり、真っ直ぐに伸び、曲線も描いて心地よかったが、胸にわだかまる毛は、その薄い胸板に似つかわしくなく、はかない異国の花のしべのような四肢は一層、何か極めて無理な虚栄を演出するようで痛々しくも決然と潔かった。近づく敵性対象を警戒して麝香のにおいを発する毒々しい自己繁殖生物のように豊潤に茂っていたのだ。

グラム・ロックの奇抜な衣裳はステージ上の演出と割り切れたが、フレディの場合、衣裳はグラム的ではあるが、ザンジバル出身の彼は、ステージを降りてもステージ上そのままの周囲との異質感を振り撒いていただろう。70年代の妖艶凄絶な感触と、解読不可能な不可思議な国の言語で呪文を唱える魔法使いやその魔法使いに操られる毒蛇のような肌触りを感じさせるフレディ。それは明らかにロックの異端児だった。

1977年『世界に捧ぐ』、続く78年『ジャズ』のころになると、髪の毛はだんだん短くなり、レザージャケットを着だし、男性的なロックンロール調の動作が目立ってくる。

80年の『ザ・ゲーム』のころになると、短髪、口ひげ、マッチョなスタイルが前面に出力される。「Y.M.C.A.」「イン・ザ・ネイヴィー」「マッチョマン」などゲイの世界をディスコサウンドで歌うヴィレッジ・ピープルのような出で立ちになっていくのである。70年代のフレディに見られた、哀切でシリアスな感覚は後退して、人生謳歌のミュージシャンのイメージが支配的になっていくが、これまたロックでは異端に属するだろう。

米国での成功で押しも押されもせぬバンドに成長したこと、それ以上に、自分たちが信じて追究してきた音楽が、パンク・ロックの波をかわして、世界の聴衆に広く受け入れられたことによる自信の証しでもあったのだろう。このあたりから、人生賛歌のフレディは作詞・作曲に才能を発揮するシンガーから、大会場のライヴで観客と交流する並外れたパフォーマーとして、また、どんな曲でも歌いこなすシンガーとしての道を歩んでゆく。

これは同時に、喜劇的な「道化」的な文脈で愛されていくことにもなった。80年代、フレディは小指を立てて紅茶のカップを口元に運ぶようなネコ的なコケトリーを示すかと思えば、突如、火炎放射するベンガルトラのように朗々と歌う姿も見せた。デュラン・デュランなどユニセックスな面もある80年代の若手バンドの中においてみても、極めて異色な立ち位置にいた。なかなかロックの正統とは言いがたい様相だ。

優美と野蛮、「女」性と「男」性という両価の同時強調が過剰なカオスを形作っていた。中途半端であれば、ネガティヴな意味の変態となりやすく、見世物的お笑いに堕するのだが、フレディの場合は、悪趣味すれすれに突き抜け、逆に変態のポジティヴ性が強まり、何よりも、優れた歌声が、外見をも完全にポジティヴな領域にまで押し上げた。後年も同様の追求をしていて、鼻の下の濃いひげと強調されたバストという「ブレイク・フリー」のビデオクリップが雄弁に物語っている。正統なロッカーで、このアングラ劇風の倒錯した、けれども愛すべき変態役のような格好で正式なビデオ出演する者が、どこにいるだろうか。外見にまつわるロックの異端性と、時にあまりにも突飛な形で発現するプリテンダー性というロックの異端性は、生涯変わらなかった。

政治意識の薄さ

フレディを含めクイーンは、政治的な嗅覚には鋭さが足りなかったようである。体制に対立し、人間の解放をうたい、自由のために不条理を破砕するロックのミュージシャンであればすべきだったことをせず、すべきでなかったことをしてしまった、そんな2つの例を見ておこう。

イギリスは1970年代、経済破綻が深刻化、「英国病」とも言われる時代に入った。市民の不安、不平は、第二次大戦後に増えた移民たちにも不条理にも向けられた。治安は悪化し、市街には暴力があふれた。白人至上主義でネオナチ的な極右政党イギリス国民戦線が支持を広げる中、エリック・クラプトンは、その考え方に賛意を示し、意見を求められたデヴィッド・ボウイ、ロッド・スチュワートらも明確な反意を発言しなかった。芸術家のレッド・ソーンダズらを中心に若者たちが立ち上がり、人種差別への反抗を訴え、「ロック・アゲインスト・レイシズム（RAR）」を掲げて抗議活動に走った。1978年4月30日、若者たちを中心とする約10万人のデモが起こり、デモ隊は音楽フェスティバルの観客となった。賛同したミュージシャンはザ・クラッシュ、トム・ロビンソン、シャム69らだった。ドキュメンタリー映画「白い暴動」（2019年）は、当時の経緯を丹念に描く。ステージで「白い暴動」を演奏するザ・クラッシュのジョー・ストラマー（1952～2002）の姿がまぶしい。不穏なサイレンが聞こえてきそうな、また若者の暗鬱な怒りや衝動を抱える曲「ロンドン・コーリング」も含め、ザ・クラッシュはパンクの精髄を体現した。

クラプトンは、その後「レイシスト」かもしれないという噂がつきまとったし、「そういう政治家が出てもいいんじゃないか」というボウイの発言もショックだった。ただ、ボウイの場合は、「ナチズム」という人間を異様に貶《おとし》める抑圧のファシズム現象も、アートの契機になりうるかもしれないというアーティストとしてのマインドゆえだろうとフォローしておく。

イタリアの伝説的な映画監督ピエル・パオロ・パゾリーニ（1922〜75）の映画「ソドムの市」は、ファシズムの終末期、歪曲したユートピアを目指す権力者側の残党が、性的奴隷を作るために少年少女の人権を蹂躙するような内容だが、パゾリーニは政治信条としては共産主義に共鳴していた。ボウイの「ヒーローズ」もベルリンの壁という不条理を背景に作られた曲であり、ボウイにとっては不条理や圧政や人権蹂躙の権力ですらアートの装置になりうるのである。しかし、これらはあまりにも複雑で繊細な営為であり、一般の理解は得られず批判を浴びた。


一方、そのころクイーンは……。同78年7月から新作『ジャズ』のレコーディングに入るための曲作りなどの準備期間であり、『世界に捧ぐ』の好評を受け、10月からの全米ツアーを展開しようか、というころだった。

RARが擁護しようとしたのは、迫害を受ける移民たちの人権だった。その中には先に見たように「東アフリカ出身のインド系人」も含まれていたのである。しかし、風馬牛、どこ吹く風という感じだった。フレディは、ザンジバルからロンドンに来てから受けたであろう差別に目をつぶり、口をつぐんでこらえ、音楽業界ではどこまでも「イギリス人」でなければならなかったのだろう。本名のファルーク・バルサラは、積極的に公表されたことがなかった。

RARのフェスにクイーンが出ていたら、大きなニュースになっただろう。フレディには出る理由、出るべき理由があった。しかし、フレディは沈黙した。むろん、他のメンバーを安易に巻き込むことができなかったのも道理だ。そもそもパンクの波も感じつつ、アメリカ市場にシフトしていた時期。イギリスを離れていたことも、沈黙につながったのかもしれない。RARに出演していた場合、早々に米国市場を失ったかもしれない。ただ、クイーンの人種問題や政治的動きに対する感覚の鈍さを感じさせる一コマとなった。

ここからは妄想だが、しかし、フレディはRARに自分なりに呼応したのではないか、という見方もできる。『ジャズ』の1曲目は解読不能の「ムスターファ」である。ザンジバルの原体験が噴出したような曲である。自分はイギリスで迫害されている人間の1人だ、という宣言だったのかもしれない。「ジェラシー」もインドのシタール風の音色が奏でられている。フレディの、せめてもの人種差別への反対表明だったとも受け止められるのだ。

もう一つの例は1984年10月、南アフリカ共和国のリゾート地サン・シティでのコンサートへの出演である。クイーンは政治的なバンドではない、ライヴを求める人がいればそれにこたえる、というスタンスで出演したという。当時、欧米ミュージシャンは、人種隔離政策(アパルトヘイト、91年廃止)を敷く南アフリカへは、その悪政策に反意を示す意味で、渡航拒否の態度をとっていたという。

音楽評論家の東郷かおる子さんの著書『クイーンと過ごした輝ける日々』によると、ミュージシャンたちは口をそろえてクイーンの行動を非難したという。ボブ・ディラン、ブルース・スプリングスティーン、ピーター・ガブリエル、U2のボノ、ホール&オーツ、ルー・リード、キース・リチャーズら大物ぞろいだ。

先述したが、英国の音楽家組合はクイーンに除名を勧告。現地の人々との直接交流の意義などを訴えるブライアンの必死の説得もあり、違約金を払って除名は免れたが、この感覚はロックミュージシャンには理解しがたいだろう。国連もクイーンをブラックリストに入れたともいわれる。ブライアンの説諭内容にも一理あるが、俯瞰すれば、クイーンの政治的感覚の薄さは歴然としている。千慮《せんりよ》の一失とはこのことだろう。

この2つの例は、クイーンの、またフレディの政治的感覚の欠如を物語る。反体制、不条理の排撃を基本姿勢とする「ロック」にあっては異端とみなされても仕方ないことなのだ。

音楽的頂点への到達

フレディの作詞・作曲した楽曲については、かいつまんで第3、7章でも述べた。複雑怪奇なコード進行は、その歌声とも相俟って、たとしえもなく麗しい旋律の結晶につながった。神々、魔王、妖精、鬼神、架空の王などの神話的世界、イギリスのゴシックロマンの世界……。後期になると、人生を振り返りながら今なお慰撫《いぶ》されぬ心の問題、生き方にからむ真情も漏れ出してくる。フレディの楽想はクイーンを先導し、フレディの歌声は最後までクイーンを象徴したので、結局、クイーンの楽曲は全体的な傾向として、フレディの要素と密接なのだ。名曲ぞろいである。ただ、そうではあるが、果たしてロックの正統と言えるだろうか。

壮挙とも言える書『全ロック史』の著者、西崎憲氏は、クイーンの位置づけに悩まれたのではないかと拝察する。ハード・ロック、プログレッシヴ・ロック、グラム・ロックのいずれにも収まりきらないのがクイーンだ。西崎氏は結局、「分類不能なバンド」の章を立ててクイーンを位置づけている。

しばしば言及してきたが、フレディは、憧れのスペインのソプラノ歌手、スーパーディーヴァのモンセラート・カバリエと共演して1988年に『バルセロナ』を生み出す。ここにロックからはみ出した、彼の1つの音楽的頂点があると、筆者は考える（ロックアートの頂点はやはり「ボヘミアン・ラプソディ」である）。もはやロックの異端の極北に行っているのである。正統と異端を止揚した存在であるがゆえに、到達した境地だった。

『バルセロナ』収録曲の87、88年の映像を見ると、何万人ものエネルギーを吸い上げ、それを目前の何万人もの観客に放射してきたため、ギタギタと煮えたぎって濡れたようなフレディの目は、爛熟と熱気を帯びて彼の目を見入ってくるモンセラートの、貴族的な靡爛《びらん》をも見つめてきた瞳の前で、伏しがちになる。内向的な青い羞恥すら含んでいるのだ。「ハウ・キャン・アイ・ゴー・オン」では、エイズの影響からか、先行きの不安、暗鬱に胸塞がれる内容にもかかわらず、モンセラートは、さも嬉しそうにリズムに乗って、豊満な体軀を揺らしている。「私たちの分かち合った美しい夢」の歌詞は、2人の共演を暗示する。モンセラートはこの時、まだエイズの事実を知らない。もし、ここで打ち明けたなら、心中してしまいそうな2人だ。

アルバム関連の写真も印象的だ。フレディの後ろから抱きつくモンセラート。フレディは誇らしくにこやかな表情を見せて、何よりもモンセラートの少女のようなお茶目さと、熟成して臈長けた女の喜悦が体中から立ち上っている。

スペインで行われた2人のインタビュー映像が残る。フレディはいつものように無遠慮にタバコを吸う。煙はモンセラートの方向にも流れただろうが、彼女はお構いなしだ。「『モンシィ』と呼んで。とても親しい友人は、私をそう呼ぶの」とモンセラート。彼女は自分の子供がクイーンのファンなので、以前からフレディの歌声やスタイル、楽曲には親しんできたと言い、「彼はマーベラスなミュージシャンで作曲家です」と話す。別のインタビューでモンセラートは「オペラは物語という一種の拘束の中で歌うのですが、彼との共演で私は自由を感じられた」などと語っている。カバリエは、フレディの生み出す音楽に全存在を投じ、信頼して一身を投げうって、その世界で自由を感じながらたゆたっていたのである。一方、フレディは妥協せずにロックヴォーカルを貫き通した。音楽によるこの結合体験は代替不可能だった。モンセラートは、自分のソプラノとフレディのバリトンによる二重唱曲集のアルバム制作を、フレディに懇願したという。しかしながら、この提案は、フレディ自身のイメージを毀損《きそん》してしまうと思ったのか、フレディは丁重に断った。

ロックヴォーカリストは、底窮から頂上へとのし上がり、クラシックの観客をも圧倒するのが理想の形と、すでに説明したが、フレディはそれを実現したのではなかったか。2人の協業の成果は、フレディがロックの正統であることを逆説的に証拠づけた。

ニーチェの「深い淵」、そこに据えられた「闇の目」

フレディの存在論にも関わる考察として、ニーチェにも触れておこう。

19世紀末のドイツの思想家フリードリヒ・ニーチェ（1844〜1900）の著作『悲劇の誕生』は、ギリシャ悲劇を生み出す母胎になったものは何かを論証した名著である。アテネ、スパルタなど都市国家（ポリス）ごとに差異はあるが、大きく言って、古代ギリシャの諸都市国家は、「良き市民」であり「良き兵士」であった民衆が治めていたとされる。西洋思想史にあって、ポリス社会を貫く思想的な原理は、理性を司る造形芸術の神アポロに象徴される、顕在化した明晰な論理的思考である。ロゴスである。しかし、ニーチェは、この社会を彩り、大々的な円形劇場で繰り広げられるギリシャ悲劇の世界は、果たしてロゴスだけなのか、何か別の原理も働いているはずであると看破した。反アポロ的なるものがあるのではないかと気づいた。それはアポロ的なものに対置されるべき、情動を司る酒と音楽芸術の神ディオニュソスに象徴される原理だった。この理性・ロゴスの神と酒と音楽による官能のしびれと陶酔の神の両神こそ、至高の芸術形態であるギリシャ悲劇の母であると考察した。そして、ニーチェ自身の嗜好も反映させたのか、「現代のリヒャルト・ワーグナーの楽劇に悲劇の再生がある」と論じた。古代ギリシャ社会への眼差しを大きく変化させた書である。

ニーチェの説くディオニュソス的な存在の末端に、フレディの影がちらつくような気がする。むろんフレディには、ワーグナーのような理論や楽劇構造を持つ作品はなかったが、芸術的な秀抜性を考える時、思想家ニーチェの思索は、非常に親近感があるように思われる。

ニーチェは後年さらに思索を深め、ついには伝統的な道徳性を批判し、善悪を超えた世界を見つめるようになる。『善悪の彼岸』である。この著書に、このような言葉が記されている。

「君が長く深淵を覗《のぞ》き込むならば、深淵もまた君を覗き込む」（木場深定訳、岩波文庫『善悪の彼岸』146節から）

学生時代にこの書を読んで、筆者はまず、この一文にぞっとしたことを覚えている。その感覚の記憶は今でも新しい。深い淵の奥、闇を見る者は、その闇にも見られている。ニーチェはこの「闇の目」に怯え、『悲劇の誕生』では、いわば、それに挑み、それを注意深く描きつつ称えた。結果、ワーグナーへの賛美にもつながったが、後年、『ニーチェ対ヴァーグナー』という著作で、ワーグナーを否定し、その呪術に感染した精神を吐瀉し、決別していく。この後年の試みは「闇の目」の超克に他ならない。ちなみに「闇の目」というのは、後年、ナチスドイツがワーグナーの音楽をプロパガンダに使用する予兆があったというような否定的な意味ではなく、芸術特有の底知れぬエロス（生）とタナトス（死）の交雑も含む何かであり、それは芸術上、当然否定的なものではない。それゆえ、後にワーグナーを論難したニーチェは、社会的な健全を取り戻し、道徳的な哲学者になったというわけではさらさらない。新たな「闇の目」に捕らわれたのだろう。

筆者は、フレディも、この「闇の目」を痛切に感じていた人だと思っている。カバリエに捧げた曲「エクササイズ・イン・フリー・ラヴ」の霊妙な旋律の向こう側には闇が横たわり、汚穢と清浄、死臭と芳香、腐乱と神秘、悲哀と恍惚、ルサンチマンと拝跪などの綯《な》い交ぜになったカオスが官能的に響いてくる。在処を訪ねて近づくほど遠のいていくような「闇の目」の正体。ニーチェも思いを巡らせたであろう闇の目との戯れすら伝わってくる。

もう1人、モーツァルトにも言及しておこう。

天才の名をほしいままにする早世の古典派の作曲家ヴォルフガング・アマデウス・モーツァルト（1756〜91）は「ディヴェルティメント」、日本語で言うと「嬉遊曲」を20曲近くも作曲している。イタリア語で「楽しく面白い気晴らし」というような意味で、曲調は軽快明朗だ。

筆者は10代の終わりに、モーツァルトの「ディヴェルティメント」を好んだ。それは、その旋律とは裏腹に、悲哀と恐怖をもたらすものだったからである。表面上、聴こえてくる曲は、明瞭で足取りも軽い、優美な旋律と展開を旨とする。しかし、なぜこんなにも明るいのか。なぜ、これほどまでにあえて軽やかなのかに思い耽り、モーツァルト自身が何かを避けているのではないかと直観した。

モーツァルトは、何かを精妙に避けながら、その回避の足跡を明るく優美な旋律として残しているのだと思った。「回避の足跡」に慎重に耳を傾けると、回避しようとしたものがおぼろげに見えてきた。どうしようもなく「陰惨な闇」だった。「闇の目」だった。

当時、多少なりとも、批評家の小林秀雄（1902〜83）の評論「モオツァルト」の影響もあったのかもしれない。しかし、小林が冬の夜、大阪の道頓堀で名曲「交響曲40番ト短調」が突然、頭の中で鳴って、涙が追いつかないほどの速度で悲しみが疾駆していくような天才の音楽に衝撃を覚えたのに対して、筆者は、雪の降りしきる京都・御幸町通の喫茶店で流れていた「ディヴェルティメント」の快調な明るさが避けている闇の暗さに衝撃を受けた。前者が「表面化した、奏でられた、聴こえる旋律に宿る悲しみ」だとすれば、後者は「潜在化した、奏でられない、聴こえない旋律に宿る悲しみ」である。明るければ明るいほど、闇は濃い。ややあまのじゃくだったせいか、筆者には、後者の方が根深い悲しみだと感じられたものだ。

仏思想家のブレーズ・パスカル（1623〜62）は主著『パンセ』で「気晴らし」について

論じている。パスカルは人間にとって気晴らしは不可欠の重要なものと説く。気晴らしがなければ、人間は否応なく死すべき存在である自分に向き合うことになり、虚無感に捕らわれるというのである。この書を読み、ディヴェルティメント体験に得心がいったのを覚えている。

「ディヴェルティメント」の語源と同根とみられるフランス語「divert ディヴェール」には「気を晴れさせる」とともに「かわす、回避する」という意味もある。つまり「本質的なものから目をそむけ、かわす。回避する」という意味に敷衍《ふえん》できる。となれば、明朗な旋律が喜び弾んでいるモーツァルトの「ディヴェルティメント」の陰には、筆者も直観したように、やはり深刻さや暗さや死や虚無など、死すべき人間の本質的なものが潜んでいるのだろう。まさに本質的なもの、「闇の目」から回避している音楽なのである。

モーツァルトは「闇の目」に対し、ある時には、小林が衝撃を受けた「40番」のように、その目を描こうとし、別の時には「ディヴェルティメント」のように、その目を避けようとしたように思われる。

では、フレディは、この「闇の目」を前に、どう振る舞ったのか。

フレディの立ち現れ方について見ると、70年代は「表面化した、奏でられた、聴こえる旋律に宿る悲しみ」に近く、80年代は「潜在化した、奏でられない、聴こえない旋律に宿る悲しみ」に近かったのではないだろうか。70年代は、曲がヒットしようとも周囲からの無理解は払拭しきれず、孤独の影を濃くしただろう。「テイク・マイ・ブレス・アウェイ」など「闇の目」

を遠くから描こうとしている作品もある。

80年代、時として、派手なパーティーで、ゲイライクにキャッキャとネコ科の動物のようなはしゃぎ方をしていたフレディだが、ここに死すべき人間の本質、虚無から逃れようとした狂騒すら感じるのだ。ただ一人、自分に向き合う時間ほど恐ろしかった時はなかっただろう。楽曲面では「ディヴェルティメント」の傾向にぴったり合うものは見当たりにくいが、愛への全身全霊の献身を歌う「ボーン・トゥ・ラヴ・ユー」の力強い明朗さは、その表れなのか。クレイジーな孤独生活を悲しむ「リヴィング・オン・マイ・オウン」は戯れたスキャット入りで、軽佻浮薄なムードの曲。ここには「闇の目」の恐怖から逃げようとするフレディがいる。「闇の目」を直視することは、まだできなかった。

快楽主義者　理性の目覚め

フレディ・マーキュリーは快楽主義者だった。彼のセックスライフについては、イギリスのゴシップ紙などに載っているようだが、乱脈を極めたことは想像に難くない。

先述したが、70年代後半、クイーンはアメリカに本拠地を移す。このころには、メアリー・オースティンとの同居も解消していて、おそらく70年代後半から本格的に乱れたともみられる。

メアリーは別離の後も、終生友人であり、永遠の恋人だった。自信と不安に動揺するフレディ・マーキュリーの才能を初めて信じた人がメアリーだったのだろう。ありのままのフレディを愛した。この愛がなければ、フレディは競争相手に満ちたロンドンで闘い切れなかったかもしれない。

メアリーはテレビの特集番組で「彼は私の人生の扉を開いてくれた」と語っていた。が、実際には、メアリーこそ、まだ何者でもなかったフレディの扉を開いた人だった。彼女の愛がフレディを、世界のフレディ・マーキュリーへと育んだ面は無視できない。フレディ・マーキュリーの根幹を支えたのである。クイーンが成功する以前から続く愛で、ほぼ一貫して変わらなかった。フレディにはそれが痛いほどよく分かっていた。彼自身の謙虚さもあって、だからこそ、メアリーを生涯愛したのである。フレディにとって永続的な友人で最愛の人だ。

ゲイや性的少数者であることは、異性とのアバンチュールに走るロッカーたちが典型ならば、今でもロック界では異端なのかもしれない。フレディは公式の場で自らのセクシュアリティを進んで明らかにすることはなかった。これはロック業界が異性愛の男性中心だからだろうか。

ファッション業界などでは、今日で言うＬＧＢＴＱの存在がむしろ王道を歩んでいる感が強い。実際、彼らは自らのセンスに忠実に従い、性差の境を楽々と乗り越えて自由に行き来する。ジェンダーレスの発想は、男女問わず多くの人々に受け入れられるものを創り出す基盤とすら言えよう。フレディにも同じことが言えると思う。

そんなフレディにとって、ジム・ハットンは「今欠かせない」最後の恋人だった。ハットンによって、晩年のフレディは心の平安をかみしめることができた。フレディの葬儀への参列を拒まれたという独女優バーバラ・ヴァレンティンも、84年ごろには、フレディの恋人だったのだろう。

しかし、いくら愛するメアリーが見守ってくれていても、ハットンがいても、100万人を愛し、100万人に愛されても、フレディはまだ、愛し足りない、愛され足りない。狂おしく愛に飢渇し続けたフレディは「愛という名の欲望」そのままに、愛そのもの、欲望そのものであったのかもしれない。

彼にとってセックスは学生時代からの一大関心事であり、それは生涯変わらなかった。文字通りの快楽主義者であり、半ば色情狂の域に達していたのでもあろう。かの異能の碩学・澁澤龍彦は『胡桃の中の世界』で欧州中世末期からルネサンス初期ごろ、15世紀末の混交言語による奇書「ヒュプネロートマキア・ポリフィリ」(澁澤訳で「ポリュフィルス狂恋夢」)を紹介した。イタリア語、ギリシャ語、ラテン語、ヘブライ語が混在し、甘美な夢の古代への憧憬が全編に流れ、エロティックな寓意に満ちた夢物語であるという。「ヒュプノ」=夢、「エロート」=エロス、「マキア」=闘い、「ポリフィリ」=主人公名だが、「ポリ」=たくさん、「フィリ」=愛で、たくさん愛する人ともとれるらしい。直訳すれば「たくさん愛する人の夢の愛の闘い」となるだろうか。この奇書の中身は異なるが、多情多愛者の現実の性愛の闘いが、フレディにはあった。フレディも稀代の術策家ジャコモ・カサノヴァのように性愛の回顧録を出版してもよかったかもしれない。

もし、フレディにゾロアスター教の教義が染み付いていたとすれば、同性愛によって激甚な罪悪感に苛まれつつも、禁忌を破るという最高度のエロティシズムに達し、痛苦を伴うひりつくような快楽に惑溺したのだろう。

70年代末ごろから83年、いや85年ごろまでは桁違いに、それこそ規格外の性愛を渉猟したフレディ。理性のたがは外れていた。過剰と爛れた放恣、狂乱の饗宴にあけくれても、祭の後には、孤独と身すがら震え上がる寂寥感に苛まれたはずだ。色情の果ては空虚しかなかった。空の心を満たそうとして日夜、獲物を狙い、エスカレートしていったのかもしれない。愛し足りず、愛され足りず、どうあっても癒やされない、理由なき孤独即存在の権化。心底には哀しみのバッソ・オスティナートが震動していた。気づけば、目と鼻の先に「闇の目」が見開かれ、エロスの謳歌はいつしかタナトスへの暗い衝動に取って代わられていったのだろう。

80年代、何万人という大観衆とコール&レスポンスを続けてきたフレディは、カリスマ性の確認でも、観衆を沸かせたいというフロントマンの意欲でもなく、何よりも単純に、その場に居合わせた観客全員と性愛の交歓を求めていたかのようだ。

歌声は、口説きのささやきや、性行為の喜悦の叫び声と同質で、大観衆と愛を、性愛を交わしたかったのである。歌っているフレディの目の異様な輝きを見よ。目は観衆を「視姦」しているかのよう。その歌声の常軌を逸した潤いを感じよ。声は聴衆に「音姦」とでも言うべき迫り方で、セクシャルで官能性を帯びたのではなかったか。そして同時に、観衆に「視姦」されたくて仕方がないのだ。歓声で自ら「音姦」されたくて仕様がないのだ。

古代ペルシャの「千の物語」は、アラビア世界に入って「千一夜物語」となるが、フレディは、あたかもシェヘラザードのように、ロック音楽で、聴衆に、あるいは音楽の神に夜な夜な夜伽《よとぎ》を務め続けたのかもしれない。そこに「音楽の娼婦」と自己規定した本意がある。


ところが、フレディは、ライヴでの交歓の果てに、情交尽くしを上回る快楽を知ってしまうことになる。「エ〜〜〜オッ」と声を上げるだけで、10万人近い観衆を右にも左にも靡かせることができてしまう快楽である。激烈な快楽を知ったフレディは、ところが、今度は理性に目覚めるのである。快楽追求は、ロックの正統にあるが、理性の目覚めはやはりロックの異端と言えよう。フレディは言う。

「あんなにも大勢の人たちを手のひらにのせている感覚には、畏怖を覚えるほど圧倒的なものが、気が遠くなるほど強烈なものがある……その力は、良識に欠ける手に握られると、危険なものになりかねない。もし、僕が望めば、暴動を起こせるかもしれない。ひとは突然こう思う、『我には強大な力がある。我は破壊王になれる!』……まったくもって素晴らしい気分。でも僕はちゃんと自覚している、僕はそいつを絶対に乱用しない」

この理性が、残り少なくなった命の捧げどころを指令し、統制したのだった。

死を前にしての音楽への挺身――正統と異端の止揚

フレディのＨＩＶ感染が発覚したのは、１９８７年ごろと言われている。天は85年のライヴ・エイドという復活・再降誕的な機会をクイーンに与えた。そこで成し得たロック史上最高と目されるパフォーマンスの体現は、何かそれ以上に大きなものを失う予兆であったのかもしれない。フレディの死である。

しかし、フレディは死への一本道を、すさまじい音楽への挺身で驀進してゆく。すり減る命は一滴一滴、声にこもって、死が近づくとともに凄みを増していった。苦しめられてきた「闇の目」の正体を死や病いと見極め、「闇の目」に立ち向かおうと決心した。勇敢に直進し、まつわる不安をすべてなぎ倒してゆくように、声は限界を突き抜けていった。

先にも説明したが、80年代、彼の抱く悲哀は内面に潜り、意識されない分、宿痾《しゅくあ》のように堆積を続けた。ゆえに、それから回避すべくゲイライクにはしゃぎ、貪婪《どんらん》な性愛生活を重ね、観客との交流がなければ耐えられなかったのに違いない。孤独のうちに作曲したり、１人でいたりすることが耐えがたくなってきたのではなかったか。こういう存在はロッカーも含め、ある日突然、自害同然に亡くなってしまうことも多いだろう。現実を忘れようと薬物に走り、中毒の末にオーバードーズして亡くなる者も多い。シド・ヴィシャスも、英国のシンガーソングライター、エイミー・ワインハウス（１９８３～２０１１）もそうだったかもしれない。その破滅ぶりは、ロックミュージックに向かう気概さえ削いで、いわば廃人化させる。

当時は不治の病だったエイズの罹患を突き付けられた時、フレディは多くのロッカーが陥りがちな自暴自棄にならず、自死にも至らず、歌うことに没我の境地を見いだしていった反運命的で特異な存在であった。社会的な理性の徒として覚醒したロッカーは、まさにロックの異端児なのだ。70年代の悲劇的オリエンタリズムのロックの異端性は、80年代には悲劇を押しつぶして隠すマッチョなクラウンというロックの異端性を示し、ついには難病に正面から向き合い、受け入れ、立ち向かい、死の直前まで歌い続けた反運命的なヴォーカリストとして怒濤のロックの異端性を見せつけた。それこそ異端の申し子フレディ・マーキュリーだったと言えるだろう。

半面、運命や宿命に抗い、澎湃《ほうはい》たる声量でのし上がり続けたフレディはロックの正統の申し子でもあったのだ。残されたわずかな「時間」、その制約の中で、フレディという現存する人間の「存在」がくくりだされた。そしてその「存在」は、今、音源や映像として残り、誰もが耳にすることのできる彼の歌声や歌う映像の中に、本姿を映し続ける。突き詰めれば、動画の中のフレディの顔や体や衣裳は二の次である。声である。「存在」の忘れ形見が声なのかもしれない、「存在」が声化したといってもいい。その声は百色の妖声を従えて、凄絶に轟く。ロックヴォーカルの正統中の正統が響き渡っている。その声があるから、今の「クイーン＋アダム・ランバート」のコンサートで映像だけの登場であるにもかかわらず、フレディは「不在の

クイーン最後のライヴ・ツアーとなった「マジック・ツアー」でのフレディ（写真：REX／アフロ）

在」を感じ取らせるのである。

　ドイツの実存主義の哲学者マルティン・ハイデガー（1889〜1976）による『存在と時間』は難解な哲学書であるが、他人や些事に振り回される人生ではなく、自分が主人公である充足した人生を送るための、最良の指南書の一つと言える。フレディの終末を思う時、筆者にはどうしても『存在と時間』の内容が想起されて仕方がない。これを援用して、フレディの「存在」とは何だったかを整理してみよう。

　そう遠くない死の定めを突き付けられたフレディという「現存在」は、己の過去を反芻して嚥下したのだろう。ザンジバルで生まれた非西洋の出自、インドのカオス、ロンドンでの孤独、そして世界的な成功、とりわけ、おそらくＨＩＶ感染の原因となった乱れた淫蕩生活……。ハイデガー流に言えば「既在」を受容したのだ。そして、残された命、時間を「クイーンのロックヴォーカリスト」に捧げることを決意し、自分自身という「現存在」を残り僅かな「将来」に向かって「投企」し、「本来的自己」を全うしつつ自分を含めた世界を「現成化」していく。フレディが意識したかどうかは別として、そこに「存在」は出現したのだ。もっと直観的に論を進めれば、「存在」はフレディの歌声に烙印され、録音によって我々はその「存在」の何たるかの一端に接することができるのではないだろうか。「ロックの正統と異端のアマルガムを体現し、正統と異端を止揚した存在」の反射がほの見えるのだ。そしてさらに言えば、声に投影された「存在」は、愛し愛されて幸福に恍惚としながらも、まだまだ愛し足りず、愛され足りないもどかしさに悶絶しているのかもしれない。まさに、『存在と時間』が実例として挙げるべき生き方・死に方をしたのが、フレディ・マーキュリーだったのではないかと考えるのである。

イタリアの詩人ダンテ・アリギエリ（１２６５〜１３２１）は傑作『神曲』で、自ら私淑する古代ローマのラテン語詩人ウェルギリウスに導かれ、地獄、煉獄を、永遠の淑女ベアトリーチェらに伴われ天国を巡る。「三位一体」を象徴するテルツァ・リーマ（３韻句法）を用い、計１００の各歌は３ｎ＋１行で構成されている長大な作品だ。『神曲「天国篇」』（講談社学術文庫、原基晶訳）の最終第33歌は、こう締めくくられている。

　　ついに高く飛翔した我が表象力はここに尽きた。
　　しかし、すでに中心から等距離で回る輪のように
　　我が望みと我が意志を回していた、

　太陽と星々をめぐらす愛が。

　何度か述べているが、フレディが最後に作った曲と言われているのが「ウインターズ・テイル」である。曲作りの面で「表象力はここに尽きた」わけだ。曲の歌詞の最後を見てみよう。
「僕の世界は果てしなく廻りつづける／信じられない／めくるめくほどの浮遊感／これは夢……？／僕は夢を見ているのだろうか？／まさに至福の時だ」（『クイーン詩集　完全版』シンコーミュージック・エンタテイメント刊、山本安見訳）
　ダンテの「しかし、すでに中心から等距離で回る輪のように／我が望みと我が意志を回していた、／太陽と星々をめぐらす愛が。」というくだりについて、訳者の原氏は「ダンテの希望、つまり意志は、『太陽と星々をめぐらす愛』である神の意志と一体化し、叙事詩は終わるので

ある」と解説している。
ダンテの意志は回りながら愛、神の意志と一体化してゆく。それは至福の時だったに違いない。フレディの目に映る天国のような世界は回り、回りながら、現実と夢と天国は一つになって至福を感嘆させるかのようである。フレディがダンテを読んだかどうかはよく分からない。世界第一級の詩を一介のロックソングの歌詞と同列に比較するのは、お叱りを受けそうではあるが、最終の境地、天国という領域と、「回る」という現象の密接な関係をともに示していて興味は尽きない。実人生の地獄や煉獄を経めぐってきたフレディも最後、天国に足をかけながら「回る」(spinnin' という単語を使っている)ことを通し、至福の境地に、ようやくたどりついたのかもしれない。

ロックの異端児として斯界の逆風の中を歩み、鳴り響く哀しみのバッソ・オスティナートに孤独を凍てつかせ、折節に接近してくる「闇の目」のおぞましさに戦慄しつつも、ロックヴォーカリストとしてだけでなく音楽家としての頂点を極めたフレディという存在。ディオニュソス的存在としてセックスに耽溺する常識外れの快楽主義者を通しながら、スタジアム級のロックヴォーカリストとして君臨するようになって、明晰な理性に目覚める。宣告された死の病いという「闇の目」の具体的な姿を冴えた目で直視し、命を引きちぎりながら音楽に向かって脇目もふらずに驀進し、歌を、1フレーズでも多く、魂を塗りこめて歌おうとしたロックヴォーカーカリスト。ついに、ロックの正統と異端のアマルガムを体現し、ロックの正統と異端を止揚し得たロックヴォーカリスト。まさにここに存在の本質が顕現し、伝説の嚆矢を現実世界に突き立てたのである。闘い終えたフレディは、あたかも生けるベアトリーチェのような永遠の恋人、メアリーの変わらぬ愛情に導かれ、天国へと入っていったのだろうか。

フレディ・マーキュリーの「凄さ」の解体新書とも言える検討を続けてきたが、ロックの正統と異端を止揚した存在として、この命尽き果てるまで歌う生きざまと死にざまこそ、フレディ・マーキュリーの最大のデイノスな「凄み」ではないだろうか。この裏打ちがあってこそ、声そのもの、歌い回し、作詞・作曲、パフォーマンスの「凄さ」がいや増すのである。

フレディ・マーキュリーという存在が後世に永らく残っていってほしいとの願望は日々募る一方であり、そのためにも、多くの人々がフレディについて語ることが肝要である。

そうこうしているうちに、ついに紙幅はここに尽きた。フレディについて、書くべきことはまだまだあるだろうに、という心残りに後ろ髪を引かれつつ、筆を擱くこととする。

おわりに

フレディ・マーキュリーとは何者で、どんな「凄さ」を発揮してきたのか、などについてくどくどと記した。しかし、答えのすべてはクイーンのアルバムやDVDにあるのだ。各人各様にそれを味わうのが最良の道だろう。

にもかかわらず、本書の執筆を志したのは、筆者自らのフレディやクイーンについての感性的受容の一端を書くことで、彼の「凄さ」を一人でも多くの読者と具体的に共有したかったからである。老若男女、ファンの方々も含めより多くの人とともに、1970年代、80年代のロックやポップスも交え、フレディ・マーキュリー、クイーンについて、ああでもないこうでもないと語り合いたいというのが本意だ。それが微々たるものでも、フレディの伝説を後代につなげていく試みの1つだと思っている。

私自身、フレディ・マーキュリーにインタビューしたことはない。それだけに、「ミュージック・ライフ」誌元編集長で音楽評論家の東郷かおる子さんら、インタビュー経験のある方々には、頭が下がる思いだ。筆者は、クイーンの他のメンバーへのインタビュー経験も少ない。

新聞記者時代の2014年、クイーン＋アダム・ランバートとして「SUMMER SONIC 2014」に出演する直前にブライアン・メイに電話でインタビューしたことがあった。ブライアンは「家族と同じで、僕が常に心にとめて生きているのがフレディ。だから、大切な国である日本に彼も連れて行く。フレディはステージのどこかで、僕らの演奏をうなずきながら聴いていてくれると思う」（2014年7月30日付朝日新聞朝刊より）と話したが、この思いはフレディ没後、一貫しているのだろう。

映画の世界的ヒットを受けて展開した「ラプソディ・ツアー」で、2020年にクイーン＋アダム・ランバートが来日した際には、ブライアンが愛用しているセイコー時計に関連し、東京・銀座の和光を訪れた時に「コンサートが楽しみです」などと話しかけた程度。また、同じ来日時の初日夜に、会場のさいたまスーパーアリーナ内の主催者控え室で、ロジャー・テイラーにあいさつをしたくらいであった。この時、ロジャーは初日ライヴのドラム音が弱かったことを気にしていて「明日はもっとハードヒットで臨むよ」と語っていた。直接言葉を聴く機会の乏しさは、いかんともしがたかった。

79年以降のクイーンの来日公演も、細かくノートをとって鑑賞したわけではなく、記憶も頼りないところがある。それゆえ、今回の小著では、どの読者にとっても検証可能な15枚のクイーンのスタジオアルバム、2枚のフレディのソロアルバムを拠点にして、私自身がどう感じてきたのかを書くことに集中した。

評伝ではなく、もとより正解のない領域である。筆者だけの見方が正しいなどというおこがましさは毛頭ないし、解釈の偏りや考察の不足を挙げれば切りがない。読者諸氏や専門家のご指摘、ご批判には真摯に向き合いたい。

執筆に際しては、フレディ・マーキュリーに関する内外の多くの著書のお世話になった。読者諸氏には、参考文献の一覧に挙げた著作にも接してほしいと願う。起稿したのは2019年の半ばごろだったろうか。勢いよく書き始めたものの、勢い余って過度に独りよがりの文面になってしまい立往生。その後、3年以上も放置することになってしまった。それでも、クイーンのデビュー作『戦慄の王女』（1973年）リリース50年の節目の今年2023年に、本書の刊行が間に合ったのは、あまりの怠慢と遅筆に目をつぶり、辛抱強く待っていただいた平凡社新書の金澤智之前編集長と、現在の岸本洋和編集長のお蔭である。お二人には、いくら感謝しても、し足りないくらいである。この場をお借りして、衷心よりお礼を申し上げたい。

それにしても、フレディの没後、クイーンはどうなるかと思ったが、彼らは歩みを止めていない。歩みに応じて、フレディはますます「歌聖」として伝説化されてゆくかのようである。ブライアンとロジャー、そしてクイーンのマネジャー、ジム・ビーチの戦略と言ってしまえばそれまでかもしれないが、筆者には、むしろフレディに対する友情や愛情を大切にしている姿勢のなせるわざだと思われる。97年にブライアンが作ったクイーンの曲「ノー・ワン・バット・ユー」を聴けば分かる。

1人の亡くなったメンバーへの追悼を常に掲げ、新ヴォーカリストを迎えると、そのヴォーカリストの音楽経験や背景をクイーンに注入して、クイーンを繰り返し再生させるという形を採って、同じバンド名義の活動を続けているケースはほかにないのではないか。それによって、クイーンの曲も、フレディという存在もアクチュアルに時代時代を彩るのである。第8章でも触れたように、フレディは生前の映像のパフォーマンスでコンサートに参加し、「不在の在」としてファンの涙を誘う。不思議にも、それが何年も続いていて、なお高鮮度の感動をもたらす。ファンは親から子へ、そして孫へとつながっていくのである。晩年のフレディが歌詞の内容を自らに課した曲「ショウ・マスト・ゴー・オン」は、フレディ亡き後、ブライアンとロジャーに課されたのだ。世界で約3億枚と言われるクイーンの音楽作品の売り上げも、さらに伸びていくだろう。

フレディ伝説化の道は、没後5か月の1992年4月20日、英国ウェンブリー・スタジアムで開催された追悼コンサートから始まった。ロバート・プラント、デヴィッド・ボウイ、エルトン・ジョン、アクセル・ローズ、ジョージ・マイケル、そしてライザ・ミネリらが3人のクイーンとともにクイーンの曲を演奏した。先述した通り、ロバート・プラントは全身全霊を込めたステージを見せた。これだけのメンツを集められるフレディ、クイーンの求心力は称賛に価した。

同じ年、「ボヘミアン・ラプソディ」を使用した映画「ウェインズ・ワールド」が公開された。主役のマイク・マイヤーズは、映画で、車の中で「ボヘミアン・ラプソディ」をかけて頭を振って乗りまくる。マイヤーズは映画「ボヘミアン・ラプソディ」にEMI重役レイ・フォスター役で出演。この名曲を試聴する会議の場面で「こんな曲で頭を振れるわけがない」とシングルカットに反対するが、このセリフを「ウェインズ・ワールド」で乗りに乗っていた当のマイヤーズに言わせているところが心憎かった。

1995年には、最後まで歌い続けたフレディの歌声や、クイーンの演奏でバージョンアップしたソロアルバムの曲を収める『メイド・イン・ヘヴン』がリリースされる。

1997年、ブライアンとロジャーが歌う「ノー・ワン・バット・ユー」で、ジョン・ディーコンは事実上引退した。これも話題になった。

2001年3月、クイーンが「ロックの殿堂」入りを果たす。

2002年、ミュージカル「ウィ・ウィル・ロック・ユー」のイギリスでの上演が始まる。

2005年には、今はなき東京・新宿コマ劇場で約3か月間の来日公演も行われた。このミュージカルは、クイーンの楽曲で綴る、いわゆる「ジュークボックス・ミュージカル」と言われ、歌と劇進行が密接に絡む本格的なミュージカルと比べ、軽視された。実際、中途半端なゲームの世界のようでもあり、ストーリーは単純で深みがなかったが、クイーンの曲が流れるだけでもうれしい舞台で、筆者は嬉々として5回くらい見た記憶がある。朝日新聞でも取り上げた。会場にはクイーン・ファンが殺到し、熱量は十分だった。日本公演の当時、「手をとりあって」でフレディが日本語で歌う個所「手をとりあって、このまま行こう」をもじって、「手をとりあって、コマまで行こう」などというジョークも生まれた。

2005年、クイーン+ポール・ロジャースが始動する。10、11月には来日公演も行った。

2011年、クイーン+アダム・ランバートが始動。2014年8月の「SUMMER SONIC 2014」のヘッドライナーとして初の来日公演を実施した。

2018年、映画「ボヘミアン・ラプソディ」が公開され、世界中に感動の輪を広げた。

2020年1月、クイーン+アダム・ランバートが「ラプソディ・ツアー」の一環で来日する。

2022年10月、『ザ・ミラクル』のアウトテイク、「フェイス・イット・アローン」が新曲として発表された。フレディの死期を悟って作られた曲とみられる。内部崩壊の危機が来ても、最後には、たった一人で、その現実に立ち向かわなくてはならない、という歌詞は痛切である。

このように一部をクロニクル的に見ても、90年代、2000年代、2010年代を通じて、途切れなく世界に話題を提供していることが分かる。2023年3月、「クイーン+アダム・ランバート」が秋に北米ツアーを開催することも発表された。日本公演への期待もふくらむ。また、最近では、ブライアンが映画「ボヘミアン・ラプソディ」の続編に前向きな発言をして

レマン湖に向かって建つフレディ・マーキュリー像
（写真：Elodie50a）

いて、「問題は脚本だろう」などと語り、世界の耳目をそばだてている。ぜひ実現してほしいものである。続編のタイトルは「ショウ・マスト・ゴー・オン」か「メイド・イン・ヘヴン」かもしれない。が、間違っても「ムスターファ」ではないだろう。読者諸氏はどう思われるだろうか。

　そしてそのたびごとに、フレディの偉大な歌声が流れ、その奇抜なパフォーマンスが人々の目を引き付ける。不死鳥のように、蘇るのである。

　スイス・レマン湖（これはフランス流の言い方で、英語・ドイツ語圏ではジュネーブ湖）のほとりのモントルー。フレディ・マーキュリー像が佇んでいる。チェコの彫刻家イレーナ・セドルカによる作品で、１９９６年に除幕式が行われた。右手を高々と掲げた決まりのポーズだ。

　クイーンは78年の『ジャズ』以降、『ホット・スペース』『カインド・オブ・マジック』『ザ・

ミラクル』『イニュエンドウ』『メイド・イン・ヘヴン』のレコーディングで、モントルーの「マウンテン・スタジオ」を使用。常宿にしていたのはホテル「フェアモント・ル・モントルーパレス」だった。フレディはホテル滞在中、白鳥を眺めるのを日課にしていたという。目まぐるしく激烈な世界で生きてきたフレディが、静かに深く呼吸できる時間だったのだろう。

約20年前に、筆者もこの地を訪れた。フレディ像と並んで、レマン湖を左から右へ眺め渡す。湖面のさやさやとしたさざ波。空は高く広く、西日を包み込む雲は柔らかい。雲の裾はうっすらとして煙のように渦巻いている。アルプスの峰々がたたなづく。

「ウインターーズ・テイル」の歌詞そのままの、天国のような風景がどこまでも広がっている。そう、ここは天国を写しとったような場所なのだ。天に祝福された不世出のロックヴォーカリスト、フレディ・マーキュリーの像が、飽くことを知らず、この光景を眺め続けている。天空の雲の裂け目から太陽が幾筋かの光の脚を伸ばす時、もしかしたら、フレディの屈託のない笑い声がこだまするのを聞き取ることができるかもしれない。

フレディの最後とみられるインタビューの音声が残されている。声の調子は、深刻でもなく、いらついているわけでもなく、いつもと変わらぬ早口だ。彼はこう語った。

「僕が話をするのは君が最後だから、きっと貴重なインタビューになるよ。僕にとって一番大切なことは幸せでいること。自分の犯した過ちは自分で償うしかないんだ。自分らしく生きるまでだ。残された年月をできる限り生き生きと楽しく過ごそうと思う。ちゃんと使ってくれよ。インタビューでこんなに自分の気持ちを明かしたのは初めてだよ。でも、もう飽きちゃった」。「飽きちゃった」のは、インタビューだったのか、それとも人生だったのだろうか。

クイーン最後のスタジオアルバム『メイド・イン・ヘヴン』の13曲目、22分以上に及ぶ最終曲にはタイトルがない。便宜上「TRACK13」と呼ばれている。それは残された3人がフレディに捧げた安らかなレクイエムだ。

フレディは、幾層にも揺れ動くヴェールに慰撫されて空中を彷徨い、中近東の文化をしのばせる水音のような弦楽に親しみ、雲間からの日差しを浴び、無邪気な何者かの声に癒され、どこかの何かの扉を開き、光の泡に戯れ、天使の透明な息が吹きかけられ、金色の滝に打たれて快い笑い声を立て、いよいよ天国の門にさしかかり、真っ白な光に溶けてゆく。宗教の境を取り払ったような明澄な音たちが浮遊する。

消えゆこうとする刹那、フレディは振り返る。悲哀のひとしずくを伏しがちなまつ毛になずませ、口元を隠すような素振りも交えて、こう語るのを聞く心地がする。

「僕は、あなたたちを今でも愛しているよ」

米原範彦

2023年5月

参考文献・参考資料

参考文献

※以下、シンコーミュージック・エンタテイメント

『フレディ・マーキュリー　自らが語るその人生』グレッグ・ブルックス&サイモン・ラプトン　新井崇嗣訳　２０２０年
『クイーン詩集　完全版』PREMIUM EDITION　山本安見訳　解説文・石角隆行　２０１９年
『クイーンと過ごした輝ける日々』東郷かおる子　２０１９年
『クイーン　誇り高き闘い』ジャッキー・スミス&ジム・ジェンキンズ　田村亜紀訳　２０２２年
『クイーン全曲ガイド』石角隆行　２０１９年
『クイーン全曲ガイド2　ライヴ&ソロ編』石角隆行　２０２１年
全曲解説シリーズ『クイーン』マーティン・パワー　田村亜紀・川原真理子訳　２００６年
『クイーン大事典』ダニエル・ロス　迫田はつみ訳　２０２０年
『クイーンの真実』ピーター・ヒンス　迫田はつみ訳　２０１６年
「QUEEN in JAPAN」編集・赤尾美香　２０２０年
SHINKO MUSIC MOOK「MUSIC LIFE 完全読本」２０１８年
SHINKO MUSIC MOOK「クイーン　ライヴ・ツアー・イン・ジャパン　１９７５-１９８５」２０１９

年
Greg Brooks & Simon Lupton *FREDDIE MERCURY : A LIFE, IN HIS OWN WORDS* Mercury Songs Ltd. 2006
The LITTLE BLACK SONGBOOK QUEEN Hal. LEONARD Corp 2012
『フレディ・マーキュリー　孤独な道化』レスリー・アン・ジョーンズ　岩木貴子訳　ヤマハミュージックエンタテインメントホールディングス　２０１３年
『フレディ・マーキュリーと私』新装版　ジム・ハットン　島田陽子訳　ロッキング・オン　２００４年
『「ボヘミアン・ラプソディ」の謎を解く　〝カミングアウト・ソング〟説の真相』菅原裕子　光文社　２０２１年
『フレディ・マーキュリーの恋——性と心のパラドックス』竹内久美子　文藝春秋　２０１９年
コンプリート・スコア・シリーズ「クイーン／ジュエルズ　ヴェリー・ベスト・オブ・クイーン」ドレミ楽譜出版社　２０１９年
AERA in ROCK「The age of QUEEN クイーンの時代」編集・赤尾美香　浅野裕見子　角田奈穂子　朝日新聞出版　２０１９年
『ザンジバルの娘子軍』白石顕二　冬樹社　１９８１年
『不協和音——管理社会における音楽』Ｔｈ．Ｗ．アドルノ　三光長治・高辻知義訳　平凡社　１９９８年
『音楽社会学序説』Ｔｈ．Ｗ．アドルノ　高辻知義・渡辺健訳　平凡社　１９９９年

『ポピュラー音楽をつくる――ミュージシャン・創造性・制度』ジェイソン・トインビー　安田昌弘訳　みすず書房　2004年
『全ロック史』西崎憲　人文書院　2019年
『ロンドンの誘惑――1970's ロンドン・カルチャーの世界』海野弘　パイインターナショナル　2021年
『対訳　ポー詩集』エドガー・アラン・ポー　加島祥造編　岩波書店　1997年
『対訳　ブラウニング詩集』ロバート・ブラウニング　富士川義之編　岩波書店　2005年
『神曲　天国篇』ダンテ・アリギエリ　原基晶訳　講談社　2014年
『善悪の彼岸』フリードリヒ・ニーチェ　木場深定訳　岩波書店　1970年
『悲劇の誕生』フリードリヒ・ニーチェ　秋山英夫訳　岩波書店　1966年
『パンセ』（上・中・下）ブレーズ・パスカル　塩川徹也訳　岩波書店　2015～16年
『存在と時間』（全4冊）マルティン・ハイデガー　熊野純彦訳　岩波書店　2013年
『反解釈』スーザン・ソンタグ　高橋康也ら訳　筑摩書房　1996年
『モオツァルト・無常という事』小林秀雄　新潮文庫　1961年
『胡桃の中の世界』澁澤龍彥　青土社　1974年
『ゾロアスター教――三五〇〇年の歴史』メアリー・ボイス　山本由美子訳　講談社　2010年
『音楽大事典』下中邦彦編　平凡社　1982年
『ラルース世界音楽事典』遠山一行・海老沢敏編　福武書店　1989年

参考資料（DVD）

「クイーン　ライヴ・アット・ザ・レインボー’74」
「クイーン　ア・ナイト・アット・ジ・オデオン」
「クイーン　オン・ファイアー／1982」
「クイーン　ロック・イン・リオ」
「クイーン　ロック・モントリオール&ライヴ・エイド」
「クイーン　ライヴ・アット・ウェンブリー・スタジアム」
「ハンガリアン・ラプソディ　クイーン　ライヴ・イン・ブダペスト」
DVDBOOK「クイーン&フレディ・マーキュリー　真実のヒストリー」宝島社　2019年
「クイーン　グレイテスト・ビデオ・ヒッツ　I」EMIミュージック・ジャパン　2002年
「クイーン　グレイテスト・ビデオ・ヒッツ　II」EMIミュージック・ジャパン　2003年
「クイーン　ジュエルズ　ヴェリー・ベスト・オブ・クイーン」EMIミュージック・ジャパン　2004年
映画「欲望」（ミケランジェロ・アントニオーニ監督）ワーナー・ホーム・ビデオ
映画「ボヘミアン・ラプソディ」（ブライアン・シンガー監督）20世紀フォックス　ホーム　エンターテイメント　ジャパン

年表

	フレディ・マーキュリー、クイーン（*）の動き	ポピュラー音楽界の動き	世界の動き
1945			第二次世界大戦終結
1946	9月5日 フレディ・マーキュリー（本名ファルーク・バルサラ）、ザンジバルで生まれる		
1947	*7月19日 ブライアン・メイ、イギリスで生まれる		
1949	*7月26日 ロジャー・テイラー、イギリスで生まれる		
1951	*8月19日 ジョン・ディーコン、イギリスで生まれる		
1954		エルヴィス・プレスリー、初シングル「ザッツ・オールライト」発表	ベトナム戦争始まる
1955	インドの英国式寄宿学校「セント・ピーターズ」に入学	チャック・ベリーのデビュー曲「メイベリン」がヒット	
1959		第1回ニューポート・フォーク・フェスティバル開催 モータウン創業	
1962	寄宿学校の最終試験に失敗	ビートルズのファーストシングル「ラヴ・ミー・ドゥー」発表	キューバ危機
1963	ザンジバルに戻る	ローリング・ストーンズのファーストシングル「カム・オン」発表	J・F・ケネディ暗殺事件

1964	ザンジバル革命が起きる。バルサラ一家はイギリスへ亡命		
1965		ボブ・ディラン、ニューポート・フォーク・フェスティバルに出演	マルコムX暗殺事件
1966	フレディ、イーリング・カレッジ・オブ・アート入学。ティム・スタッフェルと出会う		
1967	このころバンド「スマイル」のブライアン、ロジャーとも知り合う	ジミ・ヘンドリックス・エクスペリエンスのデビューアルバム『アー・ユー・エクスペリエンスト?』発表	
1968			イギリスで緊縮政策始まる 黒人運動指導者キング牧師暗殺事件
1969	フレディ、イーリング・カレッジ・オブ・アートを卒業	ウッドストック・フェスティバル開催 レッド・ツェッペリン、キング・クリムゾンがデビューアルバム発表	アポロ11号、人類初の月世界到達成功
1970	*クイーン誕生 メアリー・オースティンと出会う	ビートルズ解散 ブラック・サバス『パラノイド』、ジョン・レノン『ジョンの魂』発表	
1971	*ベーシストのジョン・ディーコンが加入、本格始動	キャロル・キング『つづれおり』、ジョニ・ミッチェル『ブルー』、ロッド・スチュワート『エヴリ・ピクチャー・テルズ・ア・ストーリー』、エマーソン・レイク&パーマー『展覧会の絵』発表	アメリカのドルショックで国際通貨不安高まる

1972		ディープ・パープル『マシン・ヘッド』、デヴィッド・ボウイ『ジギー・スターダスト』、イエス『危機』発表	アメリカでウォーターゲート事件
1973	*『戦慄の王女』でアルバムデビュー	ピンク・フロイド『狂気』、エルトン・ジョン『黄昏のレンガ路』、ポール・マッカートニー&ウイングス『バンド・オン・ザ・ラン』発表	第一次オイル・ショック
1974	*『クイーンII』『シアー・ハート・アタック』発表	スパークス『キモノ・マイ・ハウス』、エリック・クラプトン『461オーシャン・ブールヴァード』発表	
1975	*「シアー・ハート・アタック・ツアー」で初の来日公演（4〜5月） *『オペラ座の夜』発表	ナザレス『人食い犬』発表	ベトナム戦争終結
1976	*「ア・ナイト・アット・ジ・オペラ・ツアー」で2度目の来日公演（3〜5月） *『華麗なるレース』発表	セックス・ピストルズが初シングル「アナーキー・イン・ザ・UK」発表 ボズ・スキャッグス『シルク・ディグリーズ』、エアロスミス『ロックス』、ボストン『幻想飛行』、ベイ・シティ・ローラーズ『青春に捧げるメロディー』、イーグルス『ホテル・カリフォルニア』発表	
1977	*『世界に捧ぐ』発表	エルヴィス・プレスリー死去 クラッシュ、ジャム、エルヴィス・コステロ、テレヴィジョンがデビューアルバム発表 フリートウッド・マック『噂』発表	映画「サタデー・ナイト・フィーバー」「スター・ウォーズ」公開、大ヒット

1978	*『ジャズ』発表	ヴァン・ヘイレン『炎の導火線』発表	
1979	*初のライヴ・アルバム『ライヴ・キラーズ』発表 *「ジャズ・ツアー」で3度目の来日公演（4～5月）		イギリスでサッチャー内閣成立 第2次オイル・ショック
1980	*『ザ・ゲーム』『フラッシュ・ゴードン』発表	ジョン・レノン殺害される トーキング・ヘッズ『リメイン・イン・ライト』、ジョイ・ディヴィジョン『クローサー』発表	
1981	*「ザ・ゲーム・ツアー」で4度目の来日公演（2月） *ロジャーがソロアルバム『ファン・イン・スペース』発表	ジャパン『錻力の太鼓』発表	
1982	*『ホット・スペース』発表 *「ホット・スペース・ツアー」で5度目の来日公演（10～11月）	CDが商品化される マイケル・ジャクソン『スリラー』、TOTO『TOTO Ⅳ～聖なる剣』発表	フォークランド紛争
1983		ポリス『シンクロニシティ』、カルチャー・クラブ『カラー・バイ・ナンバーズ』発表	
1984	*『ザ・ワークス』発表	マドンナ『ライク・ア・ヴァージン』、プリンス『パープル・レイン』発表	
1985	フレディの初ソロ『Mr.バッド・ガイ』発表 *「ザ・ワークス・ツアー」で6度目の来日公演（5月） *7月、「ライヴ・エイド」出演	20世紀最大といわれたアフリカの難民救済のチャリティコンサート「ライヴ・エイド」開催 ティアーズ・フォー・フィアーズ『シャウ	

1986	*『カインド・オブ・マジック』発表 *「マジック・ツアー」でウェンブリー・スタジアムでライヴ *8月9日、英ネブワースで4人として最後のコンサート	ト』発表 ポール・サイモン『グレイスランド』発表	
1987	9月　フレディがプライベートで来日 フレディのHIV感染が発覚	U2『ヨシュア・トゥリー』、ガンズ・アンド・ローゼズ『アペタイト・フォー・ディストラクション』発表	
1988	スペインのソプラノ歌手モンセラート・カバリエと協働しアルバム『バルセロナ』発表。		
1989	*『ザ・ミラクル』発表	レッド・ホット・チリ・ペッパーズ『母乳』発表	ベルリンの壁崩壊
1990			
1991	*『イニュエンドウ』発表 11月24日　フレディ・マーキュリー没。	ニルヴァーナ『ネヴァーマインド』発表	ソ連消滅 湾岸戦争
1992	フレディの追悼コンサート開催		
1995	*『メイド・イン・ヘヴン』発表		
2018	映画「ボヘミアン・ラプソディ」公開、世界中でヒットする		
2019			新型コロナウィルス感染症が世界的に広がり始める
2020	*「クイーン+アダム・ランバート」、「ラプソディ・ツアー」で来日公演		

【著者】
米原範彦（よねはら　のりひこ）
1964年神奈川県生まれ。著述家。早稲田大学法学部卒業。朝日新聞社で約30年間、記者活動を続け、プロデュース部門にも在籍。記者時代は近現代史、伝統文化、伝統芸能、ロック・ポピュラー音楽、演劇、美術、放送など主に文化的なジャンルを幅広くカバー。2021年に独立し、執筆を続ける。

平凡社新書１０３１
フレディ・マーキュリー解体新書
発行日――2023年６月15日　初版第１刷

著者――米原範彦
発行者――下中美都
発行所――株式会社平凡社
〒101-0051　東京都千代田区神田神保町3-29
電話　(03) 3230-6580［編集］
(03) 3230-6573［営業］
印刷・製本―図書印刷株式会社
装幀――菊地信義

ISBN978-4-582-86031-3
平凡社ホームページ　https://www.heibonsha.co.jp/